GRAMSCI
ENTRE DOIS MUNDOS
POLÍTICA E TRADUÇÃO

GRAMSCI
ENTRE DOIS MUNDOS
POLÍTICA E TRADUÇÃO

ALVARO BIANCHI

© Autonomia Literária, para a presente edição.

Coordenação editorial:
Cauê Seigner Ameni, Hugo Albuquerque, Manuela Beloni

Conselho Editorial:
Carlos Sávio Gomes (UFF-RJ), Edemilson Paraná (UFC/UNB), Esther Dweck (UFRJ), Jean Tible (USP), Leda Paulani (USP), Luiz Gonzaga de Mello Belluzzo (Unicamp-Facamp), Michel Lowy (CNRS, França), Pedro Rossi (Unicamp) e Victor Marques (UFABC).

Revisão:
Tarcila Lucena

Capa e diagramação:
sobinfluencia/Rodrigo Corrêa

Dados Internacionais de Catalogação na Publicação (CIP)
(eDOC BRASIL, Belo Horizonte/MG)

B577g Bianchi, Alvaro.
Gramsci entre dois mundos: política e tradução / Alvaro Bianchi. – São Paulo, SP: Autonomia Literária, 2020.
360 p. : 14 x 21 cm

ISBN 978-65-87233-35-2

1. Ciências sociais. 2. Gramsci, Antonio, 1891-1937. 3. Política. I. Título.
CDD 335.411

Elaborado por Maurício Amormino Júnior – CRB6/2422

Autonomia Literária
Rua Conselheiro Ramalho, 945,
CEP: 01325-001 – São Paulo - SP
autonomialiteraria.com.br

Advertência 7
**Introdução: um sardo no
mundo grande e terrível** 9

1. Palavras-chave 23
2. A filologia como método 61
**3. Croce e a história
política dos intelectuais** 114
**4. A cultura socialista e a
Revolução Russa** 151
**5. Maquiavel,
De Sanctis e Croce** 185
**6. Classe política
e crise da democracia** 225

7. América, América Latina 257
8. Uma aventura no
Mezzogiorno tropical 279
9. O Brasil dos gramscianos 301
10. A pedagogia como política e a
política como pedagogia 327
Referências bibliográficas 334

ADVERTÊNCIA

As obras mais citadas ao longo do texto serão referidas de acordo com as siglas abaixo. Para facilitar a leitura e a comparação entre diferentes edições, os *Quaderni del carcere* são citados sempre a partir de sua edição crítica adotando a seguinte nomenclatura: Q xx, § yy, p. zz, onde Q indica a edição crítica, xx o número do caderno, yy o parágrafo e zz a página. As traduções dos trechos citados são nossas.

CF   GRAMSCI, Antonio. *La città futura*. 1917-1918: a cura di Sergio Caprioglio. Turim: Einaudi, 1982.

CPC   GRAMSCI, Antonio. *La costruzione del Partito Comunista 1923-1926*. Turim: Einaudi, 1978.

CT   GRAMSCI, Antonio. *Cronache Torinesi*. 1913-1917: a cura di Sergio Caprioglio. Turim: Einaudi, 1980.

E   GRAMSCI, Antonio. *Epistolario:* gennaio 1906-dicembre 1922. Roma: Istituto della Enciclopedia Italiana, 2009.

LC   GRAMSCI, Antonio. *Lettere dal carcere:* a cura di Antonio Santucci. Palermo: Sellerio, 1996.

NM   GRAMSCI, Antonio. *Il nostro Marx*. 1918-1919: a cura di Sergio Caprioglio. Turim: Einaudi, 1984.

ON   GRAMSCI, Antonio. *L'Ordine nuovo, 1919-1920*: a cura di Valentino Gerratana e Antonio A. Santucci. Torino: Einaudi, 1987.

Q   GRAMSCI, Antonio. *Quaderni del carcere*: edizione critica dell'Istituto Gramsci. A cura di Valentino Gerratana. Turim: Einaudi, 1977.

QT   GRAMSCI, Antonio. *Quaderni del carcere*: quaderni di traduzioni (1929-1932). Roma: Istituto della Enciclopedia Italiana, 2007.

S   GRAMSCI, Antonio. *Scritti* (1910-1926): 1917. Roma: Istituto della Enciclopedia Italiana, 2015. v. 2

INTRODUÇÃO:
UM SARDO NO MUNDO GRANDE E TERRÍVEL

Apesar de tudo, não consigo sufocar o desejo de seguir, embora muito aproximativamente, aquilo que acontece no mundo grande e terrível.
(Carta de Gramsci a Tatiana Schucht, 20 de fevereiro de 1928).

Na prisão à qual foi condenado pelo fascismo, Antonio Gramsci manifestou repetida preocupação com a educação de seus filhos e sobrinhos. Em uma carta a respeito, endereçada a sua esposa Giulia Schucht no ano de 1936, escreveu que o filho de sua irmã não havia vivido "fora da vida mesquinha e estreita de uma cidade da Sardenha, sem comparação com uma cidade mundial onde confluem enormes correntes de cultura, interesses e sentimentos".[1]

Gramsci sabia sobre o que estava escrevendo. Quando ainda muito jovem deixou sua Sardenha natal para realizar seus estudos em Turim, carregava consigo uma visão de mundo meridional, profundamente ancorada na vida de sua terra e dos problemas do *Mezzogiorno*. Na cidade mundial encontrou uma cultura cosmopolita, que se expressava naquelas duas grandes instituições que tanto lhe impressionaram: a universidade e a fábrica. Seu meridionalismo, entretanto, não desapareceu. Temperado pelo cosmopolitismo urbano, perdeu seu caráter mesquinho e

---
1 LC, p. 794.

estreito, tornou-se consciente de si e fundiu-se aos poucos com uma cultura tendencialmente internacional. A guerra e a revolução na Rússia foram os catalizadores dessa consciência.

Nesse amálgama de uma cultura local com forças internacionais está uma das razões para a vitalidade que o pensamento de Antonio Gramsci demonstra na periferia do capitalismo, mais de oitenta anos após sua morte. Há um pouco de *Mezzogiorno* em cada cultura subalterna. Algo que permite nos identificarmos empaticamente com o sardo. No "mundo grande e terrível", como gostava de dizer, é possível encontrar um refúgio naquela cultura local ou nacional na qual a experiência vivida moldou um modo de ser e pensar. Mas é apenas nesse mundo ameaçador que uma cultura pode se converter em força hegemônica. É apenas quando supera os estreitos marcos do localismo que ela pode se universalizar e tornar-se dirigente.

Essa tensão entre o nacional e o internacional que caracteriza o pensamento de Antonio Gramsci também pode ser encontrada nos estudos dedicados a sua obra. O ritmo de desenvolvimento desses estudos é desigual e combinado. A Itália é, obviamente, um centro irradiador, mas contraditoriamente é nesse centro que o caráter nacional se manifesta com maior intensidade. Quando, em meados dos anos 1990, Guido Liguori escreveu *Gramsci contesso*, um livro que procurava fazer o sumário dos estudos gramscianos na Itália, concluiu-o apontando que um novo ciclo de estudos estava dando seus primeiros sinais. Livre dos constrangimentos da política imediata, as pesquisas puderam se voltar com mais paciência ao próprio texto, evitando forçá-lo para que se adequasse a teses previamente definidas. Na filologia histórica essas pesquisas encontraram um método capaz de incrementar o conhecimento sobre o autor, incorporar inovações temáticas e enfrentar outros problemas de investigação. Os avanços na pesquisa documental, a descoberta de fontes e critérios mais rigorosos na definição da autoria dos textos criaram um contexto favorável a esses estudos.

Esse ciclo culminou na nova *Edizione nazionale degli scritti di Antonio Gramsci*, publicada pelo Istituto della Enciclopedia Italiana. Trata-se de uma iniciativa aprovada pelo Senado da República e levada a cabo por um comitê científico reunindo os principais estudiosos da Itália. A edição pretende reunir, pela primeira vez, todos os escritos de Gramsci e sua correspondência, organizando-os criticamente. Está dividida em três seções, a primeira destinada aos escritos, reunindo os artigos para a imprensa, os documentos partidários que redigiu e o ensaio sobre a questão meridional, com sete volumes; a segunda, aos *Quaderni del carcere*, incluindo os inéditos cadernos de tradução, com outros sete volumes; e uma terceira seção com o epistolário, de nove volumes.[2]

Até o momento foram publicados os cadernos de tradução, um volume com os cadernos miscelâneos de 1 a 4, redigidos na prisão, dois volumes do epistolário e dois volumes de escritos, reunindo artigos de 1910 a 1917.[3] O impacto dessa publicação será notável e visível nos estudos gramscianos futuros. Um problema persistente nas pesquisas sobre a obra do sardo é o da atribuição de autoria a textos escritos antes da prisão, muitas vezes publicados na imprensa socialista sem sua assinatura.[4]

---

2 Sobre a *Edizione nazionale*, ver o número monográfico da revista *Studi Storici* (2011).
3 GRAMSCI, *Quaderni del carcere*: quaderni di traduzioni (1929-1932) (Roma: Istituto della Enciclopedia Italiana, 2007); *id.*, *Epistolario I. Gennaio 1906 – Dicembre 1922* (Roma: Treccani, 2009, v.1); *id.*, *Cronache teatrali. 1915-1920* (Torino: Nino Aragone, 2010); *id.*, *Epistolario: gennaio-novembre 1923* (Roma: Istituto della Enciclopedia Italiana, 2011); *id.*, *Scritti (1910-1926):* 1917 (v. 2. Roma: Istituto della Enciclopedia Italiana, 2015); *id.*, *Quaderni del carcere:* quaderni miscelanei (1929-1935) (t. 1. Roma: Istituto della Enciclopedia Italiana, 2017); *id.*, *Scritti (1910-1926):* 1910-1916 (v. 1. Roma: Istituto della Enciclopedia Italiana, 2019).
4 Sobre a difícil edição dos artigos pré-carcerários, ver GIASI, Francesco. Problemi di edizione degli scritti pre-carcerari. *Studi Storici*, v. 52, n. 4, p. 837-58, 2011.

Em edições anteriores, foi frequente a identificação feita pelos contemporâneos que trabalharam com Gramsci nas redações, bem como a identificação de certos traços estilísticos, expressões e fontes características. Na nova edição, foram utilizadas também técnicas quantitativas modernas e sofisticadas, envolvendo o uso de recursos informacionais que permitiram estabelecer de maneira mais rigorosa a autoria dos textos.[5]

Os resultados são notáveis. Anteriormente, a edição mais confiável dos escritos de Gramsci até o ano de 1916, aquela publicada por Sergio Caprioglio em 1980, trazia 372 textos, dos quais 54 eram de atribuição duvidosa e dois eram considerados espúrios, ou seja, textos que haviam sido atribuídos a Gramsci, mas que Caprioglio considerava serem de outros autores.[6] Por sua vez, o volume recém-publicado da *Edizione nazionale*, aos cuidados de Giuseppe Guida e Maria Luisa Righi, com os escritos de 1910 a 1916, conta com 401 artigos.[7] Além de trazer textos até então nunca publicados, a nova edição elimina aqueles antes atribuídos a Gramsci, mas publicados em edições anteriores como se fossem seus ou cuja autoria era considerada de atribuição duvidosa.

Tão importantes quanto as novas edições são os avanços que têm ocorrido nas pesquisas biográficas. Algumas pequenas descobertas chamaram a atenção da imprensa italiana, como a identificação feita pela pesquisadora Maria Luisa Righi (2011) de algumas cartas de amor que eram endereçadas por Gramsci a Eugenia Schucht, irmã de Giulia, com quem afinal se casou. Trata-se de um episódio biográfico interessante, que pode ter tido algum impacto nas complexas relações que se estabeleceram entre a família Schucht e o sardo quando ele estava na prisão. O cartão-postal endereçado a Eugenia é o documento-chave de

---

5 Sobre o uso dessas técnicas, ver LANA, Maurizio. Individuare scritti gramsciani anonimi in un "corpus" giornalistico: il ruolo dei metodi quantitativi. *Studi Storici*, v. 52, n. 4, p. 859-80, 2011.
6 Cf. CT.
7 GRAMSCI, *Scritti (1910-1926)*: 1910-1916.

um interessante livro, *La cartolina di Gramsci*, de Noemi Ghetti (2016). Episódios da vida familiar também foram esclarecidos com a descoberta de novos documentos, bem como pelo depoimento de seu neto, Antonio Gramsci Jr.[8]

As pesquisas foram muito além de pequenos incidentes biográficos e alimentaram duas impressionantes biografias político-intelectuais. Uma de Leonardo Rapone[9] sobre o "jovem Gramsci", concentrada nos agitados anos de 1914 a 1919, e outra escrita por Giuseppe Vacca[10] sobre o período do cárcere, ambas traduzidas para o português e publicadas pela editora Contraponto. O impacto dessas pesquisas também pode ser visto na nova biografia produzida por Angelo D'Orsi,[11] que abarca toda a vida do sardo. Essas novas biografias superam as lacunas do antigo trabalho de Giuseppe Fiori[12] e corrigem alguns erros importantes.

O período no qual o sardo viveu em Moscou, até agora pouco conhecido, tem recebido novas luzes com essas pesquisas. Sua participação no Comitê Executivo da Internacional Comunista, na segunda metade de 1922, sabe-se agora que foi muito mais intensa do que se imaginava. Descobertas interessantes a respeito de seu interesse pelo debate dos linguistas russos tam-

---

8 GRAMSCI JR., Antonio. *La storia di una famiglia rivoluzionaria*: Antonio Gramsci e gli Schucht tra la Russia e l'Italia (Roma: Riuniti, 2014).
9 RAPONE, Leonardo. *Cinque anni che paiono secoli*: Antonio Gramsci dal socialismo al comunismo (1914- 1919) (Roma: Carocci, 2011) [*O jovem Gramsci*: cinco anos que parecem séculos – 1914-1919 (Rio de Janeiro: Contraponto, 2014)].
10 VACCA, Giuseppe. *Vida e pensamento de Antonio Gramsci (1926-1937)* (Rio de Janeiro/Brasília: Contraponto/Fundação Astrojildo Pereira, 2012).
11 D'ORSI, Angelo. *Gramsci*: una nuova biografia (Milano: Feltrinelli, 2017).
12 FIORI, Giuseppe. *Vita di Antonio Gramsci* (Nuoro: Ilisso, 2003 [1974]) [*A vida de Antonio Gramsci* (Rio de Janeiro: Paz e Terra, 1979)].

bém foram feitas. Permanecem áreas de sombra, como o período em que viveu em Viena, entre novembro de 1923 e maio de 1925, ainda pouco conhecido, embora novas descobertas tenham sido feitas.[13]

A maior expectativa, como era de se esperar, está na nova edição dos *Quaderni del carcere*, preparada por Gianni Francioni, Giuseppe Cospito e Fabio Frosini. Na prisão, Gramsci registrou sua reflexão em cadernos escolares com uma letra caprichada e perfeitamente legível. O texto praticamente não tem rasuras, indicando que a escrita era precedida de longa reflexão. Mais tarde reescreveu muitas dessas notas em cadernos chamados "especiais", reagrupando-as tematicamente, fundindo textos e aprimorando argumentos. Uma vez que se trata de uma obra inacabada e aberta, a sequência cronológica das notas tornou-se de grande importância para revelar o ritmo do pensamento, identificar ênfases e estabelecer as formulações mais elaboradas.

Gramsci escrevia em vários cadernos ao mesmo tempo – alguns eram subdivididos em várias partes –, fazia anotações nas margens, pulava às vezes as folhas iniciais para preenchê-las mais tarde. Esse *modus operandi* provocou enormes dificuldades para a datação dos diferentes parágrafos que compõem o texto. A ordem cronológica dos cadernos, já identificada em edições

---

[13] Francesco Giasi (I comunisti torinesie l'"egemonia del proletariato" nella rivoluzione italiana. Appunti sulle fonti di Alcuni temi della quitioni meridionale di Gramsci. In: D'ORSI, Angelo; CHIAROTTO, Francesca (orgs.). *Egemonie* [Napoli: Dante & Descartes, 2008. p. 147-86]) trouxe à tona novas descobertas documentais sobre esse período, contribuindo para uma melhor compreensão da importância daqueles anos. D'Orsi (*Gramsci*, p. 157-9), por sua vez, passa rapidamente pelo período de Viena, dedicando-lhe poucas páginas, embora reconheça que se tratam de meses importantes nos quais Gramsci procurou acompanhar, mesmo à distância, o debate entre Trotsky e Stalin. Sobre suas atividades políticas na cidade quase nada é dito. Sobre o interesse de Gramsci pelos linguistas russos merece destaque o livro de Alessandro Carlucci (*Gramsci and Languages:* Unification, Diversity, Hegemony [Leiden: Brill, 2013]).

precedentes, não é igual à ordem da escrita. A nova edição nacional dos *Quaderni del carcere* procura recompor essa ordem cronológica da escrita, preservando a unidade de cada caderno e rearranjando os blocos de parágrafos no interior destes. A publicação dos *Quaderni di traduzione*[14] já permitiu uma visão mais completa do trabalho de Gramsci. Até então, prevalecia a ideia de que esses cadernos registravam apenas exercícios com vistas ao estudo do russo, do alemão e, em menor medida, do inglês. Eles reuniam, dentre outros textos, a tradução de um número da revista *Die Literarische Welt*, sobre a literatura norte-americana; fábulas dos irmãos Grimm; um livro de linguística histórica de Franz Nikolaus Finck; e uma coletânea de textos de Karl Marx. Quando esse elenco de obras é comparado com o plano de trabalho que Gramsci redigiu na primeira página dos *Quaderni*, percebe-se, como apontou Giuseppe Cospito, "uma série de analogias não casuais" entre a escolha dos textos traduzidos e aquele programa de pesquisa.[15] Essa pequena descoberta jogou uma nova luz sobre a variedade das fontes utilizadas pelo prisioneiro durante sua investigação.

A publicação do primeiro volume dos cadernos miscelâneos, reunindo os quatro cadernos iniciais, já permite perceber que a nova edição poderá se tornar um instrumento imprescindível para o estudo da obra de Antonio Gramsci. O aparato crítico é riquíssimo, estabelecendo de modo rigoroso as fontes às quais o prisioneiro recorreu em sua pesquisa e completando as muitas lacunas das edições precedentes. Para a comunidade de pesquisadores, as principais descobertas, referentes à datação dos parágrafos e ao seu reordenamento no interior de cada caderno, não serão novidade. Já foram apresentadas pelos organizadores em artigos e discutidas por um círculo de investigadores que tem acompanhado o trabalho editorial. Mas o impacto para um número maior de estudiosos, principalmente jovens, pode ser importante.

---

14 Cf. QT.
15 COSPITO, Giuseppe. Verso l'edizione critica e integrale dei "Quaderni del carcere". *Studi Storici*, v. 52, n. 4, 2011, p. 887.

O trabalho editorial não deixa de ser uma leitura do texto. Principalmente em uma situação como esta, na qual se trata de uma obra inacabada e fragmentária. Vozes importantes, dentre elas a do falecido Valentino Gerratana, questionaram o projeto afirmando que ele estaria baseado em hipóteses de datação que, em alguns casos, não poderiam ser materialmente comprovadas. Mas, depois de quase trinta anos de discussões, um certo consenso foi sendo construído em torno dos critérios da nova edição nacional. Seu principal mérito está em permitir uma reconstrução mais acurada da história interna dos *Quaderni*, destacando fortemente a dimensão diacrônica do texto gramsciano em detrimento daquela sincrônica. Perde força, assim, a ideia de que Gramsci produziu uma obra sistemática, e valoriza-se seu caráter fragmentário e incompleto, mas nem por isso menos elaborado ou instigante.

A publicação da nova edição italiana das obras de Gramsci oferece também riscos sobre os quais é importante não silenciar. Quando o interesse pelas ideias do sardo arrefeceu em seu país natal, em grande medida devido ao colapso daquele que havia sido seu partido, foram os estudos levados a cabo no exterior os responsáveis pela maior difusão de seu pensamento. Na Argentina, no Brasil, no Chile e no México foi valorizado o pensamento político e historiográfico de Antonio Gramsci, ao mesmo tempo que este se tornou imprescindível para pensar a democracia no continente latino-americano. Na Inglaterra e nos Estados Unidos, suas ideias inspiraram os estudos culturais e abriram as portas para abordagens inovadoras e extremamente influentes. Na Índia, os "subaltern studies" promoveram uma perspectiva original para o estudo dos grupos sociais subalternos e alimentaram uma potente corrente historiográfica que renovou a maneira de ver o passado colonial e suas implicações no presente. No mundo árabe, Gramsci foi mobilizado por intelectuais que procuraram compreender tanto a radicalização religiosa, quanto as revoltas que tiveram lugar na última década.[16]

---

16 Ver a respeito os diversos volumes publicados na coleção Studi

Traduzido para diversos contextos nacionais, o pensamento gramsciano internacionalizou-se. Não foi apenas uma simples operação técnica de passagem de uma língua à outra, mas sim uma verdadeira tradução cultural na qual o texto, lido em diferentes contextos, adquiria novos significados. Embora extremamente originais, essas abordagens resultantes da internacionalização dos estudos gramscianos nem sempre foram fiéis à letra do texto.[17] Nas últimas duas décadas, entretanto, novos pesquisadores de fora da Itália assumiram o pensamento de Gramsci como um objeto de estudo e não apenas uma fonte de inspiração. O resultado tem enriquecido o debate internacional e contribuído de maneira importante para trazer outros temas à agenda de discussão, empurrando o pensamento de Gramsci para "fora da vida mesquinha e estreita". A intensa circulação de pesquisadores entre Europa, Estados Unidos, Austrália e América Latina contribuiu para consolidar esse recente cenário.

Aqui aparece o risco da *Edizione nazionale*, pois seu elevado custo e a escassa circulação podem restringir enormemente o acesso a ela. Um novo distanciamento pode ocorrer entre os estudos realizados na Itália e no resto do mundo. Além da barreira linguística e da dificuldade para encontrar certas fontes arquivísticas fora da Itália – coleções completas de periódicos, por exemplo –, obstáculos materiais podem dificultar o acesso

---

Gramsciani nel Mondo (Bologna: Il Mulino): BOOTHMAN, Derek; GIASI, Francesco; VACCA, Giuseppe (eds.). *Gramsci in Gran Bretagna* (2015); KANOUSSI, Dora; SCHIRRU, Giancarlo; VACCA, Giuseppe (eds.). *Gramsci in America Latina* (2011); MANDUCHI, Patrizia; MARCHI, Alessandra; VACCA, Giuseppe (eds.). *Gramsci nel mondo arabo* (2017); e DESCENDRE, Romain; GIASI, Francesco Giasi; VACCA, Giuseppe (eds.). *Gramsci in Francia* (2020).
17 Sobre os usos de Gramsci na América Latina, ver Juan Carlos Portantiero (*Los usos de Gramsci* [México D.F.: Pasado y Presente, 1977]); para os contextos francês e britânico, o soberbo livro de Peter D. Thomas (*The Gramscian Moment*: Philosophy, Hegemony and Marxism [Boston: Haymarket, 2011]).

aos novos instrumentos de pesquisa.[18] Se essas dificuldades não forem enfrentadas conscientemente, com edições eletrônicas e repositórios digitais de fontes documentais, os efeitos podem não ser positivos. Uma separação muito grande entre os estudos realizados na Europa e aqueles que têm lugar no resto do mundo, em particular na América Latina, teria efeitos negativos notáveis, dentre os quais uma reprovincialização das pesquisas na Itália.

Alguns sinais são preocupantes. Nos últimos anos, o ambiente cultural e político italiano alimentou uma série de polêmicas estéreis sobre a vida e a obra de Antonio Gramsci. Discutiu-se muito sobre um suposto caderno no qual Gramsci teria renegado o marxismo e que, por isso, teria sido surrupiado pela direção do Partito Comunista d'Italia; debateu-se a respeito da conversão do sardo ao catolicismo no leito de morte; e, depois da descoberta da carta de amor a Eugenia, comentou-se sobre sua vida sexual. Tudo isso apareceu na imprensa diária sob a forma de pequenos factoides a respeito dos quais os pesquisadores mais sérios precisaram dar respostas investindo tempo e recursos. Com um impacto menor na vida política nacional, as ideias de Gramsci parecem ter sido condenadas às páginas de variedades em seu país. Afastadas dos estudos internacionais, as pesquisas realizadas na Itália podem rapidamente ser consumidas por esse tipo de discussão em que predominam pequenas questões biográficas ou filigranas filológicas. A pequena política parece ter gerado, como reação, pequenos estudos.

Por outro lado, os estudos internacionais têm muito a perder se distanciando das pesquisas realizadas no país natal de Gramsci. Foi graças a essas pesquisas que se difundiu internacionalmente uma leitura que procura contextualizar eficazmente o texto, prestando atenção às fontes, ao ambiente cultu-

---

18 Além da dificuldade de acesso às fontes arquivísticas é preciso notar a má qualidade e a constrangedora precariedade dos arquivos digitais italianos, os quais parecem não ter conseguido construir um consenso sequer sobre o formato mais adequado para a difusão *on-line* da documentação.

ral da época, aos problemas políticos que absorviam as energias do autor. Um intercâmbio com instituições italianas também permitiu o acesso a periódicos da época, às revistas culturais, aos arquivos e às obras de difícil acesso. Mas tudo isso tinha como pressuposto a consolidação de uma linguagem comum e de um modo partilhado de pesquisar. O desaparecimento dessa linguagem pode obstaculizar novas pesquisas, tornar a circulação das ideias gramscianas mais restrita e, em última instância, impedir a sua "tradução" nas diferentes realidades nacionais.

Não há, entretanto, como recuar daquilo que já conquistamos. E não há razões para tal. Na América Latina, uma maior consciência das contribuições dos estudos filológicos tem permitido tratar questões políticas discutidas em décadas precedentes a partir de perspectivas instigantes e inovadoras, com potencial não apenas para enriquecer a compreensão de fenômenos políticos atuais, como também o próprio debate político.[19] Ao mesmo tempo, novos problemas políticos, como a crise da democracia representativa, a emergência de governos conservadores chamados de "populistas" ou mesmo o reaparecimento de tendências fascistas em nosso continente, têm estimulado um retorno aos textos de Gramsci com um olhar filológico mais atento.

---

[19] Apenas para citar três trabalhos muito recentes, de pesquisadores radicados na América Latina, com evidentes implicações políticas, ver o estudo de Massimo Modonesi (*Revoluciones pasivas en América*. [Ciudad de México: Universidad Autónoma Metropolitana, 2017]) sobre o conceito de revolução passiva, o de Martin Cortés (Gramsci contemporáneo: ecos de la voluntad nacional-popular en América Latina. *Las Torres de Lucca*, v. 6, n. 11, jul./dic. 2017, p. 73-96) sobre o nacional-popular, o de Daniela Mussi (A relação centro-periferia e os estudos gramscianos. *Outubro*, n. 30, 2018, p. 109-27) sobre a relação centro-periferia e o de Javier Balsa (Filología y política en la discusión contemporánea de la teoría de la hegemonía. In: Simposio Internacional Gramsci: la teoría de la hegemonía y las transformaciones políticas recientes en América Latina, Asunción, 2019. *Actas*... p. 11-36) sobre o conceito de hegemonia.

É deste confronto, do ato de colocar frente a frente o Norte e o Sul, a Itália e América Latina, que se pode esperar o desenvolvimento de um pensamento crítico, inspirado pelas ideias de Antonio Gramsci e capaz de dar conta deste presente convulsionado que vivemos. Esse confronto é, também, uma cadeia de traduções nas quais as ideias assumem novos significados em novos contextos. E traduzir, neste sentido gramsciano que pressupõe um deslocamento cultural – e não apenas linguístico –, é também um ato atravessado por relações de força que condicionam não só o que é traduzido, mas também como e para que isso ocorre.

As pessoas que lerem este livro poderão acompanhar, ao longo da sucessão dos ensaios que o compõem, esse confronto entre dois mundos. Nos primeiros capítulos, prevalecerá a cultura e o ambiente político italiano, enquanto nos capítulos finais aparecem alguns de seus usos no Brasil e na América Latina. Versões preliminares foram publicadas nas revistas *Lua Nova*, *Revista Brasileira de Ciência Política*, *Revista Brasileira de Ciências Sociais*, *Actuel Marx*, *Crítica Marxista* e *Outubro*, bem como em *Egemonia e modernità: Gramsci in Italia e nella cultura internazionale*, livro organizado por Fabio Frosini e Francesco Giasi que reuniu as conferências apresentadas em congresso internacional homônimo, realizado em Roma no ano de 2017.

Os mundos entre os quais o livro transita não são apenas aqueles da Europa e da América Latina. São também os "mundos" da filologia, da política e da tradução. Na viagem entre esses locais tive a companhia de muita gente, com quem pude conversar sobre as ideias aqui presentes: Daniela Mussi, coautora de dois dos ensaios deste livro, amiga e companheira desta odisseia gramsciana; Giuseppe Vacca e Francesco Giasi, da Fondazione Gramsci; Gianni Francioni, Fabio Frosini, Giuseppe Cospito, Giancarlo Schirru e Maria Luisa Righi, da equipe que trabalha na nova *Edizione nazionale*; Guido Liguori, Derek Boothman, Peter D. Thomas e Marcos Del Roio, da International Gramsci Society; Javier Balsa, Martin Cortés e Raúl Burgos, protagonistas de uma rede gramsciana latino-americana; e André Kaysel, Luciana Aliaga, Leandro Galastri, Rodrigo Duarte Fernandes dos Passos, Sabrina Areco, Erika Amusquivar e Renato César Ferreira Fernandes, participantes do seminário comemorativo dos dez anos do livro *O laboratório de Gramsci*, realizado em 2018; por fim, Ruy Braga, da Universidade de São Paulo, que acompanhou as diferentes fases deste livro e me ajudou a escolher o título.

1. PALAVRAS-CHAVE

As notas que seguem devem ser lidas como rápidos verbetes de caráter fortemente didático.[20] São uma introdução à trama conceitual dos *Quaderni del carcere* de Antonio Gramsci e, obviamente, carregam consigo uma certa maneira de ler o texto do autor sardo. Metodologicamente, valorizam o ritmo do pensamento, a história interna do texto e a conexão com o ambiente político cultural de sua época. Politicamente, destacam o caráter revolucionário do pensamento que tomam como objeto. O objetivo destas notas é, portanto, bastante modesto: introduzir as ideias de Gramsci e apresentar uma maneira de ler seu texto que possa facilitar a compreensão dos capítulos seguintes.

Um dos problemas que a leitura dos *Quaderni* carrega consigo é o modo particular como eles foram produzidos. Escritos na prisão, como um conjunto de anotações organizadas a partir de um programa de pesquisa *für ewig* [para sempre], tais cadernos foram produzidos em diferentes fases. A partir de 1929, Gramsci redigiu notas esparsas sobre diversos e heterogêneos temas – a economia italiana, a história dos intelectuais e da cultura, a filosofia da época, o americanismo etc. Os cadernos nos

---

20 Estas notas nasceram em um conjunto de cursos e conferências que tiveram lugar, ao longo do primeiro semestre de 2017, na Rede Emancipa, primeiro em São Paulo e, depois, em Porto Alegre.

quais essas notas estão inscritas são conhecidos como "cadernos miscelâneos". Mais tarde, depois de maio de 1932, o prisioneiro começou a redigir cadernos chamados de "especiais", nos quais as notas precedentes eram agrupadas tematicamente, depois de revistas e reescritas, algumas vezes com importantes modificações. As notas de primeira redação são conhecidas pelos pesquisadores como "textos A", a segunda redação dessas notas leva o nome de "textos C" e as notas que só tiveram uma versão, ou seja, que não foram reescritas, são os "textos B".

Gramsci trabalhava com vários cadernos ao mesmo tempo e, nos cadernos especiais, às vezes pulava as primeiras páginas, deixando-as em branco para preenchê-las mais tarde. O processo de escrita, embora muito complexo, não era arbitrário e obedecia a um plano. Por isso é tão importante reconstruir a história interna dos cadernos. Ela nos revela as intenções e os motivos do autor, ou seja, permite uma compreensão mais rigorosa daquilo que ele estava querendo fazer com seu texto.

Filosofia da práxis

Em uma nota enigmática, intitulada "A proposito del nome di 'materialismo storico'" [A propósito do nome "materialismo histórico], Gramsci citou uma carta de Pietro Giordani à princesa Charlotte Auguste, na qual era narrada a visita de Napoleão Bonaparte à Accademia di Bologna, ocorrida em 1805. Em sua conversa com os cientistas, Napoleão teria ditto: "Creio que, quando nas ciências se encontra alguma coisa verdadeiramente nova, é necessário apropriar-se de uma palavra completamente nova, para que a ideia permaneça precisa e distinta".[21] O uso de palavras antigas para expressar fenômenos novos, pensava o então imperador da França, "confunde a ciência e produz inúteis disputas".[22]

---

21 Q 4, § 34, p. 452.
22 *Ibid.*, § 34, p. 453.

Embora o título dessa nota fizesse menção ao materialismo histórico, nada nela aludia diretamente a uma concepção da história. Mas sua localização nos *Appunti di filosofia I* [Notas de filosofia I], presentes no *Quaderno 4*, e a presença de sua segunda versão no *Quaderno 11*, intitulado *Introduzione allo studio della filosofia* [Introdução ao estudo da filosofia], não deixam dúvida de que aquela anedota histórica fora mobilizada para pensar os inúmeros problemas criados pela utilização de duas palavras que já tinham largo uso na filosofia – *materialismo* e *histórico* – para designar uma nova concepção da história.

A adoção do conceito de filosofia da práxis por Gramsci e o abandono quase total da expressão "materialismo histórico" nos cadernos especiais pode ser lida à luz dessa nota.[23] Se Gramsci, às vezes, recorre a um novo conceito para expressar uma nova ideia, em outros casos reforma antigos conceitos, atribuindo-lhes novos significados. É o caso do conceito de filosofia que Gramsci expôs preliminarmente nos *Appunti di filosofia III*[24] e depois transcreveu para o *Quaderno 11*.

> É preciso, portanto, demonstrar preliminarmente que todos os homens são "filósofos", definindo os limites e as características dessa "filosofia espontânea", peculiar a "todo o mundo", isto é, da filosofia que está contida: 1) na própria linguagem, que é um conjunto de noções e de conceitos determinados e não, simplesmente, de palavras gramaticalmente vazias de conteúdo; 2) no senso comum e no bom senso; 3) na religião popular, e, consequentemente, em todo o sistema de crenças, supersti-

---

23 A expressão "materialismo histórico" não desaparece completamente, como se pode ver no *Quaderno 13* (§ 6 e 18), mas seu uso passa a ser geralmente associado à polêmica que outros autores – Gaetano Mosca e Achille Loria, por exemplo – moviam contra o marxismo. A permanência do uso, entretanto, retira plausibilidade à tese de que a adoção da expressão "filosofia da práxis" tenha sido apenas uma reforma criptográfica com o intuito de burlar a censura.
24 Q 8, § 204, p. 1063.

25

ções, opiniões, modos de ver e de agir que se manifestam naquilo que geralmente se conhece por "folclore".[25]

Este é o primeiro parágrafo redigido por Gramsci no *Quaderno 11*, o mais sistemático e acabado daqueles que escreveu na prisão. É nesse caderno que se encontra a crítica ao manual de materialismo histórico de Nicolai Bukharin. O ponto de partida dessa *Introduzione* está em uma concepção ampliada de filosofia: "todos os homens são 'filósofos'", são portadores de uma filosofia espontânea. A utilização das aspas não é acidental. Ela revela o uso particular que Gramsci faz da noção de *filosofia*. A filosofia, em seu sentido estrito, é uma "concepção de mundo criticamente coerente", uma "ordem intelectual", "a crítica e a superação do senso comum". Em seu sentido mais amplo, a filosofia é toda concepção de mundo que se expressa: 1) na linguagem; 2) no senso comum e no bom senso; 3) na religião popular.

A noção de filosofia elaborada por Gramsci tem um caráter fortemente político.[26] Uma concepção de mundo criticamente coerente só poderia ser obtida por meio de uma "luta de 'hegemonias' políticas, de direções contrastantes, primeiro no campo da ética, depois no da política, atingindo, finalmente, uma elaboração superior da própria concepção do real".[27] Naquele sentido estrito, ou seja, "como concepção de mundo criticamente coerente", a filosofia é "uma ordem intelectual, o que nem a religião, nem o senso comum podem ser. [...] A filosofia é a crítica e a superação da religião e do senso comum e, nesse sentido, coincide com o 'bom senso', que se contrapõe ao senso comum".[28]

---

25 Q 11, § 12, p. 93.
26 Para a reconstrução do argumento filosófico em Gramsci, ver FROSINI, Fabio. *Gramsci e la filosofia:* saggio sui Quaderni del cárcere (Roma: Carocci, 2003) e MUSTÈ, Marcello. *Marxismo e filosofia della praxis:* da Labriola a Gramsci (Roma: Viella, 2018).
27 Q 11, § 12, p. 103.
28 *Ibid.*, § 12, p. 1378.

A religião popular e o senso comum caracterizam-se pela ausência de unidade e coerência: "seu traço fundamental e mais característico é o de ser uma concepção (inclusive nos cérebros individuais) desagregada, incoerente e inconsequente, conforme a posição social e cultural das multidões das quais é a filosofia".[29] Esse caráter fragmentado e contraditório impede o senso comum de se tornar a base para uma vida autônoma e emancipada. O senso comum é o fundamento ideológico de uma vida subalterna, na qual o grupo social encontra dificuldades para conseguir unidade e forjar uma concepção de mundo coerente e integral, bem como uma norma de conduta adequada a ela (uma "religião" no sentido que Benedetto Croce atribuía ao termo, laicizando-o). Ancorada no senso comum, a consciência apresenta-se "ocasional e desagregada", e a própria personalidade individual é "compósita", existindo nela elementos de várias concepções de mundo, de sistemas filosóficos antagônicos, ou mesmo de diferentes épocas.[30]

A elaboração de um "grupo social homogêneo" tem, assim, como pressuposto a crítica do senso comum e a formação de uma "filosofia homogênea, isto é, coerente e sistemática".[31] Enquanto essa crítica não conseguir se realizar e essa filosofia não surgir, predominarão sempre no novo grupo social, ou seja, nas classes trabalhadoras, concepções de mundo que amarram o novo ao velho. Os efeitos dessa consciência incoerente e amarrada ao velho mundo podem se manifestar na vida prática, na ação desses grupos subalternos ou dos seus indivíduos mais ativos (de sua vanguarda, ou mesmo no partido que organiza essas pessoas). A consciência que se manifesta na ação desses grupos ou indivíduos, e une todos os seus membros com o objetivo de superar uma condição subalterna, pode estar em contradição (e frequentemente está) com a consciência que se expressa no

---

29 *Ibid.*, § 13, p. 1396.
30 *Ibid.*, § 12, p. 1376.
31 *Ibid.*, § 13, p. 1396.

senso comum e vincula esses àquela condição subalterna. Essa consciência próxima ao senso comum

> [...] liga a um grupo social determinado, influi sobre a conduta moral, sobre a direção da vontade, de uma maneira mais ou menos intensa, que pode até mesmo atingir um ponto no qual a contraditoriedade da consciência não permita nenhuma ação, nenhuma escolha e produza um estado de passividade moral e política.[32]

A crítica ao senso comum adquire, assim, um valor político. Trata-se de afirmar uma concepção de mundo própria, sistemática e coerente com uma atividade que vise transformar a realidade. Gramsci dá a essa concepção de mundo o nome de *filosofia da práxis*. Nos cadernos especiais, as expressões *marxismo* e *materialismo histórico* foram substituídas por *filosofia da práxis*. Não é, entretanto, uma simples troca de equivalentes, ou de mera reforma criptográfica, como frequentemente se insistiu. Gramsci se apropriou da ideia de filosofia da práxis presente na obra de Antonio Labriola, *Discorrendo di socialismo e di filosofia*, e lhe atribuiu um sentido novo.[33] Com essa operação terminológica, marcou seu afastamento do materialismo vulgar e do marxismo oficial e colocou ênfase na autoatividade humana. A filosofia da práxis afirmava-se, polemicamente, como uma filosofia de combate:

---

32 *Ibid.*, § 12, p. 1385.
33 "E assim estamos mais uma vez na *filosofia da práxis*, que é o miolo do materialismo histórico. Esta é a filosofia imanente às coisas sobre as quais se filosofa. Da vida ao pensamento e não do pensamento à vida; aqui está o processo realista" (LABRIOLA, Antonio. *Saggi sul materialismo storico:* introduzioni e cura di Antonio A. Santucci [Roma: Riuniti, 2000], p. 238). Sobre os usos da ideia de filosofia da práxis no pensamento italiano precedente, ver MUSTÈ, *Marxismo e filosofia della praxis*, parte I.

> Uma filosofia da práxis só pode apresentar-se, inicialmente, em uma atitude polêmica e crítica, como superação dos modos de pensar precedentes e do pensamento concreto existente (ou mundo cultural existente). E, portanto, antes de tudo. Como crítica do "senso comum" (e isto após basear-se sobre o senso comum para demonstrar que "todos" são filósofos, e que não se trata de introduzir *ex novo* uma ciência na vida intelectual de "todos", mas de inovar e tornar "crítica" uma atividade já existente) e, posteriormente, como crítica da filosofia dos intelectuais, que deu origem à história da filosofia e que enquanto individual (e de fato ela se desenvolve essencialmente na atividade de indivíduos singulares particularmente dotados), pode ser considerada como "culminância" do progresso do senso comum, pelo menos do senso comum dos estratos mais cultos da sociedade e, através desses, também do senso comum popular.[34]

Aqui a unidade entre teoria e prática finalmente se apresenta com toda sua força. Tal unidade deve ser concebida como um dever ser que se realiza por meio do choque entre práticas e concepções intelectuais contrastantes. A primazia da prática sobre a teoria seria um indício de que, no âmbito da filosofia da práxis, permanecem resíduos de concepções mecanicistas, revelando que essa ainda se encontra em um estado inicial de elaboração, ou seja, que não foi ainda capaz de realizar a crítica do senso comum e das filosofias precedentes e que, por isso, só consegue pensar a teoria como subordinada a uma prática social irrefletida. De acordo com Gramsci:

> A insistência sobre o elemento "prático" da ligação teoria prática [...] significa que se está atravessando uma fase histórica relativamente primitiva, uma fase ainda econômico-corporativa, na qual se transforma quantitativamente o quadro geral da "estrutura" e a qualidade-superestrutura adequada está em vias de surgir, mas não está ainda organicamente formada.[35]

---

34 Q 11, § 12, p. 1383.
35 *Ibid.*, § 12, p. 1386-7.

Como visto, a filosofia da práxis tem como ponto de partida a crítica ao senso comum, mas Gramsci insiste que ela não se detém nesse ponto. Não é possível separar organicamente a filosofia dos intelectuais daquela contida no senso comum. Por um lado, o senso comum recolhe e reelabora as filosofias pretéritas dos intelectuais. No senso comum, elementos de religiosidade e cultura popular entrelaçam-se com fragmentos filosóficos reelaborados e apropriados de modo espontâneo. Por outro, contemporaneamente, a filosofia dos intelectuais não deixa de ser a expressão de um senso comum dos filósofos.

Enquanto, para as classes dirigentes, a filosofia dos intelectuais é um elemento de coesão interna, para as classes subalternas, que desconhecem esses sistemas, ela é sempre uma força externa, "um elemento de subordinação a uma hegemonia exterior".[36] Sem realizar a crítica dessa filosofia dos intelectuais a filosofia da práxis não poderá afirmar sua própria hegemonia e, consequentemente, romper com esses elementos de subordinação:

> [...] a filosofia da práxis só pode ser concebida em forma polêmica, de luta perpétua. Todavia, o ponto de partida deve ser sempre o senso comum, que é, espontaneamente, a filosofia das multidões, as quais se trata de tornar ideologicamente homogêneas.[37]

É, pois, como parte integrante de sua teoria da hegemonia que Gramsci pensa a filosofia da práxis:

> A filosofia da práxis, ao contrário, não tende a resolver pacificamente as contradições existentes na história e na sociedade, ou melhor, ela é a própria teoria de tais contradições; não é o instrumento de governo de grupos dominantes para obter o consentimento e exercer a hegemonia sobre as classes subalternas; é a expressão destas classes subalternas, que querem educar a si mes-

---

36 *Ibid.*, § 13, p. 1396.
37 *Ibid.*, § 13, p. 1398.

mas na arte do governo e que têm interesse em conhecer todas as verdades, inclusive as desagradáveis, e em evitar os enganos (impossíveis) da classe superior e, ainda mais, de si mesmas.[38]

A afirmação dessa filosofia da práxis, entretanto, é um processo árduo e difícil. Como concepção de mundo de um grupo social, ou seja, como filosofia de massas, ela é um "movimento cultural", "uma 'religião'", "uma fé", "uma 'ideologia'", ou seja, a premissa "teórica" implícita em uma atividade prática individual e coletiva. Aparece aqui a "questão política dos intelectuais".[39] A elaboração de uma concepção de mundo coerente, que se apresente como ponto de culminância da cultura de sua época, só pode ser levada a cabo por uma elite de intelectuais muito próxima da vida dos "simples", de modo que seja conservada a unidade ideológica de todo o "bloco social".

> [...] a organicidade do pensamento, a solidez cultural só poderiam ocorrer se entre os intelectuais e os simples se verificasse a mesma unidade que deve existir entre teoria e prática, isto é, se os intelectuais tivessem sido organicamente os intelectuais daquelas massas, ou seja, se tivessem elaborado e tornado coerentes os princípios e os problemas que aquelas massas colocavam com a sua atividade prática, construindo assim um bloco cultural e social.[40]

É no interior do partido que esse contato entre os intelectuais e os simples pode ocorrer de forma mais efetiva. Segundo Gramsci,

> Deve-se sublinhar a importância e o significado que têm os partidos no mundo moderno, na elaboração e difusão das concepções de mundo, na medida em que elaboram essencialmente a ética e a política adequadas a elas, isto é, em que funcionam como "experimentadores" históricos de tais con-

---

38 Q 10/II, § 41, p. 1320.
39 Q 11, § 12, p. 1386.
40 *Ibid.*, § 12, p. 1382.

cepções. [...] Por isso, pode-se dizer que os partidos são os elaboradores das novas intelectualidades integrais e totalitárias, isto é, o crisol da unificação da teoria e prática entendidas como o processo histórico social.[41]

A exposição da filosofia da práxis por Gramsci assumia um viés fortemente crítico perante o marxismo oficial e, em particular, diante das concepções fatalistas e deterministas que lhe eram próprias. Para Gramsci, tais concepções eram uma forma de racionalidade que aparece como substituta "da predestinação, da providência etc. das religiões confessionais".[42] Segundo o sardo:

> Pode-se observar como o elemento determinista, fatalista, mecânico, tenha sido um "aroma" ideológico imediato da filosofia da práxis, uma forma de religião e de excitante (mas ao modo dos narcóticos), tornada necessária e justificada historicamente pelo caráter "subalterno" de determinados estratos sociais. Quando não se tem a iniciativa na luta e a própria luta termina assim por identificar-se com uma série de derrotas, o determinismo mecânico se transforma em uma formidável força de resistência moral, de coesão, de perseverança paciente e obstinada.[43]

O fatalismo e o mecanicismo poderiam ter cumprido um papel positivo quando os grupos subalternos davam seus primeiros passos organizativos e expressavam-se ainda em um nível econômico-corporativo. Essa função positiva se esgotaria quando esses grupos se tornassem classe dirigente e assumissem funções estatais: "quando o 'subalterno' se torna dirigente e responsável pela atividade econômica de massa, o mecanicismo revela-se num certo ponto como um perigo iminente".[44]

---

41 *Ibid.*, § 12, p. 1387. Totalitárias aqui é sinônimo de totais.
42 *Ibid.*, § 12, p. 1389.
43 *Loc. cit.*
44 *Ibid.*, § 12, p. 1388.

A crítica gramsciana se estendia ao economicismo. Analogamente ao fatalismo, o economicismo era expressão de uma fase primitiva do desenvolvimento político e social dos grupos subalternos e da própria filosofia da práxis:

> Economia e ideologia. A pretensão (apresentada como postulado essencial do materialismo histórico) de apresentar e expor qualquer flutuação da política e da ideologia como uma expressão imediata da infraestrutura deve ser combatida, teoricamente, como um infantilismo primitivo, ou deve ser combatida, praticamente, com o testemunho autêntico de Marx, escritor de obras políticas e econômicas concretas.[45]

A filosofia da práxis não separa estrutura e superestrutura. No processo histórico real, afirma-se a unidade dessas duas dimensões, que interrelacionam-se reciprocamente constituindo um bloco histórico: "A estrutura e as superestruturas firmam um 'bloco histórico', isto é, o conjunto complexo e contraditório das superestruturas é o reflexo do conjunto das relações sociais de produção".[46]

Estado e sociedade civil

Em uma carta dirigida a sua cunhada Tatiana Schucht, em 7 de setembro de 1931, Antonio Gramsci resumiu o estado de sua pesquisa revelando o nexo profundo que existia entre sua investigação sobre a história dos intelectuais italianos e a teoria do Estado. Escreveu ele:

> Eu amplio muito a noção de intelectual e não me limito à noção corrente que se refere aos grandes intelectuais. Este estudo também leva a certas determinações do conceito de Estado, que, habitualmente, é entendido como sociedade política (ou

---
45 Q 7, § 24, p. 871.
46 Q 8, § 182, p. 1051.

ditadura, ou aparelho coercitivo, para moldar a massa popular segundo o tipo de produção e a economia de um dado momento), e não como um equilíbrio da sociedade política com a sociedade civil (ou hegemonia de um grupo social sobre toda a sociedade nacional, exercida através das organizações ditas privadas, como a Igreja, os sindicatos, as escolas etc.), e é especialmente na sociedade civil que operam os intelectuais.[47]

No *Primo quaderno*, o Estado foi definido de maneira bastante convencional como "a forma concreta de um determinado mundo econômico, de um determinado sistema de produção".[48] A fórmula, entretanto, foi matizada e tornou-se mais sutil na segunda versão:

> Se bem que seja certo que, para as classes produtivas fundamentais (burguesia capitalista e proletariado moderno), o Estado não seja concebível mais que como uma forma concreta de um determinado mundo econômico, de um determinado sistema de produção, não é dito que a relação entre meios e fins seja facilmente determinada e assuma o aspecto de um esquema simples e óbvio à primeira vista.[49]

Entre a primeira e a segunda versão, está aquela carta a Tatiana, na qual era apresentado um abrangente programa de pesquisa que entrelaçava a questão política dos intelectuais com uma teoria que concebia o Estado como um equilíbrio da sociedade política, o aparelho coercitivo ou governativo, com a sociedade civil, o conjunto das organizações privadas, "como a Igreja, os sindicatos, as escolas etc.". Essa investigação inseria-se no *Qua-*

---

[47] LC, p. 456-7.
[48] Q 1, § 150, p. 132.
[49] Q 10/II, § 61, p. 1360. Sobre essas mudanças e o lugar delas em uma reavaliação por parte de Gramsci da metáfora arquitetônica da estrutura-superestrutura, ver COSPITO, Giuseppe. *Il ritmo del pensiero*: per una lettura diacronica dei "Quaderni del carcere" di Gramsci (Napoli: Bibliopolis, 2011), p. 53.

derno 6, escrito entre 1930 e 1932, o qual reúne em sua maioria textos B (que não receberam uma segunda redação).

Foi neste *Quaderno* que Gramsci expôs a noção de Estado integral. A fórmula aparecia pela primeira vez em uma análise do processo de constituição de uma nova ordem política após a Revolução Francesa de 1789. Segundo ele, nessa ocasião a burguesia "pode se apresentar como 'Estado' integral, com todas as forças intelectuais e morais necessárias e suficientes para organizar uma sociedade completa perfeita".[50] A questão foi retomada e desenvolvida mais adiante, quando a iniciativa jacobina, após 1793, era descrita como a tentativa de

> [...] unificar ditatorialmente os elementos constitutivos do Estado em senso orgânico e mais amplo (Estado propriamente dito e sociedade civil) em uma busca desesperada de apertar no punho toda a vida popular e nacional, mas aparece também como a primeira raiz do Estado laico moderno, independente da Igreja, que procura e encontra em si próprio, em sua vida complexa, todos os elementos de sua personalidade histórica.[51]

No parágrafo seguinte, Gramsci colocou a noção de maneira sintética, mas extremamente eficaz em sua crítica à ideia de Estado-policial, que identificava Estado e governo:

> Estamos sempre no terreno da identificação de Estado e governo, identificação que é, precisamente, uma representação da forma corporativa econômica, isto é, da confusão entre sociedade civil e sociedade política, uma vez que se deve notar que, na noção geral de Estado entram elementos que devem ser remetidos à noção de sociedade civil (no sentido, seria possível dizer, que Estado = sociedade política + sociedade civil, isto é, hegemonia encouraçada de coerção).[52]

---

50 Q 6, § 10, p. 691.
51 *Ibid.*, § 87, p. 763.
52 *Ibid.*, § 88, p. 763-4.

35

A questão foi posta de modo similar no § 137 – "por 'Estado' deve se entender, além do aparelho de governo, também o aparelho 'privado' de hegemonia ou sociedade civil" –[53] e no § 155 – "Estado (no sentido integral: ditadura + hegemonia)".[54] É esse conceito que frequentemente foi apresentado na literatura, a partir do estudo precursor de Christine Buci-Glucksman,[55] como o "conceito de Estado ampliado", embora Gramsci não faça uso da expressão.[56]

Uma vez que, no debate político atual, a noção de sociedade civil indica frequentemente uma esfera associativa não estatal, sede dos potenciais emancipatórios e progressistas presentes na sociedade, é importante desfazer a confusão e retornar ao conceito gramsciano de sociedade civil. O ponto de partida pode ser a "doutrina de Hegel sobre os partidos, e as associações como trama 'privada' do Estado", exposta por Gramsci no *Primo quaderno*.[57] Vale lembrar que, para Hegel, a sociedade civil abarcava as corporações profissionais e a atividade econômica, constituindo desse modo uma esfera de mediação entre o privado e o público, a esfera da família e o Estado, "o racional em si e para si".[58] Quando Marx citou o conceito de sociedade

---

53 *Ibid.*, § 137, p. 801.
54 Q 6, § 155, p. 810-1.
55 BUCI-GLUCKSMANN, Christine. *Gramsci e o Estado:* por uma teoria materialista da filosofia (Rio de Janeiro: Paz e Terra, 1980).
56 Guido Liguori (*Sentieri gramsciani* [Roma: Carocci, 2006], p. 13-20) escreveu importantes páginas a respeito.
57 Q 1, § 47, p. 56.
58 De acordo com Hegel (*A sociedade civil*. Trad., intr. e notas Marcos Lutz Müller [Campinas: IFCH/Unicamp, 2003], p. 21, grifos do original), a sociedade civil abrange: "A. A mediação da *carência* e a satisfação do *singular* pelo seu trabalho e pelo trabalho e pela satisfação de *todos os demais* – o sistema das *carências*. B. A realidade efetiva do universal da *liberdade* aí contido, a proteção da propriedade pela *administração do direito*. C. A prevenção contra a contingência que resta nesses sistemas e o cuidado do interesse particular como algo de *comum* pela *polícia* e pela *corporação*". De acordo com Jean-Pierre

civil no Prefácio de 1859 à *Zur Kritik der politischen Ökonomie* [*Contribuição à crítica da economia política*],[59] escreveu que esse expressaria a "totalidade" das "relações materiais da vida" sem, no entanto, referir-se às corporações ou à esfera associativa presente naquele conceito original. Sobre esse conceito hegeliano, Gramsci escreveu:

> Governo com o consenso dos governados, mas com o consenso organizado, não genérico e vago tal como se afirma no momento das eleições: o Estado tem e pede o consenso, mas também "educa" este consenso através das associações políticas e sindicais, que, porém, são organismos privados, deixados à iniciativa privada da classe dirigente. Assim, em certo sentido, Hegel já supera o puro constitucionalismo e teoriza o Estado parlamentar com seu regime de partidos.[60]

Essa raiz hegeliana da noção de sociedade civil exposta por Gramsci aparecerá ainda no *Quaderno 6*:

> A sociedade civil. É preciso distinguir a sociedade civil tal como é entendida por Hegel e no sentido em que é muitas vezes usada nestas notas (isto é, no sentido de hegemonia política e cultural de um grupo social sobre toda a sociedade, como conteúdo ético do Estado) do sentido que lhe dão os católicos,

---

Lefebvre e Pierre Macherey (*Hegel e a sociedade* [São Paulo: Discurso, 1999], p. 60): "É por intermédio de seu pertencimento à corporação que o indivíduo particular, sujeito econômico da sociedade civil, torna-se cidadão do Estado, sujeito político no sentido estrito. A corporação desempenha, portanto, um papel essencial de *mediação* que é fundamental para o desenvolvimento da sociedade: não estando ainda dentro do Estado, ela *já não está mais* inteiramente na sociedade civil".
59 MARX, Karl. Preface. A Contribution to the Critique of Political Economy. In: MARX, Karl; ENGELS, Friedrich. *Collected Works* (v. 29. New York: International Publisher, 1975), p. 262.
60 Q 1, § 47, p. 56.

para os quais a sociedade civil, ao contrário, é a sociedade política ou o Estado, em oposição à sociedade familiar e à Igreja.[61]

A ideia hegeliana de Estado ético, apropriada e reformada pelo neoidealismo italiano em chave liberal (Benedetto Croce) ou fascista (Giovanni Gentile), era vista por Gramsci como expressão de um período histórico, inaugurado pela Revolução Francesa, no qual parecia que o desenvolvimento da burguesia era ilimitado, sua universalidade se afirmava e o gênero humano se identificava com ela. Nesse contexto,

> [...] todo Estado é ético na medida em que uma de suas funções mais importantes é elevar a grande massa da população a um determinado nível cultural e moral, nível (ou tipo) que corresponde às necessidades de desenvolvimento das forças produtivas e, portanto, aos interesses das classes dominantes. A escola como função educativa repressiva e negativa é a atividade estatal mais importante nesse sentido, mas na realidade, para este fim tende uma multiplicidade de outras iniciativas e atividades chamadas privadas, que formam o aparelho de hegemonia política e cultural das classes dominantes.[62]

Sociedade política e sociedade civil mantêm, no pensamento gramsciano, uma relação de unidade-distinção. Mas unidade e distinção se manifestam de maneiras diferentes. No texto de Gramsci, a unidade é sempre orgânica e se expressa no Estado integral, enquanto a distinção é de ordem metodológica, é um

---

61 Q 6, § 24, p. 703.
62 Q 8, § 179, p. 1049. Gramsci acrescenta aqui uma ressalva importante. A hegemonia da burguesia na fase atual seria sempre restrita, na medida em que ela não seria capaz de "criar um organismo social unitário técnico-moral". Apenas "o grupo social que propõe o fim do Estado e de si mesmo como objetivo a ser alcançado pode criar um Estado ético, tendente a eliminar as divisões internas de dominados etc." (Q 8, § 179, p. 1050).

recurso analítico. Retomando uma fórmula política renascentista, o autor dos *Quaderni* escreveu:

> Afirma Guicciardini que, para a vida de um Estado, duas coisas são absolutamente necessárias: as armas e a religião. A fórmula de Guicciardini pode se traduzir em várias outras fórmulas menos drásticas: força e consenso, coerção e persuasão, Estado e Igreja, sociedade política e sociedade civil, política e moral (história ético-política de Croce), direito e liberdade, ordem e disciplina, ou, com um juízo libertário, violência e fraude.[63]

Essa concepção unitária do Estado é o que Gramsci denominou de "dupla perspectiva", destacando o nexo indissolúvel que, na política e na vida estatal, se estabelece entre a força e o consenso:

> Outro ponto a ser fixado e desenvolvido é o da "dupla perspectiva" na ação política e na vida estatal. Vários são os graus através dos quais se pode apresentar a dupla perspectiva, dos mais elementares aos mais complexos. Mas eles podem se reduzir teoricamente a dois graus fundamentais correspondentes à natureza dúplice do Centauro maquiaveliano, feérica e humana, da força e do consenso, da autoridade e da hegemonia, da violência e da civilidade, do momento individual e daquele universal (da "Igreja" e do "Estado"), da agitação e da propaganda, da tática e da estratégia.[64]

Sociedade regulada

A noção de sociedade regulada presente nos *Quaderni del carcere* oferece uma solução elegante para o problema do fim do Estado na teoria marx-engelsiana. Em seu enunciado mais forte, essa tese aparece na terceira seção do *Anti-Dühring* de Friedrich Engels no seguinte trecho:

---

63 Q 6, § 87, p. 762-3.
64 Q 8, § 86, p. 991.

> O primeiro ato no qual o Estado realmente atua como representante de toda a sociedade – a tomada dos meios de produção em nome de toda a sociedade – é, ao mesmo tempo, seu último ato [autônomo] enquanto Estado. [De esfera em esfera, a intervenção do poder estatal nas relações sociais cai se tornando supérflua e acaba por desativar-se]. O governo sobre pessoas é substituído pela administração de coisas e pela condução de processos de produção. A sociedade livre não pode utilizar ou tolerar nenhum "Estado" entre ela e seus membros. [O Estado não é "abolido", mas *definha e morre*].[65]

Gramsci tratou do fim do Estado em uma nota do *Quaderno 5* intitulada "Machiavelli", na qual discute a arte e a ciência da política, uma reflexão que culminava na noção de "príncipe".[66] Era a respeito da fundação de um "novo tipo de Estado" que Gramsci escrevia, um Estado no qual a sociedade civil se encontraria de tal modo entrelaçada com a sociedade política que cada cidadão se sentiria parte do governo:

> Sobre esta realidade que está em contínuo movimento não se pode criar um direito constitucional de tipo tradicional, mas apenas um sistema de princípios que afirmam como fim do Estado o seu próprio fim, o seu próprio desaparecimento, isto é a reabsorção da sociedade política na sociedade civil.[67]

O duplo sentido que adquire a palavra "fim" nessa passagem – como finalidade e como extinção – precisa ser esclarecido. Na concepção marx-engelsiana, a finalidade do Estado que "atua como representante de toda a sociedade" é a extinção do poder estatal, ou seja, o apagamento da distinção entre indivíduo

---

65 ENGELS, Friedrich. *Anti-Dühring*: a revolução da ciência segundo o senhor Eugen Dühring (São Paulo: Boitempo, 2015), p. 316, grifos do original.
66 Segundo Gramsci, "neste sentido 'príncipe' pode traduzir-se na língua moderna por 'partido político'" (Q 5, § 127, p. 662).
67 Q 5, § 127, p. 662.

e sociedade. Gramsci deslocou essa concepção para o interior de sua própria concepção de Estado, afirmando que o "fim" do Estado, sua extinção, se resolveria, assim, na relação entre a sociedade política e a sociedade civil. Nesse processo, a sociedade civil dissolveria em seu interior as funções que antes se encontravam alocadas no interior da sociedade política.

Este complexo problema será exposto de modo mais rigoroso e criativo no *Quaderno 6*, aquele dedicado ao conceito de Estado, no qual é apresentada, em um conjunto de notas, a noção de sociedade regulada. Trata-se de textos que, como a maioria das notas desse caderno, não tiveram uma segunda redação. Essa noção era afirmada em contraposição aos teóricos do Estado fascista e, também, àqueles do Estado liberal. Em sua primeira aparição, Gramsci enfatizou que a noção de sociedade regulada não poderia ser confundida com o Estado-classe, ou seja, nem com o Estado burguês, nem com o Estado proletário. Enquanto persistisse a desigualdade econômica entre os indivíduos, a igualdade política não teria lugar. Esse seria um elemento de realismo presente nas teorias dos utopistas, segundo Gramsci, os quais sempre insistiram que a igualdade econômica era o fundamento da sociedade projetada. Era nessa medida que os utopistas poderiam ser também considerados "cientistas da política".[68]

A noção de sociedade regulada era um desenvolvimento da teoria gramsciana do Estado, como se pode ver nos §§ 65 e 82 do *Quaderno 6*. Esse desenvolvimento foi apresentado de modo mais acabado no § 88, justamente aquele em que aparece a fórmula "Estado = sociedade política + sociedade civil, isto é, hegemonia encouraçada de coerção". A continuação do texto já definia a direção do argumento: "Em uma doutrina do Estado que o conceba como tendencialmente passível de exaurimento e de resolução na sociedade regulada, o argumento [aquela concepção de Estado] é fundamental".[69]

---

68 Q 6, § 12, p. 693.
69 *Loc. cit.*

A questão do fim do Estado encontrava nessa "doutrina" uma solução possível. Se no comunismo o poder público perde seu caráter político, como escreveram Marx e Engels no *Manifesto comunista*, onde residiria o poder público?[70] E de onde viria sua força? De acordo com Gramsci: "Pode-se imaginar que o elemento Estado-coerção se exaure à medida que se afirmam elementos sempre mais conspícuos da sociedade regulada (ou Estado ético, ou sociedade civil)".[71] A sociedade regulada é, assim, um "Estado sem Estado", baseado no pressuposto de que "todos os homens são realmente iguais e, portanto, igualmente razoáveis e morais, isto é, capazes de aceitar a lei espontaneamente, livremente e não por coerção, como imposta por outra classe, como coisa externa à consciência".[72] Na sociedade regulada a sociedade civil absorve e dissolve a sociedade política e suas funções.

Para Gramsci, a transição para uma sociedade regulada implica em uma fase de Estado-guardião noturno, uma fórmula que toma emprestada do pensamento político liberal, "isto é, de uma organização coercitiva que tutelará o desenvolvimento dos elementos de sociedade regulada em contínuo incremento e, portanto, reduzirá gradativamente suas intervenções autoritárias e coercitivas".[73] Teria início, assim, uma "era de liberdade orgânica".

A distinção entre partido e governo seria, nesse processo, essencial. Em uma sociedade de transição, "o partido dominante não se confunde organicamente com o governo". O § 65, no qual é feita essa distinção, discute obviamente a União Soviética sob

---

70 "Quando, no curso do desenvolvimento, desaparecerem os antagonismos de classes e toda a produção for concentrada nas mãos dos indivíduos associados, o poder público perderá seu caráter político" (MARX, Karl; ENGELS, Friedrich. *Manifesto comunista* [São Paulo: Boitempo, 1998], p. 59).
71 Q 6, § 88, p. 764.
72 *Ibid.*, § 88, p. 764.
73 *Loc. cit.*

Stalin, embora o pretexto seja Napoleão III. Gramsci faz referência às "estruturas governativas iliberais (isto é, aquelas nas quais a sociedade civil se confunde com a sociedade política)" e distingue as estruturas despóticas, nas quais uma oligarquia pretende ser toda a sociedade, das estruturas democráticas, em que "o povo indistinto pretende e acredita ser verdadeiramente o Estado".[74] Gramsci alertava para o uso, por parte de Napoleão III, de "argumento democrático que se transforma em justificativa de atividade oligárquica". A sequência do argumento, entretanto, torna evidente que o objeto da reflexão era Stalin. Segundo Gramsci, o Estado "pode ser 'democrático' apenas na sociedade na qual a unidade histórica entre sociedade civil e sociedade política é entendida dialeticamente (na dialética real e não apenas conceitual) e o Estado é concebido como superável pela 'sociedade regulada'".[75] Nesse processo de superação do Estado, o partido, presente na sociedade civil, "é instrumento para a passagem da sociedade civil-política para a 'sociedade regulada'".[76]

Hegemonia

O primeiro uso que Gramsci fez do conceito de hegemonia, antes da prisão, foi no contexto da análise das relações internacionais, como na menção a uma "hegemonia mundial" no artigo "La relazione Tasca e il Congresso camerale di Torino" [O relatório Tasca e o Congresso da câmara de Turim], publicado no jornal *L'Ordine Nuovo*, em 5 de junho de 1920,[77] ou na referência a um "sistema hegemônico", presente no artigo "La Russia, potenza mondiale" [A Rússia, potência mundial], publicado no mesmo jornal no dia 14 de agosto de 1920.[78] O uso, de

---

74 *Ibid.*, § 65, p. 734.
75 *Ibid.*, § 65, p. 735.
76 *Ibid.*, § 65, p. 734.
77 ON, p. 541.
78 *Ibid.*, p. 618.

certo modo, evoca os significados que a palavra tinha no grego clássico e o uso que Tucídides fez dela para designar um sistema de alianças no qual o Estado que detém a liderança exercita seu poder sobre Estados que consentem mutuamente.[79]

Nesse último texto, percebe-se, entretanto, que Gramsci via a construção do novo Estado operário soviético como o resultado da capacidade da classe operária "convencer a maioria da população". Nesse convencimento se "fundamenta precisamente o Estado, se fundamenta o consenso nacional".[80] De acordo com Gramsci, na Rússia, "os intelectuais, os camponeses, todas as classes médias, reconhecem na classe operária a fonte do poder de Estado, reconhecem a classe operária como classe dirigente".[81] Ainda não é possível encontrar explícito nesse texto o conceito de hegemonia do proletariado, tal qual fora utilizado por Lenin para justificar o fundamento do poder na "ditadura democrática dos operários e dos camponeses" no panfleto *Dve taktiki sotsial-demokratii v demokraticheskoy revolyutsii* [*Duas táticas da social democracia na revolução democrática*], de 1905. Mas não é exagero dizer que ali já se encontrava *in nuce*.

Embora a expressão não seja utilizada no artigo "Capo" [Chefe], publicado no primeiro número da "Terza Serie" do jornal *L'Ordine Nuovo*, em março de 1924, é facilmente perceptível a presença da ideia de hegemonia do proletariado na afirmação de

---

[79] Ver, por exemplo, THUCYDIDES, *History of the Peloponnesian War*. v. I. Trans. Charles Forster Smith (London/Cambridge: Heinemann/Harvard University, 1919), p. 35. Sobre o uso do conceito de hegemonia na Antiguidade grega ver, especialmente, WICKERSHAM, John. *Hegemony and Greek Historians* (Lanham: Rowman & Littlefield, 1994); WILKINSON, David. Hêgemonía: Hegemony, Classical and Modern. *Journal of World-Systems Research*, v. 14, n. 2, 2008, p. 119-41; e FONTANA, Benedetto. Logos and Kratos: Gramsci and the Ancients on Hegemony. *Journal of the History of Ideas*, v. 61, n. 2, 2000, p. 305-26.
[80] ON, p. 616.
[81] *Ibid.*, p. 617.

que na Rússia "o proletariado exerce não apenas um domínio físico, mas dominava também espiritualmente".[82] Na mesma edição era publicada sem a assinatura do autor, mas de autoria de Giorgy Zinoviev, uma biografia de Lenin, recém-falecido, destacando que "o bolchevismo é o primeiro na história internacional da luta de classes que desenvolveu a ideia da hegemonia do proletariado e colocou praticamente os principais problemas revolucionários que Marx e Engels colocaram teoricamente".[83]

Anna Di Biagio[84] mostrou que o uso que Lenin fez do conceito de hegemonia foi ambíguo e infrequente. Apenas naquele opúsculo de 1905 é possível encontrar a ideia de hegemonia como direção política do proletariado em uma aliança de classes.[85] Ainda de acordo com Di Biagio, apenas em abril de 1923, no XII Congresso do Partido Comunista Russo (bolcheviques), a palavra "hegemonia" passou a fazer parte do léxico oficial dos bolcheviques. E o protagonista nessa ocasião não foi Lenin, que havia sofrido um acidente vascular cerebral em março e perdido a capacidade de falar, e sim Grigory Zinoviev, que recorreu à ideia de hegemonia em seu combate contra a Oposição Operária liderada por Alexandra Kolontai e Alexander Shliapnikov.

A pesquisa de Craig Brandist,[86] entretanto, permite uma visão mais nuançada a respeito, uma vez que observa no bolchevismo uma corrente identificada com Aleksandr Bogdanov e

---

82 CPC, p. 14.
83 ZINOVIEV, Giorgy. Vladimiro Ilic Ulianov. *L'Ordine Nuovo*, a. I, n. 1, mar. 1924, p. 3. Sobre essa tradução em particular e sobre o desenvolvimento do conceito de hegemonia em Gramsci, ver VACCA, Giuseppe. *Modernità alternative*: il Novecento di Antonio Gramsci (Torino: Einaudi, 2017), p. 34ss.
84 DI BIAGIO, Anna. Egemonia leninista, egemonia gramsciana. In: GIASI, Francesco (org.). *Gramsci nel suo tempo* (v. 1. Roma: Carocci, 2008). p. 379-402.
85 Ver os comentários a respeito de VACCA, *Modernità alternative*, p. 36.
86 BRANDIST, Craig. *The Dimensions of Hegemony*: Language, Culture and Politics in Revolutionary Russia (Leiden: Brill, 2015).

Anatoli Lunacharsky, ambos associados a partir de 1909 à fração *Vpered* [Avante] do partido, que formulou uma concepção "culturalista" da ideia de hegemonia. Muito antes de 1923, essa ideia era de uso comum nas discussões que tinham lugar no partido bolchevique, e não apenas nos textos de Lenin.

Um sintoma desse uso comum, com um sentido próximo àquele que Gramsci viria a utilizar, está na carta que Leon Trotsky dirigiu ao Comitê Central, em outubro de 1923, no contexto de sua luta contra a burocracia soviética, que culminaria na Oposição dos 46. Nela, o chefe do Exército Vermelho fez uso da ideia de "hegemonia intelectual", referindo-se à posição dirigente dos velhos bolcheviques no partido, que se encontraria ameaçada pela crescente insatisfação operária contra "esse exclusivo e autocontido aparato de secretarias",[87] numa clara referência ao secretário-geral do partido, Josef Stalin.[88]

Não é possível estabelecer de modo rigoroso o que Gramsci de fato leu da obra de Lenin nem o quão familiarizado com ela estava. Palmiro Togliatti já havia alertado a respeito das dificuldades que isso trazia para a pesquisa filológica. Ainda assim, o mesmo Togliatti afirmou que Gramsci teria lido uma parte importante da obra de Lenin, inclusive *Chto delat'?* [*Que fazer?*] e o citado *Dve taktiki...* antes de sua chegada em Moscou, em 1922.[89] No caso de *Chto delat'?*, sabe-se que o sardo, apenas em

---

[87] TROTSKY, Leon. First Letter to the Central Committee. In: *The Challenge of the Left Opposition (1923-25)* (New York: Pathfinder, 1975), p. 56.
[88] De acordo Anna Di Biagio (Egemonia leninista..., p. 399), o texto completo da carta teria sido publicado apenas em 1990. Uma versão, entretanto, embora não completamente fiel ao original, fora publicada pelo jornal dos emigrados mencheviques, *Sotsialistichesky Vestnik*, em maio de 1924. Essa versão, traduzida para o inglês por Marilyn Vogt, foi publicada em 1975 na edição aqui citada.
[89] TOGLIATTI, Palmiro. *Scritti sur Gramsci*: a cura di Guido Liguori (Roma: Riuniti, 2001), p. 217-8.

1925, pôde dispor de uma tradução francesa.[90] Apesar disso, é certo que o período que passou em Moscou, entre junho de 1922 e dezembro de 1923, foi crucial não apenas para sua formação política, como para a própria formulação do conceito de hegemonia.[91] Não surpreende, portanto, que Gramsci atribua a Lenin a primazia na formulação do conceito de hegemonia e enfatize tanto isso.[92]

Isso fica evidente já na primeira nota do cárcere em que o conceito aparece. Trata-se de um sugestivo parágrafo do *Primo quaderno*, intitulado "Direzione politica di classe prima e dopo l'andata al governo" [Direção política de classe antes e depois de chegar ao governo], o qual não trata da "hegemonia do proletariado", e sim da hegemonia burguesa no *Risorgimento* italiano, o processo de unificação da península e a construção de um moderno Estado nacional.[93] Esse processo se estendeu de 1848 a 1871 e teve a peculiaridade de ter sido dirigido por uma força estatal, o Piemonte, sob o comando do partido dos moderados, liderado pelo conde de Cavour e pelo rei Vittorio Emanuele II, enquanto o Partito d'Azione, de Giuseppe Mazzini e Giuseppe Garibaldi, assumia uma função meramente subalterna.

---

90 DI BIAGIO, Egemonia leninista..., p. 380.
91 Peter D. Thomas ("A virada de Moscou": o diálogo entre Gramsci e os bolcheviques (1922-1923). *Outubro*, n. 30, 2018, p. 180) chega a falar de uma "virada de Moscou" para dar conta do impacto dos dezoito meses que Gramsci passou na Rússia sobre seu pensamento político.
92 Por exemplo: "ao mesmo tempo que Croce, o maior teórico moderno da filosofia da práxis, no terreno da luta e da organização política, com terminologia política, em oposição às várias tendências 'economicistas', revalorizou a frente da luta cultural e construiu a doutrina da hegemonia como um complemento à teoria da força do Estado e como uma forma atual da doutrina *quarantottesca* da 'revolução permanente'" (Q 10, § 11, p. 1234). A passagem contribui para o enigma, pois a referência às tendências economicistas remete claramente a *Chto delat'?*, uma obra de Lenin na qual o conceito de hegemonia não se faz presente.
93 Q 1, § 44, p. 40.

47

Gramsci anunciou aí um importante critério histórico político, que deveria guiar a pesquisa:

> [...] uma classe é dominante em dois modos, isto é, "dirigente" e "dominante". É dirigente das classes aliadas e dominante das classes adversárias. Por isso, já antes da chegada ao poder uma classe pode ser "dirigente" (e deve sê-lo); quando chega ao poder torna-se dominante, mas continua a ser "dirigente".[94]

Para evitar dois usos distintos da palavra "dominante" e tornar o texto mais preciso, Gramsci introduziu uma pequena, mas importante, modificação na segunda versão desta nota, inscrita no *Quaderno 19*, dedicado integralmente ao *Risorgimento*: "a supremacia de um grupo se manifesta em dois modos, como 'domínio' e como 'direção intelectual e moral'".[95] Gramsci reforçou o argumento no mesmo parágrafo do *Primo quaderno*: "Pode-se e deve-se exercer uma "hegemonia política' mesmo antes da chegada ao governo, e não é necessário contar apenas com o poder e sobre a força material que ele dá para exercitar a direção ou hegemonia política".[96]

Novamente, as alterações no texto em sua segunda versão são importantes. "Hegemonia política" foi substituída por "atividade hegemônica" e "direção eficaz".[97] Com isso, o autor destacava que, embora a atividade hegemônica e a direção eficaz dos grupos aliados tenha início antes da conquista do poder, ela só se realiza plenamente após este momento, quando as forças dirigentes podem mobilizar o aparelho estatal e implementar um programa pedagógico.

Ainda acerca do papel desempenhado por forças estatais e grupos sociais, Gramsci escreveu a respeito da formação pelos

---

94 *Ibid.*, § 44, p. 41.
95 Q 19, § 24, p. 2010.
96 Q 1, § 44, p. 41.
97 Q 19, § 24, p. 2011.

moderados de um "bloco nacional sob sua hegemonia";[98] a respeito da hegemonia de Paris sobre as províncias e a respeito dos limites da hegemonia burguesa na Itália e sua incapacidade de absorver os camponeses.[99] Embora limitada, a hegemonia dos moderados do Piemonte se revelou eficaz. O que caracterizava os moderados sob a direção de Cavour era o fato de serem "intelectuais condensados", eram intelectuais, organizadores políticos e, ao mesmo tempo, proprietários, industriais e comerciantes. Esse duplo papel permitia criar de modo espontâneo uma "identidade de representantes e representados [...] isto é, os moderados eram uma vanguarda real, orgânica, das classes altas".[100] Mas para consolidar uma posição dirigente sobre os grupos intelectuais da península, os moderados precisavam superar as correntes católicas representadas intelectualmente por Vincenzo Gioberti e os radicais encarnados por Mazzini. Essa superação implicava na realização de um programa pedagógico e escolar que foi implementado pelos moderados:

> Essa atividade escolar do *Risorgimento*, de caráter liberal e liberalizante, tinha uma grande importância para afirmar o mecanismo da hegemonia dos moderados sobre os intelectuais. A atividade escolar, em todos os seus graus, tem uma enorme importância, mesmo econômica, para os intelectuais de todos os graus; e tinha uma importância ainda maior devido à restrição dos quadros sociais e aos escassos caminhos abertos às iniciativas dos intelectuais (hoje: jornalismo, movimento dos partidos etc. alargaram muitíssimo os quadros intelectuais). A hegemonia de um centro diretivo sobre os intelectuais tem estas duas linhas estratégicas: "uma concepção geral da vida", uma filosofia (Gioberti), que dê aos aderentes uma "dignidade" para contrapor às ideologias dominantes como princípio de luta; um programa escolar que interesse e dê uma atividade própria em seu campo técnico àquela fração dos intelectuais

---

98 Q 1, § 44, p. 50.
99 *Ibid.*, § 44, p. 53 e 54.
100 *Ibid.*, § 44, p. 41.

que é a mais homogênea e a mais numerosa (educadores, dos professores de escola à universidade).[101]

Desde aquele primeiro momento no § 44 do *Primo quaderno*, era a respeito da hegemonia política que Gramsci estava refletindo. Isso não impedia que utilizasse expressões como "hegemonia cultural";[102] "hegemonia cultural e política";[103] "hegemonia cultural e moral;[104] "hegemonia político intelectual;[105] "hegemonia política e cultural;[106] "hegemonia político-social";[107] "hegemonia intelectual".[108] O sentido convergente dessas várias fórmulas pode ser apreendido em uma importante mudança que Gramsci efetuou naquele § 44 do *Primo quaderno*. Na primeira versão, escreveu: "De que forma os moderados conseguiram estabelecer o aparelho de sua direção política?".[109] Na segunda versão, alterou substancialmente o texto e, embora não tenha modificado o sentido, tornou-o mais preciso: "De que forma e por quais meios os moderados conseguiram estabelecer o aparelho (o mecanismo) de sua hegemonia intelectual, moral e política?".[110] "Direção política" era, aqui, sinônimo de "hegemonia intelectual, moral e política".

Como dito, era sempre da política que Gramsci estava falando quando usava a noção de hegemonia. Mas a política era entendida, segundo Frosini,[111] de modo amplo, como "a carac-

---

101 *Ibid.*, § 46, p. 56.
102 *Ibid.*, § 72, p. 82; Q 2, § 109, p. 255; Q 3, § 5, p. 292.
103 Q 6, § 85, p. 759.
104 Q 7, § 71, p. 908.
105 Q 4, § 38, p. 480.
106 Q 6, § 24, p. 703.
107 *Ibid.*, § 118, 789.
108 Q 3, § 76, p. 354; Q 4, § 38, p. 461.
109 Q 1, § 44, p. 41.
110 Q 19, § 24, p. 2011.
111 FROSINI, Fabio. *La religione dell'uomo moderno: politica e verità nei Quaderni del carcere di Antonio Gramsci* (Roma: Carocci, 2010), p. 85.

terística de todo fato social enquanto fato social. Em termos filosóficos: a política não é uma superestrutura, mas a ontologia do social". Nesse sentido, a política é aquilo que permite a própria existência do social em suas múltiplas dimensões, inclusive aquela econômica, enquanto existirem as distinções de classe.

Naquele § 44 do *Primo quaderno*, hegemonia é igual à direção política. Essa identidade entre direção política e hegemonia aparecerá também naquelas notas sobre a noção de "Estado em senso orgânico e mais amplo".[112] Nessas notas, a hegemonia tem seu lugar sempre no âmbito da sociedade civil. Mas Gramsci formulou uma outra concepção de hegemonia sobre a qual é importante chamar a atenção. Essa concepção aparece esboçada de modo sutil no § 44 do *Primo quaderno*, quando afirmava que, ao chegar ao poder, uma classe "torna-se dominante mas continua a ser dirigente".[113] Essa confluência entre dominação e direção no interior de uma política de Estado foi desenvolvida no § 48 do mesmo *quaderno*, uma nota referente ao jacobinismo e ao regime parlamentar:

> O exercício normal da hegemonia no terreno que tornou clássico o regime parlamentar é caracterizado por uma combinação de força e consenso, que se equilibram, sem que a força ultrapasse muito o consenso, aparecendo assim apoiado no consenso da maioria expresso pelos organismos da opinião pública.[114]

Em situações "normais", direção e dominação, consenso e coerção, encontram-se em uma relação de equilíbrio. Não são vetores de igual intensidade em um jogo de soma zero. São forças que mantêm entre si uma relação orgânica. Essa relação orgânica, esse

---

112 Q 6, § 87, 88, 137 e 155. Ver a respeito os comentários em BIANCHI, Alvaro. Gramsci, Croce e a história política dos intelectuais. *Revista Brasileira de Ciências Sociais*, São Paulo, v. 34, n. 99, 2019, p. e349915.
113 Q 1, § 44, p. 41.
114 Q 1, § 48, p. 59.

equilíbrio entre força e consenso, é dissolvida nas situações em que ocorre uma "crise de autoridade". De acordo com Gramsci:

> Se a classe dominante perdeu o consenso, isto é, não é mais "dirigente", mas unicamente "dominante" detentora de pura força coercitiva, isto significa precisamente que as grandes massas se separaram [afastaram] das ideologias tradicionais, não acreditam mais naquilo que antes acreditavam etc. A crise consiste precisamente no fato de que o velho morre e o novo não pode nascer: neste interregno se verificam os fenômenos mórbidos mais variados.[115]

No *Quaderno 13*, dedicado a Maquiavel e à política, foram reunidas em um único parágrafo um conjunto de notas antes dispersas e destinadas a discutir essa crise de autoridade. O título sugestivo do novo parágrafo é "Observações sobre alguns aspectos da estrutura dos partidos nos períodos de crise orgânica". Aqui a análise se deslocava do terreno das ideologias, onde se situava no *Quaderno 3*, para o terreno dos partidos, assumindo um conteúdo mais concreto:

> Em um certo ponto da vida histórica, os grupos sociais se destacam de seus partidos tradicionais, isto é, os partidos tradicionais naquela dada forma organizativa, com aqueles determinados homens que o constituíam, os representavam e os dirigiam não são mais reconhecidos como expressão de sua classe ou fração de classe. Quando estas crises se verificam, as situações imediatas tornam-se delicadas e perigosas, porque o campo se abre às soluções de força, às atividades de potências obscuras representadas pelos homens providenciais ou carismáticos. [...] Em cada país o processo é diverso. E o conteúdo é a crise de hegemonia da classe dirigente, que ocorre ou porque a classe dirigente faliu em um grande empreendimento político qualquer para o qual requisitou ou impôs com a força o consenso das grandes massas (como a guerra), ou porque

---

[115] Q 3, § 34, p. 311.

vastas massas (especialmente de camponeses e de intelectuais pequenos burgueses) passaram repentinamente da passividade política a uma certa atividade e colocam reivindicações que, no seu conjunto desorgânico, constituem uma revolução. Fala-se de "crise de autoridade" e isto é, precisamente, a crise de hegemonia ou crise do Estado em seu conjunto.[116]

O parágrafo é extremamente sugestivo e valioso para o estudo das crises políticas. Estas assumem a forma de uma crise de autoridade, mas o que as caracteriza é a crise de hegemonia, o esgarçamento da capacidade dirigente dos grupos sociais e dos partidos tradicionais. Esse tema será discutido de maneira mais abrangente no capítulo 6 deste livro.

Guerra de posição e guerra de movimento

A distinção entre guerra de posição e guerra de movimento foi estabelecida por Gramsci já no *Primo quaderno*, em uma nota destinada a destacar a diferença entre a luta política e a luta militar: "A luta política é muitíssimo mais complexa".[117] A analogia construída nessa nota é com as guerras coloniais, guerras de ocupação nas quais o conflito continua depois do desarmamento e da dispersão do exército vencido. Referindo-se à luta pela independência da Índia, Gramsci anunciava três formas de guerra: "de movimento, de posição e subterrânea. A resistência passiva de Ghandi é uma guerra de posição, que em determinados momentos se transforma em guerra de movimento e, em outros, em guerra subterrânea".[118] Não há nesta nota nenhuma indicação de primazia de uma forma sobre outra, nem de ordem sequencial, podendo até mesmo coexistirem as três formas.

Como outros temas da política, no *Quaderno 6*, a relação entre guerra de movimento e guerra de posição foi apresenta-

---

116 Q 13, § 23, p. 1603.
117 Q 1, § 134, p. 122.
118 *Loc. cit.*

da de maneira desenvolvida, inserindo-se no âmbito da teoria gramsciana do Estado. Em um parágrafo intitulado "Política e arte militar", Gramsci discutiu a relação existente entre a ação política das "grandes massas" ("tática das grandes massas") e a ação política de pequenos grupos ("tática imediata de pequenos grupos"), uma relação que era, também, de tática e estratégia. O erro nessas circunstâncias políticas, afirmava, ocorre "por uma inexata compreensão do que é o Estado (no significado integral: ditadura + hegemonia)".[119]

Uma compreensão adequada do Estado permitiria formular uma estratégia adequada "ao período do pós-guerra", no qual ocorreria uma "concentração inaudita de hegemonia". Nesta "fase culminante da situação político-histórica", a guerra de posição torna-se decisiva:

> Ou seja, na política subsiste a guerra de movimento enquanto se trata de conquistar posições não decisivas e, portanto, não se podem mobilizar todos os recursos de hegemonia do Estado; mas quando, por uma razão ou por outra, estas posições perderam seu valor e só aquelas decisivas têm importância, então se passa à guerra de assédio, sob pressão, difícil, em que se exigem qualidades excepcionais de paciência e espírito inventivo.[120]

Gramsci escrevia a respeito de uma teoria da revolução que articulava a guerra de movimento com a guerra de posição, como o predomínio estratégico desta última no contexto do pós-guerra. Esse predomínio não era o resultado de uma livre escolha por parte dos grupos subalternos, e sim das condições existentes na Europa Ocidental:

> A verdade é que não se pode escolher a forma de guerra que se quer, a menos que se tenha imediatamente uma superioridade

---

[119] Q 6, § 155, p. 810-1.
[120] *Ibid.*, § 138, p. 802.

esmagadora sobre o inimigo; sabe-se quantas perdas custou a obstinação dos Estados-maiores em não quererem reconhecer que a guerra de posição era "imposta" pela relação geral das forças em choque.[121]

A distinção entre Oriente e Ocidente realizada por Gramsci é importante. Enquanto no Oriente a luta poderia assumir a forma da guerra de movimento, no Ocidente a guerra de posição deveria prevalecer. Esses não são, entretanto, conceitos geográficos, e sim morfológicos. Dizem respeito às diferentes formas sociais e políticas no capitalismo contemporâneo. A distinção das formas já fora anunciada por Vladimir Lenin em *Detskaya Bolezn' "Levizny" v Kommunizme* [Esquerdismo, doença infantil do comunismo], e por Leon Trotsky no 4º Congresso da Internacional Comunista, do qual Gramsci participou como delegado. Segundo Gramsci,

> No Oriente, o Estado era tudo, a sociedade civil era primitiva e gelatinosa; no Ocidente, havia entre o Estado e a sociedade civil uma relação apropriada e, ao oscilar o Estado, podia-se imediatamente reconhecer uma robusta estrutura da sociedade civil. O Estado era apenas uma trincheira avançada, por trás da qual se situava uma robusta cadeia de fortalezas e casamatas.[122]

Esse parágrafo, de grande importância, não recebeu uma segunda redação, permanecendo em sua provisoriedade. Mas essa distinção entre Oriente e Ocidente manteve-se inalterada ao logo dos *Quaderni del carcere*. Era no contexto das sociedades de tipo ocidental do pós-guerra que a guerra de posição afirmava seu caráter estratégico. O desenvolvimento dos partidos e dos sindicatos de massa, da imprensa, das associações civis e de uma densa opinião pública haviam modificado as formas da luta política. De acordo com Gramsci, Lenin teria com-

---

121 Q 13, § 24, p. 1614-5.
122 Q 7, § 16, p. 866.

preendido essas novas condições da luta política no Ocidente e sintetizado a nova estratégia com a fórmula da frente única.

Revolução passiva

Gramsci introduziu a noção de revolução passiva naquele importante § 44 do *Primo quaderno*, já citado anteriormente. Como visto, trata-se de uma nota dedicada à análise do particular processo de formação do Estado nacional italiano, o *Risorgimento*, dirigido pelos moderados do Piemonte. Gramsci se refere ao *Risorgimento* como "uma revolução sem revolução", acrescentando à margem, posteriormente, "revolução passiva, segundo a expressão de V. Cuoco".[123] A fórmula fora utilizada em 1801 por Vincenzo Cuoco a respeito da revolução napolitana de 1799: "sendo a revolução passiva, a máxima parte da nação deve supor-se indiferente e inerte".[124] Cuoco comparava a revolução napolitana, passiva, com as revoluções ativas, em particular aquela que ocorrera dez anos antes na França. A comparação foi retomada várias vezes por Gramsci, que considerava o processo de "formação dos Estados modernos na Europa como 'reação – superação nacional' da Revolução francesa e do napoleonismo.[125] Na segunda versão do § 44, a referência a Cuoco era inserida no próprio texto, e a menção à França e aos jacobinos tornava-se mais clara:

> Da política dos moderados aparece claro que se pode e se deve exercer uma atividade hegemônica mesmo antes da chegada ao poder, e que não é necessário contar apenas com a força material que o poder dá para exercitar uma direção eficaz: precisamente a brilhante solução deste problema tornou possível o *Risorgimento*, na forma e nos limites nos quais ele se efeti-

---
123 Q 1, § 44, p. 41.
124 CUOCO, Vincenzo. *Saggio storico sulla rivoluzione di Napoli* (Milano: Rizolli, 1999 [1801]), p. 210.
125 Q 1, § 150, p. 133.

vou, sem "Terror", como "revolução sem revolução", ou seja, como "revolução passiva" para empregar uma expressão de Cuoco com um sentido um pouco diferente daquele que Cuoco quer dizer.[126]

Ao longo dos cadernos, Gramsci vai ampliando a noção de revolução passiva e tornando-a mais precisa. De um uso circunscrito ao processo do *Risorgimento* italiano, passou a uma utilização mais abrangente, aplicando a ideia para descrever o processo de "formação dos Estados modernos na Europa".[127] Esse acréscimo foi explicitado no *Quaderno 4* em uma nota intitulada "Vincenzo Cuoco e la revoluzione passiva" [Vincenzo Cuoco e a revolução passiva]:

> Vincenzo Cuoco chamou de revolução passiva aquela ocorrida na Itália como contragolpe das guerras napoleônicas. O conceito de revolução passiva me parece exato não apenas para a Itália, mas ainda para os outros países que modernizaram o Estado por meio de uma série de reformas ou de guerras nacionais, sem passar pela revolução política de tipo radical-jacobino.[128]

Ampliava-se, desse modo, o alcance geográfico e temporal do conceito, indo além do processo de formação dos Estados nacionais. Do ponto de vista conceitual, isso ocorria por meio da aproximação da fórmula de Cuoco da noção de revolução-restauração, utilizada por Edgard Quinet para explicar o caso francês. O que a revolução passiva e a revolução-restauração teriam em comum seria

> [...] o fato histórico de ausência de iniciativa popular no desenvolvimento da história italiana e o fato de que o "progresso"

---

126 Q 19, § 24, p. 2011.
127 Q 1, § 150, p. 133.
128 Q 4, § 57, p. 504.

se verifica como reação das classes dominantes ao subversivismo esporádico e desorganizado das massas populares, com "restaurações" que acolhem alguma parte das exigências populares, portanto "restaurações-progressivas" ou "revoluções--restaurações" ou ainda "revoluções passivas".[129]

Mais adiante, Gramsci acrescentaria outra fórmula análoga de extrema importância: "conservação-inovação".[130] Estão nessas notas do *Quaderno 8* contidos os elementos centrais da revolução passiva: ausência de iniciativa popular (hegemonia); reação das classes dominantes; mudanças por meio de reformas; conservação-inovação. O que caracterizaria a revolução passiva seria o fato de que a transformação ocorreria sem uma revolução ativa, sem o protagonismo popular. É importante destacar, porém, que a fórmula descreveria um processo de transformação estatal. Gramsci não utilizou mais a fórmula "revolução sem revolução" em seus *Quaderni*, talvez por considerá-la drástica demais. Entretanto, em sua dramaticidade, essa fórmula é eficaz para descrever a existência de uma mudança estatal que ocorre por essa via não clássica.

A ampliação da noção de revolução passiva deu um salto em uma nota redigida em abril de 1932: "Um novo 'liberalismo', nas condições modernas, não seria propriamente o 'fascismo'? Não seria o fascismo precisamente a forma da 'revolução passiva' própria do século XX como o liberalismo foi para o século XIX".[131] Nessa passagem, Gramsci não estava comparando a forma do liberalismo com aquela do fascismo. O que ele comparava eram duas funções históricas. A pergunta era se o fascismo não poderia atualizar o capitalismo, promovendo seu relançamento, da mesma forma como o liberalismo fizera no século anterior:

---

129 Q 8, § 25, p. 957.
130 *Ibid.*, § 39, p. 966.
131 *Ibid.*, § 236, p. 1089.

[...] a revolução passiva se verificaria no fato de transformar a estrutura econômica, "reformisticamente", de individualista à economia de acordo com um plano (economia dirigida); e o advento de uma "economia média" entre aquela individualista pura e aquela segundo um plano em sentido integral permitiria a passagem a formas políticas e culturais mais avançadas sem cataclismos radicais.[132]

O caráter reformista desse processo de atualização do capitalismo era destacado na segunda versão dessa nota, na qual Gramsci acrescentava que esse processo poderia acentuar a "socialização e a cooperação da produção sem por isso trocar (ou limitando-se apenas a regular e controlar) a apropriação individual e de grupo do lucro".[133] Era o caráter gradual e ao mesmo tempo autolimitado desse processo o que permitia recorrer à noção de revolução passiva como chave explicativa. Mas chama a atenção, nesse caso, que Gramsci não recorreu à fórmula revolução-restauração. Por outro lado, promoveu nesse parágrafo aqui discutido uma significativa aproximação entre as noções de revolução passiva e guerra de posição:

> Esta concepção [de revolução passiva] poderia ser avizinhada daquela que em política se pode chamar de "guerra de posição", em oposição à guerra de movimento. Assim, no ciclo histórico precedente a Revolução Francesa, teria sido a "guerra de movimento" e a época liberal do século XIX uma longa guerra de posição.[134]

A guerra de posição era, desse modo, a estratégia da burguesia em sua revolução passiva.

---

132 *Loc. cit.*
133 Q 10/I, § 9, p. 1128.
134 Q 8, § 236, p. 1089.

2. A FILOLOGIA COMO MÉTODO

Antonio Gramsci chegou em Turim em outubro de 1911, aos 20 anos de idade, depois de passar sua infância e juventude na Sardenha. Na grande cidade, matriculou-se no curso de Filologia Moderna da Facoltà di Lettere e Filosofia, com uma bolsa de estudos do Collegio Carlo Alberto, a mesma que beneficiou seus futuros amigos Palmiro Togliatti, aluno da Facoltà di Giurisprudenza, e Angelo Tasca, estudante de Letras.[135] Era o ano do cinquentenário da criação do Reino da Itália, para cuja celebração a cidade sediou uma Exposição Universal. Ano, também, da aventura bélica na Líbia, que alimentou fortes sentimentos nacionalistas e angariou simpatias entre os professores universitários. Tais sentimentos se expressavam, frequentemente, por meio de uma retórica grandiloquente de estilo passadista, como no discurso do reitor Francesco Ruffini por ocasião da abertura do ano acadêmico de 1911-1912, que se encerrava com uma prédica "A todos vocês, jovens, para fazer

---

135 Quando se tratar de uma ciência utiliza-se aqui a inicial mínuscula, quando é uma disciplina acadêmica a inicial adotada é maiúscula. Sobre a história da Università di Torino, ver D'ORSI, Angelo. *Allievi e maestri:* l'Università di Torino nell'Otto-Novecento (Torino: Celid, 2002). Sobre a Facoltà di Lettere e Filosofia, os ensaios reunidos por Italo Lana (*Storia della Facoltà di lettere e filosofia dell'Università di Torino* [Firenze: Olschki, 2000]).

que, onde agora são realizados milagres de valor italiano, exista também, com o tempo, romana sabedoria de ordenamento e esplendor de itálica civilização".[136]

Embora Ruffini apelasse ao passado, desde o final do século XIX, a Università di Torino vivia uma era de esplendor, recuperando-se de um período de decadência que chegou a seu momento mais baixo no período pré-unitário. Recebendo consideráveis subvenções públicas, foi capaz de atrair professores de todo o país, tornando-se uma das principais instituições culturais da jovem nação. A maior de suas unidades era a Facoltà di Giurisprudenza, com 858 estudantes em 1911, dos quais apenas seis eram mulheres.[137] Centro da vida intelectual e civil da cidade, nela se destacavam os professores Achille Loria, que desde 1903 coordenava o importantíssimo Laboratorio di Economia Politica, Gaetano Mosca e Luigi Einaudi. Também faziam parte do corpo docente os senadores Giuseppe Carle e Giampietro Chironi, um atestado do forte empenho político dos membros da Facoltà.[138]

De acordo com o depoimento de Palmiro Togliatti,[139] Antonio Gramsci podia ser encontrado "em todo lugar, pode-se dizer, onde houvesse um professor o qual iluminasse uma série de problemas essenciais, de Einaudi a Chironi e Ruffini", todos esses professores na Facoltà di Giurisprudenza. Mas o lugar em que se encontrava matriculado e para o qual seus interesses

---

136 REGIA UNIVERSITÀ (Torino). *Annuario della Regia Università di Torino:* 1911-1912 (Torino: Stamperia Reale di Torino, 1912), p. 6.
137 Os dados sobre o corpo docente e discente e as disciplinas oferecidas nos cursos da Università di Torino encontram-se no *Annuario della Regia Università di Torino:* 1911-1912.
138 Sobre a Facoltà di Giurisprudenza no início do século XX ver D'ORSI, Gruppo di professori (e allievi) in un interno. Achille Loria nella facoltà giuridica torinesi. *Quaderni di Storia della Università di Torino*, v. IV, n. 3, 1999, p. 83-116; e *id., Allievi e maestri*, p. 25-8.
139 TOGLIATTI, Palmiro. *Scritti sur Gramsci*: a cura di Guido Liguori (Roma: Riuniti, 2001), p. 140.

intelectuais convergiam era, como visto, a Facoltà di Lettere e Filosofia. Esta era bem menor e mais diversa do que aquela em que Togliatti estudava. No ano acadêmico de 1911-1912, reunia 163 alunos, dentre esses, 67 mulheres. Naquele ano, entraram com Gramsci outros quarenta estudantes, dos quais 25 eram mulheres, uma delas Maria Cristina Togliatti, irmã de Palmiro.

O empenho político, entretanto, também era ali notável, principalmente nos anos anteriores à entrada de Gramsci na Facoltà. Professores como Arturo Graf, Zino Zini e o livre-docente Umberto Cosmo eram parte daquele movimento político-intelectual que Robert Michels[140] denominou de "socialismo professoral". Do outro lado do espectro político estava o historiador Pietro Fedele, interventista, deputado eleito em 1924 pela Lista Nazionale, depois fascista e ministro da Instrução Pública entre 1925 e 1928. A ele se juntou, a partir de 1913, quando chegou ao Ateneo, o filólogo e professor de literatura Vittorio Cian, um nacionalista e fascista de primeira hora contra quem Gramsci dedicou não poucos artigos nas páginas do *Avanti!*.[141]

Esses anos como estudante foram aqueles nos quais o jovem sardo se considerava um "triplo ou quádruplo provincial", como escreveu mais tarde a respeito de si.[142] Mas foram anos de transição. Sua cultura fortemente marcada ainda pelo social-sardismo e pela rebeldia espontânea, gradativamente, foi reelaborada a partir do encontro com a alta cultura europeia sediada na Università di Torino e com o movimento socialista

---

140 MICHELS, Robert. *Storia critica del movimento sovialista italiano fino al 1911* (Roma: Il Poligono, 1979 [1921]), p. 195.
141 Por exemplo: Da De Sanctis a Cian. *Avanti!*, 18 gen. 1916 (CT, p. 81-2); Bolletino del fronte interno. *Avanti!*, 6 lug. 1916 (CT, p. 421-2); Professori ed educatori. *Avanti!*, 17 apr. 1918 (CF, p. 860-2); Disagio. *Avanti!*, 21 lug. 1918 (NM, p. 193-5); Il Mondo, Bertoldo e il professore Cian. *Avanti!*, 11 set. 1918 (NM, p. 281-2); La Guerra continua, signori. *Avanti!*, 20 gen. 1920 (ON, p. 391-2).
142 Q 15, § 19, p. 1776.

de uma grande cidade operária.[143] Nessa reelaboração, manteve uma forte atenção às particularidades culturais, ao mesmo tempo que as integrava em uma compreensão da formação da nação italiana em um contexto europeu convulsionado. Local, nacional e internacional permaneciam como espaços e temporalidades irredutíveis, embora profundamente imbricados. São esses também os anos de sua formação como filólogo.

Percurso acadêmico

Em 1873, duas revistas que viriam a ter enorme influência intelectual, e que existem ainda hoje, foram criadas em Turim. Em julho, a casa editora Loescher publicou o primeiro número da *Rivista di Filologia e d'Istruzione Classica*, dirigida pelo linguista Domenico Pezzi e pelo filólogo Giuseppe Müller; em setembro veio à luz, pela mesma casa, o *Archivio Glottologico Italiano*, tendo à frente Graziadio Ascoli.[144] O surgimento dessas publicações pode ser interpretado como parte de um movimento cultural mais amplo, no qual as revistas assumiam um papel de irradiação intelectual, conformando um ambiente intelectual que ia além da instituição universitária. Tal movimento, por sua vez, remete de modo explícito à formação de uma cultura nacional em uma Itália pós-unitária, um objetivo que pode ser reconstruído por meio dos manifestos e proêmios que inauguravam

---

143 Sobre essa reelaboração, ver LUSSANA, Fiamma. Gramsci e la Sardegna. Socialismo e socialsardismo dagli anni giovanili alla grande guerra. *Studi storici*, v. 47, n. 3, 2006, p. 609-35. Sobre a questão do uso que Gramsci fazia da língua sarda em contextos não familiares, ver CARLUCCI, Alessandro. *Gramsci and Languages:* Unification, Diversity, Hegemony (Leiden: Brill, 2013), cap. 1.
144 Ver os insubstituíveis ensaios de Sebastiano Timpanaro sobre a *Rivista* (Il primo cinquantennio della "Rivista di filologia e d'istruzione classica". *Rivista di Filologia e di Istruzione Classica*, n. 100, 1972, p. 387-441) e sobre Ascoli e o *Archivio* (Graziadio Ascoli. *Belfagor*, v. 27, n. 2, 1972, p. 149-76).

essas publicações. O "Proemio" redigido por Pezzi e Muller para o primeiro número da *Rivista* é, nesse sentido, exemplar:

> Renascida da independência e da liberdade, a Itália, profundamente consciente de seu dever, sente e entende o que ainda falta em sua redenção perfeita e, desejando ressurgir intelectualmente, lamenta a decadência dos estudos que a honram continuamente nos séculos de infortúnio.[145]

O resgate de uma italianidade que enterrava suas raízes na Roma Antiga parece ser o objetivo comum do renascimento filológico pós-unitário. Esse resgate era considerado essencial não apenas para a formação de uma identidade nacional, que reivindicava um papel de destaque no contexto europeu, mas também como princípio a partir do qual poderia ser formada uma nova classe dirigente. O programa de pesquisa histórica era, além disso, um programa pedagógico. Daí o destaque dado na *Rivista* à instrução, anunciado em seu próprio título e manifesto nesse "Proemio". Tratava-se de uma tardia reação dos círculos intelectuais vinculados à Università di Torino e das classes dirigentes piemontesas às exigências da reforma educacional de 1859, que atribuíra particular importância ao ensino do grego e do latim, bem como à necessidade de imprimir ao estudo da literatura uma direção "científica", afastando-se da retórica, de acordo com o espírito positivista do tempo. A Alemanha indicava o caminho. Timpanaro[146] destacou o caráter subalterno que os estudos filológicos assumiam na Itália e a maneira como se subordinavam aos impulsos provenientes do país vizinho. Na *Rivista*, seus editores exortavam: "Emule a Alemanha no ardor magnânimo das novas investigações científicas e das refor-

---

145 PEZZI, Domenico; MÜLLER, Giuseppe. Proemio. *Rivista di Filologia e di Istruzione Classica*, v. I, n. 1, 1873, p. 1.
146 TIMPANARO, Il primo cinquantennio...

mas".[147] A própria maneira dos diretores definirem o objeto da filologia seguia essa inspiração alemã. Tal objeto seria a

> [...] vida greco-latina, considerando-a nas várias ordens da revelação que ela deu de si, e com um método histórico e comparativo, isto é, nas épocas sucessivas através das quais se transformou e nas muitas e íntimas relações existentes entre o povo grego e latino, entre estes e quantos outros pertencem à grande família ariana. [...] A palavra helênica e latina, e às vezes também nas formas moderna ou neolatina, serão objeto de análise científica especial.[148]

O índice dos temas tratados pela *Rivista* no primeiro ano ilustra essa maneira, de inspiração germânica, de conceber a filologia: uma seção de Linguística, dividida em Linguística geral e linguística greco-latina em particular e Linguística neolatina; outra seção de Filologia clássica, dividida em grega e latina; e duas seções adicionais, uma dedicada à Pedagogia, ou seja, à instrução clássica, e outra a variedades. Todo um amplo programa de trabalho, fortemente inspirado naquela ciência da Antiguidade clássica que Friedrich August Wolf anunciara em sua famosa *Darstellung der Altertumswissenschaft* [Exposição da ciência da Antiguidade], que tanto influenciou a filologia praticada na Itália.[149] O trabalho para levar a cabo esse programa inspirava-

---

147 PEZZI; MÜLLER, Proemio, p. 2.
148 *Ibid.*, p. 4.
149 WOLF, Friedrich August. *Esposizione della scienza dell'antichità secondo concetto, estensione, scopo e valore*: a cura di Salvatore Cerasuolo (Napoli: Bibliopolis, 2002 [1807]). Na narrativa padrão da história da filologia clássica, ou daquilo que no mundo anglo-saxão se denomina *classical scholarship*, Friedrich August Wolf aparece como o fundador da ciência e a *Darstellung* como seu momento de sistematização. A apresentação clássica dessa história está em Ulrich von Wilamowitz-Moellendorf (*History of Classical Scholarship* [Baltimore: Johns Hopkins University, 1982]), uma versão mais atual pode ser lida em Rudolf Pfeiffer (*History of Classical Scholarship from 1300 to 1850*

-se no método histórico de corte positivista, como se pode ver na insistência do "Proêmio" na "análise científica" da palavra. E nem poderia ser muito diferente, dada a simpatia que esse método gozava na Itália do último quarto do século XIX e, em especial, na cidade de Turim.

O *Archivio di Glottologia Italiana* tinha propósitos diversos, manifestos no "Proemio" que Graziadio Ascoli escreveu para o primeiro número de sua revista, muito mais abrangente e denso do que o anteriormente citado.[150] Como se pode ver nesse texto inaugural, o *Archivio* engajava-se, desde seu primeiro número, em polêmica a respeito da formação de uma língua nacional na Itália pós-unitária e valorizava de modo decidido seus diferentes dialetos.[151] Foi com vistas à realização desse programa que Ascoli procurou demarcar a distância que deveria separar a glotologia da filologia. As duas disciplinas tinham um desenvolvimento desigual na cultura italiana. Os estudos clássicos e filológicos tiveram uma era de ouro no Renascimento, mas como o "Proemio" da *Rivista* alertava, o estado desses no século XIX era deplorável. Outra era a situação da glotologia, que florescia há décadas, destacando-se no contexto internacional.[152] Ascoli alertava para o risco dos glotólogos colonizarem a filologia, impedindo seu desenvolvimento:

[Oxford: Clarendon Press, 1976]). Pascale Hummel (*Histoire de l'histoire de la philologie:* étude d'un genre épistémologique et bibliographique [Genève: Droz, 2000]) escreveu uma interessante crítica dessa história da filologia que merece ser consultada, em particular para uma visão mais clara das disputas existentes em torno da própria ideia de filologia. Sobre as origens da filologia na Itália ver, em particular, LUCCHINI, Guido. *Le origini della scuola storica:* storia letteraria e filologia in Italia, 1866-1883 (Pisa: ETS, 2008).
150 ASCOLI, Graziadio. Proemio. *Archivio Glottologico Italiano*, v. I, 1873, p. V-XLI.
151 *Ibid.*
152 Ver a respeito as observações de TIMPANARO, Il primo cinquantennio...

De fato, por mais estranho que pareça, não consigo deixar de advertir como é lamentável que, neste despertar tão alegre da escola italiana, o favor à filologia clássica esteja longe de igualar, de qualquer maneira, o favor concedido aos estudos glotológicos. Parece quase que estes devem reagir contra aquela ou transformá-la de ponta a ponta; porém, como todos devem ver facilmente, são dois grupos de disciplinas importantes, bem diferentes entre si, no entanto, contatos mútuos abundam e, portanto, as oportunidades para que uma beneficie a outra.[153]

Em sua defesa da filologia, Ascoli polemizava, embora sem citar, com autores como Giacomo Lignana,[154] que considerava o grego e o latim "uma consequência, uma fase do princípio ariano" e a partir desse critério de unidade linguística afirmava "a unidade genética de toda a cultura indo-europeia" e, consequentemente, o fim da "absoluta autonomia da Filologia clássica". Protestando contra a "indomania", Ascoli achou por bem defender a filologia dos ataques que essa sofria. Mas essa defesa não renunciava a uma hierarquia disciplinar. A glotologia, para Ascoli, era uma ciência natural, mas o mesmo não diria da filologia, a qual deveria em seus estudos recorrer ao método histórico. O exemplo que recorreu para explicar a relação entre a glotologia e a filologia é sintomático dessa visão. De acordo com Ascoli, "um bom ensino de anatomia é desejável também nas academias de Belas Artes, mas o Laocoonte e o Apolo de Belvedere exigem outros intérpretes que não o legista".[155]

Para além desses empenhos políticos, intelectuais e acadêmicos, o lançamento quase simultâneo das duas revistas revela a existência de um campo em disputa e de fronteiras disciplinares pouco definidas entre a glotologia e a filologia, bem como o empenho de seus protagonistas em demarcar os limites de cada

---

153 ASCOLI, Proemio, p. XXXVI.
154 LIGNANA, Giacomo. *La filologia al secolo XIX:* discurso ([S. l.]: Detken e Rocholl, 1868), p. 56-7.
155 ASCOLI, Proemio, p. XXXVI.

uma das áreas, definindo objetos e métodos de pesquisa. No ambiente acadêmico italiano, a filologia ainda tinha seu significado e seu alcance disciplinar contestado, como se pode ver em dois manuais utilizados na Università di Torino, o *Manuale storico--bibliografico di filologia storica* [Manual histórico-bibliográfico de filologia histórica], de Luigi Valmaggi (1894), e o *Lehrbuch der historischen Methode* [Manual do método histórico], de Ernst Bernheim (1907), traduzido para o italiano com o título *La storiografia e la filosofia della storia: manuale del metodo storico e della filosofia della storia* [A historiografia e a filosofia da história: manual do método histórico e da filosofia da história].

Valmaggi era professor de Gramática Grega e Latina na Università di Torino desde 1894 e notável editor de obras de Tácito. Reconstruindo em seu *Manuale* os debates das décadas precedentes, o Valmaggi apontava que a filologia poderia ser tanto a ciência da Antiguidade clássica, como acreditava Wolf, quanto a crítica e a interpretação dos escritores gregos e romanos, posição mais restritiva proposta por Johann Gottfried Jakob Hermann.[156] Inclinando-se por uma definição mais restrita da filologia, o autor do *Manuale* procurava, ao mesmo tempo, libertar a disciplina do estudo exclusivo do mundo greco-romano. Dessa forma, Valmaggi definiu o objeto, de modo genérico, como pertinente "exclusivamente àquelas disciplinas que, a partir do estudo da linguagem e da gramática, oferecem em primeiro lugar, com a crítica e a interpretação dos autores, os principais elementos da história da literatura".[157] O número de disciplinas que conformavam a filologia reduzia-se, assim, significativamente. Restavam, como "parte principalíssima, a crítica e a hermenêutica dos escritores" e, como disciplinas subordinadas, "a paleografia e a epigrafia, o estudo da língua, ou seja, da gramática, a retórica (estilística) e a poética (métrica), e, por fim, a história literária".[158]

---

156 VALMAGGI, Luigi. *Manuale storico-bibliografico di filologia classica* (Torino/Palermo: CClausen, 1894), p. 4.
157 *Ibid.*, p. 14.
158 *Ibid.*, p. 15.

A organização do *Manuale* sintetizava essa circunscrição do objeto. Na primeira parte, eram apresentadas as disciplinas fundamentais – Glotologia, Paleografia e Epigrafia, Crítica e Hermenêutica e História Literária –, enquanto a segunda parte era dedicada à História Antiga, à Numismática e Metrologia e à Arqueologia da Arte e tinha um caráter auxiliar.[159] A sequência das disciplinas fundamentais é importante. A formação linguística, bem como a aquisição de técnicas paleográficas e epigráficas tinham o propósito de preparar o estudo crítico e hermenêutico, fornecendo os instrumentos para uma pesquisa que culminaria em uma história literária. O ponto de chegada era o mesmo afirmado na *Darsetllung* de Wolf, mas a enciclopédia de conhecimentos não era tão ampla, evitando, desse modo, confundir a filologia com toda a história.

Gramsci foi aluno de Valmaggi e provavelmente conhecia o *Manuale*, embora nunca tenha citado essa obra. Certamente também conheceu, durante seus estudos na Università di Torino, o livro de Ernest Bernheim sobre o método histórico.[160] Assim como Valmaggi, Bernheim distinguia a filologia da história e contestava aqueles que, como August Boeckh, consideravam a filologia como o conhecimento de todo o saber existente. De acordo com Bernheim,[161] essa concepção abrangente

---

159 A definição do objeto da filologia e o elenco disciplinar, que organizariam tal ciência proposta por Valmaggi, não obteveram consenso. Nas páginas da *Rivista di Filologia e de Istruzione Clássica*, Felice Ramorino (A proposito del "Manuale Storico Bibliografico di Filologia classica" di L. VALMAGGI. *Rivista di Filologia e di Istruzione Classica*, v. 23, 1895, p. 365) procurou defender aquela visão mais abrangente da filologia e apresentar um amplo elenco das disciplinas que a constituiriam, que iam das disciplinas propedêuticas em torno das quais se organizaria o estudo das fontes textuais e monumentais, à história da vida intelectual e da vida prática.
160 Gramsci citou o manual de Bernheim nos *Quaderni del carcere*, afirmando seu valor como um modelo de exposição que deveria ser seguido pela filosofia da práxis. Ver, por exemplo, Q 16, § 3, p. 1845.
161 BERNHEIM, Ernst. *La storiografia e la filosofia della storia:* ma-

da filologia poderia fazer algum sentido nos estudos clássicos, devido ao caráter unitário de todas as manifestações do espírito greco-romano, mas não faria sentido para a filologia medieval ou para a moderna. A necessária distinção entre as duas disciplinas residiria, de acordo com Bernheim,[162] no fato de que, enquanto a filologia fixava a palavra escrita no tempo, a história estaria interessada no desenvolvimento dos povos e de suas manifestações. Desse modo, enquanto o método filológico seria sincrônico, o método histórico era, por definição, diacrônico. Filologia e história seriam "por matéria e método campos diferentes. Cada um é indispensável para o outro como ciência auxiliar, e com o contato próximo dos dois campos o historiador funciona tão frequentemente como filólogo, quanto este como historiador".[163]

Quando Gramsci ingressou na Facoltà di Lettere e Filosofia esses debates sobre o objeto e o método da filologia não haviam se encerrado e, na verdade, haviam se tornado ainda mais intensos. Na virada do século, o professor de Literatura Grega da Facoltà e colaborador da *Rivista* Giuseppe Fraccaroli publicara o livro *L'irrazionale nella letteratura* [O irracional na literatura], no qual levantava dúvidas sobre os resultados a que a filologia poderia chegar no estudo da literatura. Repercutindo a nascente reação antipositivista que encontraria na obra de Benedetto Croce sua maior força, Fraccaroli afirmava que aquilo que a arte tinha de irracional escaparia ao próprio juízo da razão, tornando necessário impor limites "à filologia e à crítica racional".[164] Em seu ataque à filologia, o próprio lugar da disciplina na escola clássica era questionado:

---

nuale del metodo storico e della filosofia della storia (Milano: Remo Sandron, 1907), p. 153-4.
162 *Ibid.*, p. 158.
163 *Ibid.*, p. 159.
164 FRACCAROLI, Giuseppe. *L'irrazionale nella letteratura* (Torino: Fratelli Bocca, 1903), p. 347.

A crítica deve estudar arte, mas não matá-la, e a educação artística não pode ser apenas, nem principalmente, educação filológica. Portanto, na escola, o puro filólogo, que na maioria das vezes nada mais é do que um puro imbecil, faz pelo menos tanto mal quanto o puro retórico, perverte e deturpa.[165]

As críticas de Fraccaroli à filologia despertaram comentários ambíguos de muitos, dentre eles Valmaggi, que nas páginas do *Bollettino Filologia Clássica* reconheceu os méritos da obra e até mesmo certos aspectos de sua crítica, mas destacou que as objeções que poderiam ser feitas a uma crítica "tola e falaciosa" não poderiam ser dirigidas à "toda a crítica".[166] Na *Rivista di Filologia e d'Istruzione Classica*, Gaetano De Sanctis, também criticou os exageros em relação à crítica homérica, mas terminou recomendando o livro de Fraccaroli, afirmando que sua leitura "poderá ser útil para os críticos evitarem exageros perigosos e unilateralidade, e não esquecerem, como infelizmente às vezes parecem fazer, que a norma fundamental da crítica é o bom senso".[167] No mesmo sentido escreveu Benedetto Croce na revista *La Critica*. Embora somando-se às ressalvas de Fraccaroli aos filólogos "os quais raciocinam sobre a arte sem senti-la ou compreendê-la, ou que acreditam que todo comércio com a arte deve limitar-se à colação de códigos e estatísticas de vocábulos", Croce alertava: "E que culpa tem o *método filológico* (que e tão *racional* e não menos do que o *estético*) dos erros dos filólogos contra os quais Fraccaroli combate?".[168]

---

165 *Ibid.*, p. 18.
166 VALMAGGI, Fraccaroli, L'irrazionale nella letteratura. *Bollettino di Filologia Classica*, v. X, n. 6, 1903, p. 124
167 DE SANCTIS, Gaetano. L'Irrazionale nell'Iliade. *Rivista di Filologia e di Istruzione Classica*, v. XXXII, 1904, p. 57.
168 CROCE, Benedetto. Fraccaroli G. "L'irrazionale nella letteratura". *Critica*, v. 1, 1903, p. 286, grifos do original. Anos mais tarde, a cruzada de Croce (1915) contra a filologia assumiria tons mais duros em sua *Teoria e storia della storiografia*.

O livro de Fraccaroli abriu as portas para críticas mais fortes à filologia e não é exagero dizer que a disciplina se encontrava acossada naqueles anos em que Gramsci frequentou a Facoltà di Lettere e Filosofia. Não apenas o movimento neoidealista italiano movia uma forte campanha contra o positivismo do "método histórico", com o qual a filologia se identificava, como, a partir do início da guerra, uma forte campanha antigermânica teve lugar em todo território nacional e atingiu a Università di Torino, com efeitos evidentes sobre o próprio prestígio da disciplina e daqueles professores que haviam se formado em universidades alemãs.

Esses embates em torno da própria ideia da disciplina e da prática filológica repercutiam no interior da Facoltà e na própria organização do curso de Filologia Moderna. Como visto, a linguística tinha um desenvolvimento científico superior na Itália e exerceu, no final do século XIX, sua supremacia sobre a filologia. Mas, no início século XX, as duas disciplinas se compenetraram reciprocamente, considerando-se a si próprias como conhecimentos não idênticos, mas complementares. A organização do curso, entretanto, invertia claramente aquela supremacia e privilegiava no percurso formativo as disciplinas de Literatura, ocupando as matérias do estrito campo da Linguística um espaço muito reduzido. De acordo com o *Annuario da Università di Torino*, no primeiro ano, eram obrigatórias as disciplinas de Literatura Italiana, Literatura Latina, Literatura Grega, História Moderna e Glotologia, além de duas disciplinas à escolha. No segundo ano, as mesmas disciplinas de Literatura e História, mais Literatura Neolatina e uma disciplina a escolher. No terceiro ano, Literatura Italiana, Literatura Neolatina, Filosofia Teorética ou História da Filosofia, História da Arte ou uma das disciplinas de Literatura Moderna, além de uma matéria à escolha. Por fim, o último ano era dedicado às matérias de Filosofia Teorética ou História da Filosofia e História da Arte ou uma das disciplinas de Literatura Moderna.

Às disciplinas obrigatórias, seguia-se um elenco considerável de matérias complementares e cursos livres, que, entretanto, não podiam exceder quinze horas semanais. Além das disciplinas obrigatórias, Gramsci matriculou-se em Sânscrito, Gramática Grega e Latina, Geografia, Filosofia Moral e duas disciplinas de Literatura Moderna (Alemã e Inglesa), quando o currículo previa apenas uma (ver Tabela 1). Também devem ser destacadas as disciplinas de Magistério, das quais matriculou-se nas de Literatura Italiana, Literatura Grega, Literatura Latina, Gramática Latina e Grega e Legislação Escolar. As escolhas de Gramsci são reveladoras de seus interesses variados, mas chama a atenção a presença de duas disciplinas que tinham por objetivo reforçar seu conhecimento linguístico, completando, de certo modo, aquele único ano de Glotologia que cursou com Matteo Bartoli: Sânscrito, que fez com o professor Italo Pizzi, e Gramática Grega e Latina, da qual foi aluno do próprio Valmaggi.[169]

---

[169] O fundador da revista *Belfagor*, Luigi Russo (Antonio Gramsci e l'educazione democratica in Italia. *Belfagor*, v. 2, n. 4, 1947, p. 399-400), foi o primeiro a prestar atenção às disciplinas cursadas por Gramsci, trabalhando a partir de documentos encontrados por Giuseppe Vidosi na secretaria da Università di Torino. Ver também a completíssima cronologia presente no *Epistolario* publicado na *Edizione nazionale degli scritti di Antonio Gramsci* (E, 2009).

Tabela 1 - Disciplinas cursadas por Antonio Gramsci na Facoltà di Lettere e Filosofia[170]

Disciplina	Ano	Caráter	Professor	Exame
Literatura Italiana	1911-1912	Obrigatória	Arturo Graf (Umberto Cosmo)	
Literatura Latina	1911-1912	Obrigatória	Ettore Stampini	
Literatura Grega	1911-1912	Obrigatória	Angelo Taccone	
História Moderna	1911-1912	Obrigatória	Pietro Fedele	
Glotologia	1911-1912	Obrigatória	Matteo Bartoli	30 e louvor 4 nov. 1912
Gramática Latina e Grega	1911-1912	Optativa	Luigi Valmaggi	27/30 4 nov. 1912
Geografia	1911-1912	Optativa	Luigi Hugues	20/30 4 nov. 1912
História da Arte	1911-1912	Complementar	Pietro Toesca	
Literatura Latina	1911-1912	Livre	Carlo Giambelli	
História Moderna	1911-1912	Livre	Francesco Lemmi	
Literatura Italiana	1912-1913	Obrigatória	Umberto Cosmo	
Literatura Latina	1912-1913	Obrigatória	Ettore Stampini	
Literatura Grega	1912-1913	Obrigatória	Angelo Taccone	24/30 18 abr. 1914

---

170 E, p. 424-6.

Disciplina	Ano	Caráter	Professor	Exame
Literatura Italiana	1911-1912	Obrigatória	Arturo Graf (Umberto Cosmo)	
Literatura Latina	1911-1912	Obrigatória	Ettore Stampini	
Literatura Grega	1911-1912	Obrigatória	Angelo Taccone	
História Moderna	1911-1912	Obrigatória	Pietro Fedele	
Literatura Neolatina	1912-1913	Obrigatória	Rodolfo Renier	27/30 11 nov. 1914
História Moderna	1912-1913	Obrigatória	Pietro Fedele	27/30 2 abr. 1914
Filosofia Moral	1912-1913	Optativa	Zino Zini	25/30 28 mar. 1914
Magistério de Literatura Grega	1912-1913	Complementar	Angelo Taccone	
Magistério de Literatura Latina	1912-1913	Complementar	Ettore Stampini	
Magistério de Literatura Italiana	1912-1913	Complementar	Umberto Cosmo	
Magistério de Gramática Latina e Grega	1912-1913	Complementar	Luigi Valmaggi	
Legislação Escolar	1912-1913	Complementar	Ettore Stampini	
Literatura Italiana	1913-1914	Obrigatória	Vittorio Cian	
Literatura Latina	1913-1914	Obrigatória	Ettore Stampini	

Disciplina	Ano	Caráter	Professor	Exame
Literatura Italiana	1911-1912	Obrigatória	Arturo Graf (Umberto Cosmo)	
Literatura Latina	1911-1912	Obrigatória	Ettore Stampini	
Literatura Grega	1911-1912	Obrigatória	Angelo Taccone	
História Moderna	1911-1912	Obrigatória	Pietro Fedele	
Literatura Neolatina	1913-1914	Obrigatória	Rodolfo Renier	
Literatura Alemã	1913-1914	Optativa	Arturo Farinelli*	
História da Filosofia	1913-1914	Optativa	Rodolfo Mondolfo**	
Sânscrito	1913-1914	Optativa	Italo Pizzi	
Literatura inglesa	1913-1914	Optativa	Federico Olivero	
Literatura Alemã	1914-1915	Optativa	Arturo Farinelli	
História da Filosofia	1914-1915	Optativa	Giovanni Vidari	
Filosofia Teorética	1914-1915	Livre	Annibale Pastore	
Literatura inglesa	1914-1915	Complementar	Federico Olivero	

Disciplina	Ano	Caráter	Professor	Exame
Literatura Italiana	1911-1912	Obrigatória	Arturo Graf (Umberto Cosmo)	
Literatura Latina	1911-1912	Obrigatória	Ettore Stampini	
Literatura Grega	1911-1912	Obrigatória	Angelo Taccone	
História Moderna	1911-1912	Obrigatória	Pietro Fedele	

* De acordo com D'Orsi, com base em um depoimento de Giovanni Vittorio Amoretti, Gramsci frequentou apenas ocasionalmente as aulas de Literatura Alemã. Entretanto, a memória do estudante de filologia sobre aulas de Farinelli, como será visto, era muito viva.

** D'Orsi afirma que Gramsci não chegou a cursar a disciplina de Mondolfo e que, no ano em que a disciplina era obrigatória, não frequentava mais a Facoltà. Gramsci matriculou-se no curso de Mondolfo em seu terceiro ano acadêmico (1913-1914), quando a disciplina entrava na grade curricular como uma opção a Filosofia Teorética, e assistiria aulas até o ano 1914-1915, embora com frequência cada vez menor, quando cursou a disciplina de Filosofia Teorética com Annibale Pastore, conforme o testemunho deste professor.

O interesse de Gramsci nas disciplinas era variado e dependia não apenas de suas preferências intelectuais, mas também do tipo de relação que estabelecia com os docentes. Annibale Pastore, que mais tarde assumiu a cátedra de Filosofia Teorética, narrou em um depoimento a atitude de Gramsci: "se ele estivesse interessado no assunto, ia sentar-se nos bancos mais altos da sala de aula e lá permanecia imóvel como uma esfinge".[171] Particularmente forte foi sua relação com o linguista Matteo Bartoli. Um dos grandes nomes da linguística italiana, esse professor fora influenciado pela obra do filósofo neoidealista Benedetto

---

171 Apud D'ORSI, Allievi e maestri, p. 179.

Croce e enfatizava em sua polêmica com os neogramáticos o caráter histórico e geográfico de sua disciplina.[172]

Gramsci colaborou com Bartoli em mais de uma ocasião. Há registros desse trabalho comum na correspondência de Gramsci com seus familiares da Sardenha, como na carta que o próprio Antonio encaminhou a Francesco Gramsci, em 3 de janeiro de 1912, solicitando esclarecimentos a respeito de algumas palavras do sardo, "mas no dialeto de Fonni";[173] na correspondência a sua mãe, Giuseppina Marcias, de 13 de janeiro de 1913, pedindo que sua irmã Teresina lhe encaminhasse uma lista de palavras referentes à fabricação do pão e à tecelagem;[174] bem como nas cartas a sua irmã Teresina, pedindo alguns esclarecimentos sobre palavras no dialeto logudorese, datadas dos dias 24 de novembro de 1912 e 26 de março de 1913, e a resposta de Teresina a essa última no dia 3 de abril de 1913.[175]

Essa colaboração, bem como a compreensão e o apoio que o estudante recebeu do professor, foi destacada por sua colega de aula Azelia Arici em um depoimento que Alfonso Leonetti tornou público. Segundo Arici, as pesquisas de Gramsci a respeito do sardo estavam destinadas à composição "de um grande Atlante Linguístico", no qual Bartoli trabalhava.[176] De acordo com Giancarlo Schirru,[177] as solicitações que Gramsci

---

172 Sobre as pesquisas de Bartoli, Gramsci escreveu no cárcere: "A inovação de Bartoli é precisamente esta: que fez da linguística, concebida estreitamente como ciência natural, uma ciência histórica cujas raízes devem ser procuradas 'no espaço e no tempo' e não no aparelho vocal compreendido fisiologicamente" (Q 3, § 74, p. 352).
173 E, p. 90.
174 *Ibid.*, p.122.
175 *Ibid.*, p. 125-6.
176 LEONETTI, Alfonso. Un ricordo di Gramsci studente in Lettere. *Belfagor*, v. 33, n. 1, 1978, p. 85.
177 SCHIRRU, Giancarlo. Antonio Gramsci studente di linguistica. *Studi storici*, v. 52, n. 4, 2011, p. 956; *id.*, Introduzione. In: GRAMSCI, Antonio. *Appunti di glottologia, 1912-1913*: a cura di Giancarlo Schirru (Roma: Istituto della Enciclopedia Italiana, 2016), p. XXXIV.

encaminhou diretamente a sua irmã e a resposta desta visavam fornecer material empírico para a composição do dicionário etimológico românico, no qual trabalhava o professor suíço radicado em Viena, Wilhelm Meyer-Lübke, com o qual Bartoli, seu discípulo, colaborava.[178]

No ano acadêmico de 1912-1913, Gramsci voltou a assistir a disciplina de Bartoli como aluno ouvinte e, a pedido deste, redigiu uma apostila com a exposição do curso de Glotologia. A apostila, recentemente editada por Giancarlo Schirru, é um importante documento dos estudos linguísticos e filológicos de Gramsci.[179] No curso de Bartoli, a língua sarda aparecia como contraprova de sua tese a respeito da mudança linguística por meio do contato entre diferentes populações. As inovações ocorridas no latim em razão de seu contato com outras línguas italianas não teriam ocorrido do mesmo modo nas regiões mais isoladas da Sardenha e da Etrúria, que preservaram elementos não indo-europeus. A correspondência, na qual Gramsci solicitou informações sobre o dialeto de Fonni, uma comuna localizada na região central e mais isolada da ilha, tinha, desse modo, o propósito de fornecer a Bartoli o material empírico necessário para sustentar sua hipótese.[180]

---

178 Essa hipótese é reforçada por um cartão-postal recentemente encontrado, no qual Bartoli agradece efusivamente a Gramsci sua contribuição (*id.*, Antonio Gramsci collaboratore del "Romanisches etymologisches Wörterbuch" [con una cartolina inedita di Matteo Bartoli]. *Atti del Sodalizio Glottologico Milanese*, v. X, 2017, p. 79-90).
179 Ver GRAMSCI, Antonio. *Appunti di glottologia, 1912-1913:* a cura di Giancarlo Schirru (Roma: Istituto della Enciclopedia Italiana, 2016).
180 Na apostila do curso de Bartoli, Gramsci registrou em uma nota: "Referimo-nos principalmente ao dialeto da Sardenha central ou Logudorese, que foi menos exposto a inovações; às vezes também falaremos do sardo meridional ou campidanese, que é menos conservador; o dialeto da Sardenha setentrional ou gallurese não é sardo" (*Ibid.*, p. 17). Ver também, as observações de Bartoli a respeito da Sardenha, em particular, de sua região central, no *Breviario de linguistica* (1925, p. 67-

Gramsci também teve uma relação muito próxima com Umberto Cosmo, o professor livre-docente de Literatura Italiana e especialista na obra de Dante Alighieri que substituiu Arturo Graf quando o agravamento de sua saúde lhe impediu de continuar lecionando. Cultor do método histórico, Cosmo foi professor de Angelo Tasca, Umberto Terracini e Piero Sraffa no Liceo Gioberti. Socialista, exerceu grande influência sobre os jovens alunos e manteve com Gramsci uma relação de afeto e de mútua admiração.[181] Na prisão, Gramsci narrou a relação intelectual que teve com Cosmo em uma carta de 17 de agosto de 1931:

> Quando eu era estudante de Cosmo, em muitas coisas, não estava de acordo com ele, é claro, embora na época eu não tivesse especificado minha posição e aparte o carinho que me ligava a ele. Mas me parecia que eu e Cosmo, como muitos outros intelectuais da época (pode-se dizer nos primeiros quinze anos do século), estávamos em um terreno comum: participamos, no todo ou em parte, do movimento de reforma moral e intelectual promovido na Itália, por Benedetto Croce, cujo primeiro ponto foi esse: que o homem moderno pode e deve viver sem

---

70). Gramsci tinha uma cópia do *Breviario* quando foi preso, como se deduz da carta que escreveu em 1926 para sua senhoria, Clara Passage, solicitando que lhe enviasse o livro que se encontrava "no armário em frente à cama" (LC, p. 3). A carta foi aprendida pela polícia e nunca chegou à destinatária. Mais tarde, em 3 de outubro de 1927, o prisioneiro expressou a sua cunhada a vontade de receber uma cópia do livro (*ibid.*, p. 124). Seu objetivo era usá-lo para escrever um ensaio de crítica aos neogramáticos, como relatou em sua carta a Tatiana de 12 de dezembro de 1927, na qual também anunciou que havia desistido de escrever esse texto e que o livro não era mais necessário (*ibid.*, p. 140).
181 Essa relação foi abalada em 1920 por um violento artigo que Gramsci escreveu nas páginas de *L'Ordine Nuovo*, em resposta às críticas que Cosmo dirigira aos jovens socialistas (ON, p. 758-61). A reconciliação ocorreu dois anos depois, em Berlim, quando Gramsci procurou seu antigo professor na Embaixada Italiana, onde esse exercia um cargo diplomático. O episódio foi narrado por Gramsci a sua cunhada Tatiana Schucht em uma carta de 23 de fevereiro de 1931 (LC, p. 397-8).

religião e se entende sem religião revelada ou positiva ou mitológica ou como se desejar chamá-la.[182]

Cosmo e Gramsci chegaram a ser muito próximos, e o professor procurou ajudar seu estudante de várias maneiras, inclusive materiais. Repetidas vezes, incentivou-o a escrever um ensaio sobre Maquiavel e o maquiavelismo, mesmo depois do aluno ter interrompido seus estudos, uma insistência que o prisioneiro narrou a sua cunhada, em carta de 23 de fevereiro de 1931: "era uma ideia sua fixa, desde 1917, que eu deveria escrever um estudo sobre Maquiavel, e me recordava isso em todas as oportunidades".[183] Cosmo também propôs para Gramsci a publicação, em 1918, de um conjunto de ensaios que este havia redigido para o jornal *Avanti!*, e se dispôs a escrever um prefácio, mas a proposta foi recusada.[184]

Foi, enfim, para Cosmo que Gramsci quis mostrar as notas que redigira na prisão sobre o Canto X do Inferno de Dante Alighieri, acreditando que seu ex-professor, "como especialista em danteria, poderá me dizer se eu fiz uma falsa descoberta ou se realmente vale a pena compilar uma contribuição, uma miudeza para acrescentar aos milhões e milhões de notas que já foram escritas".[185] Tatiana Schucht fez chegar a Cosmo as anotações de Gramsci, e o professor respondeu em uma carta de 29 de dezembro de 1931, concordando com a interpretação de seu ex-aluno e avizinhando-a a suas próprias lições: "Parece-me que nosso amigo acertou, e eu também sempre ensinei algo que se aproximava de sua interpretação".[186] A correspondência de Cosmo com Gramsci, que devido às restrições na prisão ocor-

---

182 *Ibid.*, p. 444-55.
183 *Ibid.*, p. 397. O projeto, entretanto, materializou-se no *Quaderno 13*, dedicado a Maquiavel e no qual a maquiavelística ocupa um lugar também de destaque.
184 cf. *ibid.*, p. 455-6.
185 *Ibid.*, p. 457-8.
186 *Ibid.*, p. 846.

ria por intermédio de Tatiana, é importante também por uma pequena passagem na qual o professor de Turim compara seu querido aluno com outro de seus prediletos, Pietro Gerosa:

> Duas almas opostas, mas que concordaram em dar mais importância ao fato religioso, político e social da literatura do que à estética. Para um, Cantù estava certo, para o outro, Settembrini, e eu tive que mostrar as deficiências de ambos os críticos e fazer valer as razões de De Sanctis.[187]

A formação filológica de Gramsci passou também pelas aulas de Ettore Stampini, de Angelo Taccone e Arturo Farinelli. Stampini foi diretor da *Rivista di Filologia e d'Istruzione Classica* entre 1897 e 1920 e editou um número considerável de clássicos gregos e latinos para a editora Loescher. Mantinha uma posição fortemente nacionalista, tornando-se mais tarde fascista, e provavelmente não contava com a simpatia de Gramsci. É possível até certa animosidade, como se infere do episódio narrado na já citada memória de Arici, no qual o jovem estudante interrompeu Stampini durante uma aula, "com palavras vibrantes de indignada desaprovação".[188] Stampini era um filólogo "dotado de preparação sólida e ampla, mas pouco capaz de contribuições originais", de acordo com Timpanaro.[189] Nos debates propriamente filológicos, como naquele que teve lugar depois da publicação do citado livro de Fraccaroli, o professor de Literatura Latina tendia a permanecer neutro. Também não deve ter sido muito marcante o professor de Literatura Grega, Angelo Taccone, ex-aluno de Fraccaroli, "estudioso honesto e culto, mas

---

187 *Ibid.*, p. 845. Na prisão, Gramsci definiu Gerosa como um "fanático rosminiano e agostiniano", referências ao filósofo e teólogo católico Antonio Rosmini e a Santo Agostinho, a respeito do qual Gerosa escreveu um livro (*ibid.*, p. 396).
188 LEONETTI, Un ricordo di Gramsci studente in Lettere, p. 86. Sobre Stampini, ver D'ORSI, *Allievi e maestri*, p. 29 e 43.
189 TIMPANARO, Il primo cinquantennio..., p. 425.

menos dotado de personalidade independente", "filólogo com bom senso e bem informado" segundo Timpanaro.[190]

Sobre Stampini e Taccone não há registro na obra de Gramsci. O único sinal é uma carta que Angelo Tasca lhe envia com uma referência jocosa à "melodia de Taccone".[191] Já o filólogo e comparatista Arturo Farinelli, professor de Literatura Alemã desde 1907 na Università di Torino, parece ter despertado a admiração do aluno, que a expressou veementemente em artigo que escreveu para o *Corriere Universitario* em 1913, quando ainda frequentava as aulas na Facoltà.[192] Três anos depois, em abril de 1916, Gramsci se referiu a Farinelli, em um artigo publicado no jornal *Avanti!*, como "professor de literatura alemã em nossa universidade e verdadeiro professor de vida e humanismo para os jovens".[193] E, em novembro desse mesmo ano, chamou o docente de "valentíssimo professor".[194] Essa opinião extremamente positiva era partilhada por Togliatti, que em um discurso de homenagem a Gramsci pronunciado na Università de Torino, em 1949, traçou um vivo retrato de Farinelli, chamando-o de "grande espírito". A impressão que o professor causou sobre o jovem Palmiro também deve ter sido forte: "Havia algo vulcânico em suas lições, demorando-se com uma voz tênue na investigação literária, da qual, no entanto, explodia às vezes como uma chama seu espírito animador".[195]

Nos *Quaderni del carcere*, entretanto, Gramsci expressou uma apreciação mais matizada com relação a Farinelli, distanciando-se dos elogios juvenis. Fez a respeito uma brevíssima, mas exata, referência ao livro de seu professor, *Il romanticismo nel mondo latino* (1927), recomendando um capítulo presente

---

190 *Ibid.*, p. 433.
191 E, p. 141.
192 CT, p. 3-5. Sobre Farinelli, ver o perfil biográfico no *Dizionario Biografico degli Italiani* (1995).
193 CT, p. 251.
194 *Ibid.*, p. 622.
195 TOGLIATTI, *Scritti sur Gramsci*, p. 140.

no segundo volume da obra, referente ao "motivo do 'homem fatal' e do 'gênio incompreendido'", um tema que Gramsci relacionou com a "[o]rigem popularesca do super-homem".[196] Mas Gramsci incluiu o filólogo entre aqueles intelectuais que se caracterizavam por subverter os lugares comuns com o efeito de obter "o máximo de elegância e do esnobismo intelectual e moral". Giovanni Papini, o antigo editor de *La Voce*, era para Gramsci expressão dessa tendência. De acordo com Gramsci nessa mesma "série intelectual deve ser posto Farinelli com seu lirismo e patetismo que são ainda mais desajeitadamente pedantes do que os escritos de Zumbini".[197]

Ao contrário de seus amigos Angelo Tasca, Palmiro Togliatti e Umberto Terracini, Gramsci não chegou a concluir seu curso e não obteve a láurea em Filologia Moderna. A penosa situação financeira na qual se encontrava lhe impedia de se alimentar e vestir adequadamente no rigoroso inverno turinês, além de seus frequentes problemas de saúde. Seu desempenho acadêmico não foi dos melhores. A disciplina de Glotologia ministrada por Bartoli foi a única em que Gramsci obteve a nota máxima *cum laude*. Prestou menos da metade dos exames requeridos, o último deles em abril de 1915, e com o fim de sua bolsa de estudos encerrou a contragosto sua passagem pela universidade. O plano de retornar os estudos de linguística sob a orientação de Bartoli permaneceu, entretanto, pelo menos até o final de 1918 e o começo de 1919, quando o início da publicação do jornal *L'Ordine Nuovo* e sua atividade militante passaram a concentrar todas suas energias.

---

196 Q 16, § 15, p. 1884.
197 Q 17, § 35, p. 1938. Provavelmente, trata-se do crítico literário Bonaventura Zumbini (1836-1916). Gramsci talvez conhecesse a pesada crítica que Benedetto Croce moveu contra esse, considerando-o um autor sem nenhuma originalidade e culminando com um juízo devastador: "Zumbini, como teórico da arte, não faz nada; como expositor de obras de arte, pouco; como crítico estético, pouquíssimo" (CROCE, *La critica letteraria:* questioni teoriche [Torino: Loescher, 1894], p. 159).

Filologia como arma de combate

Embora os estudos linguísticos de Gramsci e o impacto desses sobre suas próprias ideias, principalmente sobre o conceito de hegemonia, tenham sido objeto de um número considerável de estudos, alguns deles contribuindo de maneira importante para a compreensão da formação e do pensamento do sardo, o mesmo não pode ser dito a respeito de sua formação filológica.[198] Ela é, entretanto, fundamental, para um conhecimento mais apurado do método que guiava seu trabalho intelectual.[199] A reivindicação desse método e de suas raízes na vida acadêmica de Gramsci aparecem em diversos momentos de sua obra. De grande importância para o argumento aqui apresentado é uma nota autobiográfica que inseriu em um artigo publicado no jornal *Avanti!*, em dezembro de 1916, no qual discutiu com os organizadores da Università Popolare, iniciativa de formação voltada para jovens trabalhadores. Nesse artigo, Gramsci fez uma reconstrução de

---

198 O tema da língua e da linguagem em Gramsci recebeu pouca atenção até meados dos anos 1970. Tullio De Mauro dedicou algumas páginas às ideias linguísticas de Gramsci em sua *Storia linguistica dell'Italia* (1963); mais tarde Luigi Rosiello (Problemi linguistici negli scritti di Gramsci. In: ROSSI, Pietro (a cura di). *Gramsci e la cultura contemporanea:* Atti del convegno internazionale di studi gramsciani tenuto a Cagliari il 23-27 aprile 1967 [v. 2. Roma: Riuniti/Istituto Gramsci, 1970], p. 310-1), apresentou uma comunicação no congresso de estudos gramscianos de Cagliari, em 1967; e Franco Lo Piparo publicou *Lingua, intellettuali e hegemonia* (1979), livro que iria consolidar esse campo de estudos. Para uma reconstrução dessa trajetória, ver os estudos publicados na coletânea organizada por Peter Ives e Rocco Lacorte (*Gramsci, Language, and Translation* [Lanham: Lexington, 2010]).
199 A respeito do método de Gramsci, ver BUTTIGIEG, Joseph. Gramsci's Method. *Boundary 2*, v. 17, n. 2, sum. 1990, p. 60-81; BIANCHI, Alvaro. Gramsci, Croce e a história política dos intelectuais. *Revista Brasileira de Ciências Sociais*, São Paulo, v. 34, n. 99, 2019, p. e349915; e ARECO, Sabrina. A filologia vivente de A. Gramsci. *Mediações*, Londrina, v. 24, n. 1, 2019, p. 209-27.

seu percurso formativo e de seus interesses na Facoltà di Lettere e Filosofia em uma passagem que vale a pena citar extensamente:

> Quem escreve essas anotações também fala um pouco por experiência pessoal. Ele se lembra mais intensamente dos cursos de graduação da universidade, nos quais o professor o fez sentir o trabalho de investigação ao longo dos séculos para conduzir à perfeição esse método de pesquisa. Para as ciências naturais, por exemplo, todo o esforço que custa libertar o espírito dos homens dos preconceitos e apriorismos divinos ou filosóficos, para chegar à conclusão de que as fontes de água têm origem na precipitação atmosférica e não no mar. Para a filologia, como chegamos ao método histórico graças a tentativas e erros do empirismo tradicional e como, por exemplo, os critérios e crenças que guiaram Francesco De Sanctis ao escrever sua história da literatura italiana eram verdades que se afirmaram por meio de experiências e pesquisas cansativas, que libertaram os espíritos da escória sentimental e retórica que poluíra os estudos da literatura no passado. E assim para os outros assuntos. Esta foi a parte mais vital do estudo: esse espírito recreativo, que fazia assimilar os dados enciclopédicos e os fundia em uma chama ardente da nova vida individual.[200]

As duas referências implícitas nesse texto são Matteo Bartoli, que lhe fez "sentir o trabalho de investigação ao longo dos séculos para conduzir à perfeição esse método de pesquisa", e Umberto Cosmo, citado por intermédio de Francesco de Sanctis. Mas o que mais se destacava nesse artigo era sua insistência no método e, em particular, no "método de pesquisa" e para a filologia no "método histórico". A Facoltà foi o lugar em que Gramsci tomou contato com a pesquisa científica e com o método histórico, uma aquisição que lhe acompanhou pelo resto da vida. O testemunho de Palmiro Togliatti reforça essa ideia. A respeito dos estudos de Gramsci na universidade, Togliatti narrou esse interesse pela filologia já em 1927, em um retrato publicado logo após sua

---

200 CF, p. 674-5.

prisão e destinado a afirmar o lugar de seu companheiro como líder do partido: "em uma idade muito jovem, dedicava ainda a maior parte de sua atividade à pesquisa científica em filologia, em um campo que parece estar entre os mais áridos e abstratos, o da ciência da origem das palavras e das línguas".[201] Anos depois, no já citado discurso de 1949, o mesmo Togliatti voltou ao tema, afirmando que, na Università di Torino, Gramsci aprendera

> Antes de mais nada, uma qualidade que, não digo, viesse do positivismo, mas certamente vinha dos grandes amantes do método histórico que então ensinavam aqui: a precisão do raciocínio, o gosto pela informação exata, o desdém e até a repugnância moral, eu diria, pelo improviso e a superficialidade. [...] Esse amor filológico pela documentação precisa nunca o abandonará.[202]

Gramsci fez uso dessa formação em artigos de polêmica contra o nacionalismo antifilológico. Em uma dessas ocasiões, enfrentou Ettore Romagnoli, professor de Literatura Grega na Università di Padova, o qual, desde 1915 e na esteira do citado livro de Fraccaroli, lançara nas páginas do jornal *Gli Avvenimenti*, de Milão, uma violenta campanha contra a filologia e o germanismo na cultura italiana.[203] Na véspera do artigo de Gramsci, o professor de Padova proferira uma conferência com o título *Musica italiana e musica tedesca* na Sala Ambrosio de Turim, a convite da Lega d'Azione Antitedesca di Torino. No dia 15 de janeiro de 1917, nas páginas do *Avanti!*, veio à luz a implacável crítica. Em sua polêmica contra o professor de Padova, Gramsci recorreu a um argumento tipicamente filológico, questionando se a edição italiana utilizada por Romagnoli do *Katechismus der Musikgeschichte*, do alemão Hugo Riemann, correspondia à última edição revista do livro. Caso contrário, pensava, o pro-

---

201 TOGLIATTI, *Scritti sur Gramsci*, p. 41-2.
202 *Ibid.*, p. 141.
203 Os artigos foram depois reunidos no livro *Minerva e lo scimmione* (1917).

fessor de Padova não poderia acusar o alemão de não falar "de fatos que ocorreram depois que o livro foi pela primeira vez compilado".[204] Gramsci concluía sua crítica com palavras duras que reivindicavam as realizações da filologia alemã ao mesmo tempo que questionava a campanha antifilológica:

> Romagnoli, que quer ganhar popularidade a preço baixo, faria melhor, sem dúvida, se dedicasse seu tempo a trabalhar na literatura grega e erradicar o germanismo da cultura italiana, fazendo pelos estudos italianos o que os professores alemães fizeram pelos estudos de seu país, sem barulho e com mais tenacidade e modéstia.[205]

A resistência de Gramsci à campanha antifilológica e antigermânica continuou naquele ano de 1917 com dois artigos de forte oposição a Arnaldo Monti, professor do Liceo Classico Massimo D'Azeglio e presidente do Fascio Studentesco per la Guerra e per l'Idea Nazionale.[206] Gramsci condenava as críticas que Monti fizera ao uso, nas escolas italianas, do livro de exercícios de latim escrito pelo alemão Ferdinand Schultz. De uso corrente na escola clássica italiana, Gramsci estudara com esse livro e, embora o considerasse falho em vários aspectos, identificava no ataque a Schultz uma oposição velada à escola clássica.[207] Ainda que não citasse expli-

---

204 S, p. 35. A suspeita de Gramsci não se verificava. A edição italiana, traduzida por Enrico Bongioanni fora feita com base na segunda edição alemã de 1901, como se pode ver no frontispício (RIEMANN, Hugo. *Storia universale della musica* [Torino: Marcello Capra, 1903]). Todas as lacunas apontadas por Romagnoli em seu discurso eram anteriores a essa data. Sobre o tema, ver as observações do aparato crítico em S, p. 36n.
205 S, p. 35.
206 Ver MONTI, Arnaldo. Risposta all'*Avanti! Il Fascio Studentesco per la Guerra e l'Idea Nazionale*, v. I, n. 2, 1917, p. 4-5; *id.*, Recensione critiche: Gli esercizi latini di F. Schultz. *Il Fascio Studentesco per la Guerra e l'Idea Nazionale*, v. I, n. 1, 1917, p. 4-5.
207 Para a opinião de Gramsci com relação ao ensino do grego e do

citamente Fraccaroli e Romagnoli em seus artigos contra Monti, o jovem jornalista identificava em Monti aquelas tendências presentes nesses autores, que valorizavam a crítica estética em detrimento da crítica textual proposta pelo método histórico. Gramsci alinhava-se ao lado dos filólogos como Gerolamo Vitelli, que nas páginas do jornal *Il Marzocco* combatia o antigermanismo e movia forte defesa da filologia. Para Gramsci, Monti e aqueles "três ou quatro (ou quatrocentos ou quatro mil) canalhas" aos quais havia se referido Vitelli tinham o propósito de "desnaturar a escola clássica, que tem uma tarefa muito específica, e reduzi-la a uma escola de retórica vazia e de estudos artísticos inconclusivos".[208]

O valor da escola clássica e do estudo do latim estava, para Gramsci, no tipo de formação que permitiam aos jovens. Ao contrário das críticas frequentes a respeito do caráter abstrato do ensino clássico e da contraposição deste com os resultados obtidos pelas escolas técnicas e profissionalizantes, Gramsci considerava que a escola clássica possuía um fim "concreto", "uma concretude ideal". Ela preparava os jovens "que têm um cérebro completo, pronto para compreender todos os aspectos da realidade, acostumado a críticas, análises e sínteses; acostumado a ir dos fatos às ideias gerais e, com essas ideias gerais, julgar todos os outros fatos".[209] Era para a realização desse ideal escolar que a filologia contribuía decisivamente. Segundo Gramsci:

> A escola clássica alcança o objetivo ideal descrito acima por meio do estudo das línguas latina e grega. O estudo dessas línguas feito filologicamente, não de acordo com os métodos da escola Berlitz. [...] O estudo filológico do latim acostuma o

---

latim nas escolas ver FONZO, Emilio. *Il mondo antico negli scritti di Antonio Gramsci* (Mercato San Severino: Paguro, 2019), cap. 3; e CARLUCCI, Latino e greco. In: LIGUORI, Guido; VOZA, Pasquale (orgs.). *Dizionario gramsciano:* 1926-1937 (Roma: Carocci, 2009), p. 452-53.
208 S, p. 603. Gramsci citará nos *Quaderni* a reconstrução que Gerolamo Vitelli fez da história da filologia (Q 7, § 60, p. 900).
209 S, p. 603-4.

aluno, o futuro cidadão, a não negligenciar nada da realidade que examina, fortalece seu caráter, acostuma-o ao pensamento concreto, histórico, da história que flui harmoniosamente, apesar das oscilações e abalos, porque sempre existe aquilo que continua a tradição, aquilo que continua o passado – e muitas vezes aquilo que continua não é a aparência, mas o negligenciado, o ignorado – não deve ser negligenciado e ignorado.[210]

A escola clássica seria responsável pela formação de uma sensibilidade histórica imprescindível a uma moderna vida autônoma. O método histórico, essencial para a formação dessa sensibilidade, seria aprendido "no estudo das línguas mortas" e deveria ser levado a cabo, segundo Gramsci, "no estudo de qualquer ciência".[211] Visto desse modo, o método histórico e a filologia adquiriam uma surpreendente função pedagógica, na qual Gramsci insistiria mais tarde nos *Quaderni del carcere*. A polêmica com Monti não se encerraria, entretanto, neste ponto. O presidente do *Fascio* voltou à carga pouco depois, respondendo o artigo de Gramsci. Negou que fosse contrário à escola clássica, apontou erros ortográficos nas páginas do *Avanti!* e afirmou que sua resenha era uma "fria e desapaixonada pesquisa gramatical", para depois concluir que "Schultz recolheu, em seus exercícios latinos, não poucas proposições historicamente falsas, contraditórias, ambíguas, impróprias, inexatas, retrógradas, insípidas ou tolas, até ofensivas para nós, italianos".[212]

Em sua resposta, Gramsci escreveu que não pretendia entediar seus leitores "com discussões filológicas e gramaticais. O *Avanti!* não é um boletim de filologia clássica". Ainda assim recorreu a argumentos filológicos, repreendendo Monti por não ter anunciado qual das traduções dos livros de Schultz estava citando, se aquela de Rafaello Fornaciari ou a que fora publicada pelo seu

---

210 *Ibid.*, p. 604.
211 *Loc. cit.*
212 MONTI, Risposta all'*Avanti!*, p. 4-5.

professor Luigi Valmaggi.[213] Censurou também seu interlocutor por confundir a gramática "histórica", a única que poderia ser denominada científica e amparada em uma pesquisa filológica, com a gramática "empírica", expressão com a qual se designava o estudo gramatical com a simples função prática de aprender uma língua.[214] E ainda o criticou por ignorar a diferença entre as escolas alemã e italiana nas pesquisas filológicas e gramaticais, o que teria feito Monti apoiar as ideias de Luigi Ceci e Enrico Cochia, autores de gramáticas latinas, que seriam representantes do positivismo filológico alemão e estariam atrasados com relação às contribuições das novas escolas francesa e italiana.[215]

As polêmicas com Romagnoli e Monti são reveladoras do conhecimento que Gramsci tinha do método filológico, da bibliografia mais atualizada, dos debates existentes no campo e da história da filologia e das disciplinas auxiliares. O uso que fez desse conhecimento nessas situações foi instrumental. Mobilizou a filologia para combater seus adversários – filólogos e classicistas – no próprio terreno em que eles exercitavam suas carreiras docentes. Em uma sociedade em que a cultura universitária e escolar se mesclava com a política, esse recurso polêmico tinha um efeito notável sobre a opinião pública. O interesse de Gramsci por esse tipo de polêmica parece, entretanto, ter se esvaído, e nos

---

213 A editora Loescher, de Turim, republicara em 1912 uma edição da *Kleine lateinische Sprachlehre*, traduzida por Fornaciari, e uma edição da *Lateinische Schulgrammatik Erweiterte Ausgabe der "Kleine lateinische Sprachlehre" von Ferdinand Shultz unter Mitwirkung desselben bearbeitet von Martin Wetzel*, traduzida por Valmaggi. Ambas tinham o título em italiano de *Piccola grammatica latina*. A crítica de Gramsci calou fundo e, em uma segunda versão do texto, Monti indicou ter utilizado a edição de Fornaciari (cf. S, p. 680n-681n).
214 *Ibid.*, p. 679.
215 A referência aqui é à linguística de Michel Bréal e Gaston Paris, na França, e dos já citados Ascoli e Bartoli, na Itália.

anos seguintes a filologia praticamente desapareceu de seus textos.[216] Retornará, e com força marcante, nos *Quaderni del carcere*.

Filologia e método histórico

Foi apenas na prisão que aquele interesse juvenil pela filologia foi revisitado e recebeu um novo impulso. Naqueles diferentes planos de trabalho, que escreveu para orientar seus estudos e informar a respeito, não há menção à filologia. A linguística, entretanto, ocupava um lugar de destaque já em uma missiva de 19 março 1927, dirigida a sua cunhada Tatiana, na qual manifestou pela primeira vez a intenção de se empenhar no estudo de alguns temas. Na carta, Gramsci afirmou querer dedicar-se a um "estudo de linguística comparada". E a esse respeito relembrou seu velho mestre:

> Um dos maiores "remorsos" intelectuais da minha vida é a profunda dor que causei ao meu bom professor Bartoli, da Università di Torino, o qual estava convencido de que eu seria o arcanjo destinado a acabar definitivamente com os "neogramáticos", já que ele, da mesma geração e ligado por milhões de laços acadêmicos a essa tropa de homens infames, não queria ir, em suas declarações, além de um certo limite estabelecido por conveniências e pela deferência aos antigos monumentos funerários da erudição.[217]

Embora não pretendesse levar a cabo nenhum estudo estritamente filológico, a filologia permanecia sempre como o método que orientava suas investigações. Em 3 de agosto de 1931, contando a sua cunhada Tatiana a respeito de suas pesquisas sobre

---

216 A exceção encontrada é uma rápida referência sarcástica ao "senso filológico do erudito e do arqueólogo" a partir do qual Rodolfo Mondolfo pensaria o marxismo, publicada em *L'Ordine Nuovo* em maio de 1919 (ON, p. 25).
217 LC, p. 56.

os intelectuais italianos, um tema ao qual dedicou grande energia na prisão, Gramsci mencionou, com uma ponta de autoironia, seus estudos universitários e o impacto desses sobre seus hábitos intelectuais: "Também deve ser levado em consideração que o hábito de rigorosa disciplina filológica, adquirida durante os estudos universitários, deu-me uma excessiva, talvez, provisão de escrúpulos metódicos".[218] E, no mês seguinte, voltando ao tema, explicou a relação de sua pesquisa sobre os intelectuais com uma teoria do Estado. Gramsci finalizava sua carta demonstrando ainda estar ativo intelectualmente e expondo o tipo de estudos que levava a cabo na prisão: "Limito-me a escrever sobre assuntos filológicos e filosóficos, daqueles para os quais Heine escreveu: eles eram tão chatos que adormeci, mas o tédio era tanto que me obrigou a acordar".[219]

As duas cartas de 1931 constituem um importante conjunto, no qual Gramsci expôs não apenas a Tatiana, mas também a Piero Sraffa, seu interlocutor oculto, e por meio dele ao vértice do Partito Comunista d'Italia, seu trabalho intelectual na prisão.[220] Mas, além de informar a respeito da pesquisa, Gramsci destacou o método filológico que guiava suas investigações. Apesar da dificuldade de obter as fontes necessárias para sua investigação, manifestava preocupação com a qualidade daquilo que lhe chegava em mãos e refletia metodologicamente sobre os procedimentos mais adequados a um trabalho rigoroso. Re-

---

218 *Ibid.*, p. 440.
219 *Ibid.*, p. 458.
220 As cartas de Gramsci eram copiadas por Tatiana e encaminhadas a Sraffa, que por sua vez as transmitia ao Partido. O prisioneiro estava ciente desse procedimento e, em mais de uma vez, fez solicitações a seu amigo na correspondência a Tatiana. Sobre a história desse intercâmbio, ver VACCA, *Vida e pensamento de Antonio Gramsci (1926-1937)* (Rio de Janeiro/Brasília: Contraponto/Fundação Astrojildo Pereira, 2012). Sobre a importância do intercâmbio para o projeto de uma história dos intelectuais, BIANCHI, Gramsci, Croce e a história política dos intelectuais.

velava, assim, um sólido treinamento no método filológico e na aplicação deste aos mais diversos materiais. É o que se depreende de uma nota inscrita no *Primo quaderno*, redigida entre fevereiro e março de 1930, na qual Gramsci refletia a respeito da publicação de diferentes variantes de discursos parlamentares:

> Ao lidar com uma atividade parlamentar específica, é necessário manter certos critérios de pesquisa e julgamento: quando um deputado de um partido de massa fala no parlamento, pode haver três versões de seu discurso: 1° a versão das atas parlamentares, que geralmente é revisada, corrigida e frequentemente edulcorada pós-*festum*; 2° a versão do órgão oficial do partido ao qual o deputado pertence, a qual é combinada pelo deputado e o correspondente do jornal para não afetar certas suscetibilidades da maioria oficial do partido e não criar obstáculos prematuros a certas combinações em andamento; 3° a versão dos jornais de outros partidos ou dos chamados órgãos de opinião pública (jornais amplamente difundidos), elaborada pelo deputado em acordo com os respectivos correspondentes, a fim de favorecer certas combinações em curso.[221]

Nenhuma dessas variantes poderia ser considerada uma versão exata do discurso, mas a percepção de que cada uma delas tinha modos próprios de produção e objetivos diferentes permitiria chegar a um juízo razoável a respeito do valor de cada uma delas. Essa inesperada filologia dos discursos parlamentares revelava procedimentos de crítica textual que se assemelhavam sob diversos aspectos a algumas orientações básicas do método lachmanniano da *collatio*, embora a especificidade das variantes exigisse um uso criativo deste, mais próxima das inovações que tiveram

---

221 Q 1, § 43, p. 31. Para a datação interna dos *Quaderni del carcere*, ver o imprescindível estudo de Gianni Francioni (*L'Officina gramsciana*: ipottesi sulla sttrutura dei "Quaderni del carcere" [Napoli: Bibliopolis, 1984]) e a atualização levada a cabo por Giuseppe Cospito (Verso l'edizione critica e integrale dei "Quaderni del carcere". *Studi Storici*, v. 52, n. 4, 2011, p. 881-904).

lugar posteriormente no método.[222] Não há, entretanto, registros documentais de que Gramsci conhecesse o método lachmanniano e a posterior crítica neolachmmaniana, embora, como visto, tenha tido uma formação consistente em filologia clássica e moderna.[223] Vale ainda destacar que a intersecção entre os métodos da linguística e da crítica textual é conhecida, assim como o uso por parte da crítica textual de critérios semelhantes àqueles apresentados por Bartoli para o estudo das línguas, em particular o critério da "fase conservada em áreas laterais", segundo o qual duas formas análogas encontradas em áreas periféricas distantes têm muita probabilidade de serem originais.[224]

---

222 Sobre o método de Karl Lachmann ver PASQUALI, Giorgio. *Storia della tradizione e critica del testo* (Firenze: Le Monnier, 1962 [1934]); sobre seus antecedentes, ver TIMPANARO, *La genesi del metodo del Lachmann* (Torino: UTET, 2004). De acordo com Gianfranco Contini (*Filologia* [Milano: Il Mulino, 2014], p. 12): a "primeira precaução a ser tomada é determinar se o texto a ser reproduzido ou reconstruído é um ou mais de um".

223 Na segunda metade da década de 1920, vieram à luz importantes críticas e revisões do método lachmaniano. Entre 1926 e 1928, Henri Quentin (*Essais de critique textuelle (ecdotique)* [Paris: Picard, 1926]) publicou sua crítica a Lachmman, sugerindo uma maior ênfase nas variantes; logo depois foi a vez de Paul Maas (*Textkritik* [Leipzig: BGTeubner, 1927]) apresentar sua proposta de correção do método lachmmaniano resenhada pouco depois por Giorgio Pasquali (Paul Maas: Textkritik. Leipzig und Berlin: Teubner 1927. 18 S. (Einleitung in die Altertumswissenschaft. Herausg. von Gercke und Norden. 1, 2.). *Gnomon*, v. 5, n. 8, 1929, p. 417-35), o qual mais tarde expandirá a resenha no clássico *Storia dela tradizione e critica del testo* (1962 [1934]); e, em 1928, foi a vez do ensaio seminal de Joseph Bédier (La tradition manuscrite du "Lai de sur l'ombre": réflexions sur l'art d'éditer les anciens textes. *Romania*, v. 54, n. 215/216, 1928, p. 321-56), revendo a tradição manuscrita de *Lai de l'Ombre*, poema cortesão do século XIII, que ele próprio editara no final do século XIX a partir de seis diferentes fontes textuais. Na prisão, Gramsci não teve como acompanhar essas publicações e muito provavelmente sequer tomou conhecimento delas.

224 Ver a respeito PASQUALI, *Storia della tradizione e critica del testo*

Os procedimentos filológicos utilizados por Gramsci para identificar e classificar as fontes e as variantes textuais foram mais uma vez explicitados no § 1 do *Quaderno 4*, que abre a *Prima serie* dos "Appunti di filosofia. Materialismo e idealismo" [Notas sobre filosofia. Materialismo e idealismo]. Nessa série, Gramsci pretendia reunir suas anotações de estudo sobre a teoria marxista e o materialismo histórico. No parágrafo que abre os "Appunti", achou por bem registrar algumas importantes observações de caráter filológico. Julgava de grande importância conduzir a pesquisa "com o máximo de escrúpulo, de exatidão e de honestidade científica" e seguir "o processo de desenvolvimento intelectual do pensador, para reconstruí-lo segundo os elementos que se tornaram estáveis e permanentes".[225] Para tal, um cuidado especial com as fontes era necessário. Segundo Gramsci,

> No caso de Marx, a obra literária pode ser dividida nestas categorias: 1) obras publicadas sob a responsabilidade direta do autor, dentre estas, em geral, não apenas aquelas materialmente entregues para publicação, mas também os escritos pretendidos para operar imediatamente, mesmo se não impressos, como cartas, circulares, manifestos etc. (exemplo típico: as Glosas ao programa de Gotha e a correspondência); 2) trabalhos não publicados sob responsabilidade direta do autor, mas por outros após sua morte; quanto a isso, seria bom ter um texto diplomático, que ainda não tivesse sido reelaborado pelo compilador, ou pelo menos uma descrição meticulosa do texto original feita com critérios diplomáticos.[226]

Também deveria merecer atenção o material preparatório reunido por Marx para a redação de trabalhos que foram depois publicados por ele mesmo. Esse material jogaria luz não apenas sobre o processo de produção do autor, mas também "daria a

---

(Firenze: Le Monnier, 1962 [1934]), p. 7-8.
225 Q 4, § 1, p. 419.
226 *Ibid.*, § 1, p. 419-20.

97

este estudo algumas pistas para avaliar criticamente a confiabilidade da redação compilada por outros das obras inéditas".[227] Observações importantes foram feitas nessa nota, ainda, a respeito do estilo próprio do epistolário e da qualidade deste como fonte bibliográfica. Enfim, um conjunto de anotações metodológicas que deveriam orientar uma investigação ideal, na qual todas as fontes estivessem disponíveis. Embora Gramsci não use nesse parágrafo o conceito de filologia, as observações feitas nele são próprias de uma *filologia d'autore*, atenta às variantes e à reconstrução do percurso intelectual do autor.[228]

---

[227] *Ibid.*, § 1, p. 420.

[228] As bases de uma filologia das variantes são anunciadas por Gianfranco Contini (Come lavorava l'Ariosto. *Il Meridiano di Roma*, v. II, n. 29, 1937, p. 4) poucos anos depois de Gramsci ter redigido estas notas, em um célebre texto publicado no jornal *Il Meridiano di Roma* a respeito da publicação, por Santorre Debenedetti, dos fragmentos autógrafos de *Orlando furioso*, o poema épico de Ludovico Ariosto. A coincidência dessa filologia das variantes com certos apontamentos metodológicos de Gramsci torna-se ainda mais supreendente quando, na segunda versão desse parágrafo, Gramsci acrescentou uma observação sobre o conjunto da obra de um autor, a qual "dá lugar a uma série de 'descartes [*scarti*]', isto é, de doutrinas e teorias parciais pelas quais o pensador pode ter tido, em certos momentos, uma simpatia, e até mesmo tê-las aceito provisioriamente e ter se servido delas para seu trabalho crítico ou de criação histórica e científica" (Q 16, § 2, p. 1841). Essa surpreendente menção aos "descartes [*scarti*]" antecipa a *"critica degli scartafacci"* que será, anos mais tarde, o ponto central da polêmica entre Croce (Illusioni sulla genesi delle opere d'arte, documentata dagli scartafacci degli scrittori. *Quaderni della "Critica"*, n. 9, nov. 1947, p. 93-4) e Contini (La critica degli scartafacci. *Rassegna d'Italia*, n. 3, 1948, p. 1048-56). Sobre essa polêmica ver o comentário de Michele Ciliberto (Contini, Croce, gli "scartafacci". *Annali della Scuola Normale Superiore di Pisa. Classe di Lettere e Filosofia*, v. 5, n. 2, 2013, p. 571-97). As observações de Gramsci a respeito da obra de Marx permitem inferir, por outro lado, que estava a par das pesquisas de David Riazanov no âmbito da primeira *Marx-Engels Gesamtausgabe* (MEGA). Sobre a primeira MEGA, ver DA GAMA CERQUEIRA, Hugo Eduardo. David

Obviamente, Gramsci não tinha condições de levar a cabo uma pesquisa deste porte na prisão e era consciente disso. Permanecem, entretanto, os cuidados que julgava necessários tomar em uma pesquisa sobre uma obra tão vasta e complexa como a de Marx, mas também em toda pesquisa de história da cultura. Togliatti captou de modo preciso os efeitos dessa atitude na crítica que Gramsci fizera ao ataque, por parte de Benedetto Croce, à lei da queda tendencial da taxa de lucro.[229] No já citado discurso de homenagem ao antigo secretário geral do Partido Comunista, realizado na Università di Torino em 1949, Togliatti afirmou que a crítica de Gramsci era "primeiramente uma confutação de natureza filológica", uma vez que o argumento principal era o de que o filósofo idealista não havia "lido tudo aquilo que Marx escreveu a propósito, não apenas no terceiro volume de *O Capital*, mas primeiramente, no primeiro volume".[230]

São esses os cuidados que levaram Gramsci a redigir uma nota presente no *Quaderno 6*, escrita provavelmente em dezembro de 1931, que não terá uma segunda versão: "'Solicitar os textos'. Isto é, fazer os textos dizerem, por amor às teses, mais do que os textos realmente dizem. Esse erro de método filo-

---

Riazanov e a edição das obras de Marx e Engels. *Economia*, Brasília, v. 11, n.1, jan./abr. 2010, p. 199-215; e ZHAO, Yulan. The Historical Birth of the First Historical – Critical Edition of Marx-Engels-Gesamtausgabe. *Critique*, v. 41, n. 3, 2013, p. 317-37; *id.*, The Historical Birth of the First Historical – Critical Edition of Marx-Engels-Gesamtausgabe. Part 2. *Critique*, v. 41, n. 4, 2013, p. 475-94; *id.*, The Historical Birth of the First Historical – Critical Edition of Marx-Engels-Gesamtausgabe. Part 3. *Critique*, v. 42, n. 1, 2014, p. 11-24.
229 Q 10/II, § 33, p. 1278.
230 TOGLIATTI, *Scritti sur Gramsci*, p. 141. Segundo Gramsci: "Croce apresenta como objeção à teoria exposta no volume III aquela parte da discussão contida no volume I, ou seja, expõe como objeção à lei tendencial da queda da taxa de lucro a demonstração da existência de uma mais-valia relativa devido ao progresso técnico, sem, entretanto, mencionar o volume I, como se a objeção tivesse origem em seu cérebro, ou até fosse resultado de bom senso" (Q 10/II, § 33, p. 1278).

lógico também ocorre fora da filologia, em todas as análises e exames das manifestações da vida".[231]

Sergio Caprioglio afirmou que a origem da expressão "solicitar os textos" era um artigo de Paolo Vita-Finzi sobre os planos quinquenais soviéticos, publicado na revista *La Cultura* de janeiro-março de 1931. O artigo comentava a manipulação das estatísticas pelo governo soviético "pelo interesse político do governo e do Partido em 'solicitar os textos'".[232] Giuseppe Cospito demonstrou – filologicamente – que essa não poderia ser a fonte, uma vez que o artigo de Vita-Finzi é de julho-setembro de 1932, posterior portanto à nota de Gramsci, e não de 1931 como afirmado por Caprioglio.[233] O mesmo Cospito apontou que a fonte pode ser *Refléxions sur la violence*, de Georges Sorel (1910), um texto que Gramsci conhecia muito bem e no qual há um comentário do autor a respeito do artigo publicado por Georges Clemenceau com o título "L'art de solliciter les textes" [A arte de solicitar os textos].[234] Mas como o próprio artigo de Vita-Finzi mostra, essa expressão era de uso comum e outra poderia ser a fonte de Gramsci.

Os escrúpulos que recorrentemente Gramsci demonstrou a respeito de sua própria pesquisa e as frequentes "cautelas" que impôs a sua investigação, as quais impediam de "solicitar os textos", remetiam todas ao trabalho filológico.[235] Naquele § 1 do *Quaderno 4*, o método exposto era certamente filológico, mas a filologia não era citada explicitamente por Gramsci, assim como não fora mencionada no § 43 do *Primo quaderno* acima apre-

---

231 Q 6, § 198, p. 838.
232 *Apud* CAPRIOGLIO, Sergio. Gramsci e l'URSS: tre note nei quaderni del carcere. *Belfagor*, v. 46, n. 1, 1991, p. 68.
233 COSPITO, *Il ritmo del pensiero*: per una lettura diacronica dei "Quaderni del carcere" di Gramsci (Napoli: Bibliopolis, 2011).
234 *Ibid.*, p. 135.
235 Sobre as "cautelas" de Gramsci, ver COSPITO, Le "cautele" nella scrittura carceraria di Gramsci. *International Gramsci Journal*, v. 1, n. 4, 2015, p. 28-42.

sentado. Na segunda versão do texto metodológico que abre os "Appunti di filosofia", entretanto, inserida no *Quadermo 16 (Argomenti di cultura I)* e redigida provavelmente entre junho e julho de 1932, Gramsci explicitou que sua pesquisa era de caráter filológico e ampliou as exigências próprias da investigação:

> Se se deseja estudar o nascimento de uma concepção do mundo que nunca foi sistematicamente exposta por seu fundador (e cuja coerência essencial deve ser procurada não em cada escrito ou cada série de escritos, mas em todo o desenvolvimento do trabalho intelectual variado no qual os elementos da concepção estão implícitos), é necessário realizar preliminarmente um *trabalho filológico* detalhado e conduzido com o máximo escrúpulo de precisão, honestidade científica, lealdade intelectual, ausência de quaisquer preconceito e apriorismo ou tomada de partido.[236]

Essa revalorização da filologia pode ser vista também nas alterações que Gramsci promoveu no parágrafo seguinte do *Quaderno 16* (§ 3), uma nota presente originalmente naqueles mesmos "Appunti di filosofia" do *Quaderno 4* (§ 5). A primeira versão do parágrafo estava inserida no contexto daquela crítica ao *Saggio popolare* de Bukharin que culminaria depois no *Quaderno 11*.[237] Gramsci sugeria como modelo alternativo o já citado *Lehrbuch der historischen Methode*, de Ernst Bernheim. O parágrafo, intitulado "Materialismo storico e criteri o canoni pratici di interpretazione della storia e della politica" [Materialismo histórico e critérios ou cânones práticos de interpretação da história e da política], apresentava a filologia como uma ferramenta própria do método histórico exposto por Bernheim

---

236 Q 16, § 2, p. 1840-1, grifo nosso.
237 Gramsci conhecia o livro antes da prisão. Na cadeia, solicitou, em 25 de março de 1929, uma edição francesa para sua pesquisa sobre a teoria da história: "Sobre a teoria da história gostaria de ter um volume francês publicado recentemente: *Boukharine – Théorie du matérialisme historique*, Editions Sociales – Rue Valette 3, Paris (Ve)" (LC, p. 248).

e colocava o "método filológico" entre aspas, destacando sua posição no interior da exposição desse autor.

Em uma nota à margem do texto do § 5, Gramsci remeteu ao § 9 do mesmo *Quaderno 4*, intitulado "Un repertorio del marxismo" [Um repertório do marxismo]. Nesse parágrafo, afirmava o projeto de redação de um manual alternativo, que reunisse "todas as questões levantadas pelo marxismo: material, hipóteses, tentativas de resolver etc.". Gramsci acreditava que uma iniciativa desse tipo "teria uma importância não desprezível no campo escolar e propedêutico e seria uma ferramenta de primeira ordem para a difusão dos estudos sobre o marxismo".[238] Embora esse projeto tivesse nascido a partir da crítica ao *Saggio popolare* de Bukharin, ganhou autonomia e uma importância própria na pesquisa de Gramsci. É por essa razão que a versão mais elaborada desse projeto não encontrou lugar no *Quaderno 11*, e sim em outra sede. No § 3 do *Quaderno 16*, Gramsci reescreveu essas duas notas invertendo a ordem delas sob o título "Un repertorio della filosofia della práxis" [Um repertório da filosofia da práxis], reafirmando desse modo aquele projeto de redação de um manual da filosofia da práxis, o qual passava a ser visto agora como uma obra de caráter enciclopédico, que só poderia ser levada a cabo coletivamente, por um "comitê de redação [...] em um tempo que não será breve".[239]

A segunda parte desse parágrafo retomava o § 5 do *Quaderno 4* e dizia respeito ao método que deveria ser utilizado na execução desse repertório enciclopédico. As alterações inseridas na segunda versão do texto são importantes. Chama a atenção que, na nota do *Quaderno 16*, a filologia, sem aspas, era remetida ao interior da própria filosofia da práxis e se tornava parte constitutiva desta. Comparem-se as versões:

---

238 Q 4, § 9, p. 432.
239 Q 16, § 3, p. 1844.

O livro de Bernheim não é um tratado da filosofia do historicismo, isto é da filosofia moderna, embora implicitamente lhe seja ligado. A "sociologia marxista" (cf. o *Saggio popolare*) deveria estar para o marxismo como o livro de Bernheim está ao historicismo: uma coletânea sistemática de critérios práticos de pesquisa e de interpretação, um dos aspectos do "método filológico" geral. Sob alguns pontos de vista se deveria fazer, com relação a algumas tendências do materialismo histórico (e, por acaso, as mais difundidas) a mesma crítica que o historicismo fez do velho método histórico e da velha filologia, que tinham conduzido a novas formas ingênuas de dogmatismo e substituíam a interpretação pela descrição exterior, mais ou menos exata dos fenômenos, especialmente repetindo sempre: "nós somos seguidores do método histórico".[240]

O livro de Bernheim não é um tratado da filosofia do historicismo, isto é da filosofia moderna, embora implicitamente lhe seja ligado. A chamada "sociologia da filosofia da práxis" deveria estar para esta filosofia como o livro de Bernheim está ao historicismo em geral, isto é, ser uma exposição sistemática de cânones práticos de pesquisa e de interpretação para a história e a política; uma coletânea de critérios imediatos, de cautelas críticas etc. Uma *filologia da história e da política, como são concebidas pela filosofia da práxis*. Para algumas questões se deveria fazer, com relação a algumas tendências do materialismo histórico (e, por acaso, as mais difundidas pela sua grosseria) uma mesma crítica (ou tipo de crítica) que o historicismo fez do velho método histórico e da velha filologia, que tinham conduzido a novas formas ingênuas de dogmatismo e substituíam a interpretação e a construção histórica pela descrição exterior e o elenco das fontes brutas frequentemente acumuladas de maneira desordenada e incoerente.[241]

Como compreender o projeto de um repertório enciclopédico, a necessidade de explicitar o método da investigação e o novo lugar que a filologia ocupa nele? De acordo com Roberto

---

240 Q 4, § 5, p. 425
241 Q 16, § 3, p. 1845. Grifos nossos.

103

Dainotto,[242] quando da primeira versão do § 1, no *Quaderno 4*, Gramsci partilhava com Croce uma visão expressa em *Storia dell'età barocca in Italia* (1946), obra que opunha a Reforma protestante ao Renascimento e via neste último uma expressão cultural das elites e na filologia, uma manifestação aristocrática da cultura humanista. Mais tarde, a partir de 1933, Gramsci abandonou essa oposição croceana, revalorizando a filologia.[243] A explicação apresentada por Dainotto, carrega consigo um problema cronológico, uma vez que atribui a redação do *Quaderno 16* aos anos 1933-1934, seguindo a indicação presente na edição Gerratana, quando Gramsci já teria parado de fazer uso da oposição Reforma-Renascimento. Entretanto, estudos mais recentes apontam que esse *Quaderno*, e seus primeiros parágrafos, começaram a ser redigidos em junho ou julho de 1932.[244] Que Gramsci ainda recorria a essa oposição fica evidente no citado § 9 desse *Quaderno*, o qual reproduz sobre a Reforma e o Renascimento praticamente o mesmo argumento do § 3 do *Quaderno 4*, citando em ambas as versões a mesma passagem do livro de Croce.

---

242 DAINOTTO, Roberto M. Gramsci and Labriola: Philology, Philosophy of Praxis. In: FRANCESE, Joseph (org.). *Perspectives on Gramsci:* Politics, Culture and Social Theory (London: Routledge, 2009), p. 51.

243 Dainotto ampara sua afirmação sobre os usos por Gramsci da dupla conceitual Reforma-Renascimento em Fabio Frosini (Riforma e Rinascimento. In: FROSINI, Fabio; LIGUORI, Guido (org.). *Le parole di Gramsci:* per un lessico dei Quaderni del carcere. [Roma: Carocci, 2004], p. 184-7), o qual apontou que, a partir de 1933, Gramsci não fez mais referências à oposição Reforma e Renascimento, passando a uma visão mais matizada desse último, em que aspectos regressivos (separação entre intelectuais e povo-nação) e progressivos (desenvolvimento dos grupos intelectuais) se combinavam.

244 Ver, p. ex., FRANCIONI, Gianni; COSPITO, Giuseppe. Nota introdutiva al *Quaderno 16* (1932-1934). In: GRAMSCI, Antonio. *Quaderni del carcere:* edizione anastatica dei manoscritti (v. 15. Roma/Cagliari: Istituto della Enciclopedia Italiana/L'Unione Sarda, 2009), p. 191-201.

Alternativamente é possível esboçar duas diferentes hipóteses explicativas para essa revalorização da filologia, que não se excluem entre si e podem mesmo ser complementares. A primeira hipótese procura uma resposta para o enigma no próprio § 3 do *Quaderno 16* e no "repertório da filosofia da práxis" ali anunciado. A proposta do repertório se insere em um amplo projeto de restauração do marxismo, anunciado alguns parágrafos à frente, em um texto intitulado "Alcuni problemi per lo studio dello svolgimento della filosofia della práxis" [Alguns problemas para o estudo do desenvolvimento da filosofia da práxis]. Reelaborando notas presentes anteriormente nos "Appunti di filosofia" do *Quaderno 4*, Gramsci reafirmou uma história da filosofia da práxis na qual essa fora submetida a "uma dupla revisão, [...] uma dupla combinação filosófica". Por um lado, "alguns de seus elementos, de modo implícito ou explícito, foram absorvidos e incorporados por algumas correntes idealistas"; por outro, os "ortodoxos" acreditaram encontrar seus fundamentos filosóficos no "materialismo tradicional".[245] A alternativa, para essas duas correntes de revisão do marxismo, estaria para Gramsci em Antonio Labriola e em sua afirmação de que "a filosofia da práxis é uma filosofia independente e original que tem em si própria os elementos de um desenvolvimento posterior para passar de interpretação da história à filosofia geral".[246]

---

245 Q 16, § 9, p. 1854-5.
246 *Ibid.*, § 9, p. 1855. Segundo Labriola, em *Discorrendo di socialismo e di filosofia* (1976 [1898], p. 679), "essa doutrina carrega em si as condições e os modos de sua própria filosofia e é, tanto na origem quanto na substância, intimamente internacional". Sobre a importância de Labriola para essa revalorização da filologia, ver DAINOTTO, Gramsci and Labriola, p. 52. O próprio Labriola (*Discorrendo di socialismo e di filosofia*, p. 570) já havia destacado a importância da filologia em seu ensaio de 1896 sobre o materialismo histórico: "O que seria da nossa ciência histórica sem a unilateralidade da filologia, que é a ajuda instrumental de todas as pesquisas".

O "repertório" era concebido como uma enciclopédia que deveria inaugurar uma nova era "moderna" nos "estudos sobre a filosofia da práxis", entendida justamente como uma filosofia independente e original. Para tal era necessário abandonar um passado "de improvisações, papagaiadas e diletantismos".[247] A crítica ao marxismo soviético que confluía para os cadernos *10* e *11* encontraria sua *pars construens* nesse repertório. Que o método para levar a cabo essa grande empreitada fosse o filológico não restam dúvidas. A comparação que Gramsci fez entre esse repertório e "todo o material do mesmo tipo publicado pelos católicos de vários países a propósito da Bíblia, dos Evangelhos, da Patrologia, da Liturgia, da Apologética",[248] estudos a partir dos quais a moderna crítica textual e a hermenêutica haviam se desenvolvido, deixa evidente o valor do método filológico para a pesquisa.

Uma segunda hipótese concentra a atenção na redação do *Quaderno 10* e na pesquisa de Gramsci sobre o livro de Benedetto Croce, *Storia d'Europa nel secolo decimonono* (1999 [1932]). A pesquisa foi sugerida por Piero Sraffa, por intermédio de Tatiana Schucht, em uma carta que esta enviou para Gramsci no dia 12 de abril. Gramsci começou a trabalhar imediatamente nela, a partir daquilo que já possuía na prisão, os três primeiros capítulos do livro, que haviam sido publicados pela Accademia di Scienze Morali e Politiche della Società Reale di Napoli. Conforme narrou em uma carta do dia 18 de abril, sua pesquisa se concentraria nos "interesses culturais hoje predominantes na atividade literária e filosófica de Croce", e na posição que ele ocuparia "no campo da cultura mundial".[249]

Nos meses seguintes, houve uma troca de correspondência sobre o tema envolvendo Gramsci, Tatiana e Sraffa, até que ela se interrompeu bruscamente no início de julho de 1932 devido às novas restrições impostas pelas autoridades prisionais.

---

247 Q 16, § 3, p. 1845.
248 *Loc. cit.*
249 LC, p. 560 e 562.

Gramsci trabalhou intensamente nessa pesquisa, utilizando o *Quaderno 8* para fazer suas primeiras anotações, às quais recorria depois para escrever as cartas sobre o tema. Simultaneamente, também deu início ao *Quaderno 10*, com o título *La filosofia di Benedetto Croce*, no qual essas notas foram transcritas em uma forma mais polida e definitiva. O *Quaderno 10* inicia com uma nota intitulada "Alcuni criteri generali metodici per la critica della filosofia del Croce" [Alguns critérios metódicos gerais para a crítica da filosofia de Croce], que não possuía uma versão anterior nos cadernos miscelâneos. A nota contém um conjunto de apontamentos que orientariam seu estudo, definindo os contornos de um programa de pesquisa e o método que utilizaria. Anunciava aí que não procuraria um "problema filosófico geral", e sim aqueles problemas que a cada momento se conectavam com a "vida atual".[250]

Nessa nota inagural do *Quaderno 10*, provavelmente da primeira metade de abril, Gramsci não fez nenhuma referência explícita à filologia, muito embora o método que tenha nela exposto e a pesquisa que se segue sejam próprios de uma *filologia d'autore*. Essa anotação no *Quaderno 10* é análoga àquele § 2 do *Quaderno 16*, escrito entre o final de junho e o início de julho de 1932, na qual a filologia era anunciada como método. A comparação do texto das duas notas permite identificar fortes semelhanças não apenas no programa de pesquisa, mas também metodológicas. A diferença está em que, no *Quaderno 16*, o trabalho de reconstrução das ideias é denominado explicitamente de "lavoro filologico".

---

250 Q 10/II, p. 1239.

2) É preciso estudar atentamente os escritos "menores" de Croce, isto é, além das sobras sistemáticas e orgânicas, as coletâneas de artigos, de notas, de pequenas memórias que tem um vínculo maior e mais evidente com a vida, com o movimento histórico concreto.

3) É preciso estabelecer uma "biografia filosófica" de Croce, isto é, identificar as diferentes expressões que assume o pensamento de Croce, a impostação e a resolução diversa de certos problemas, os novos problemas surgidos de seu trabalho e impostos a sua atenção.[251]

[...] o trabalho deve seguir estas linhas: 1) a reconstrução da biografia, não apenas no que diz respeito à atividade prática, mas especialmente à atividade intelectual; 2) o registro de todas as obras, mesmo as mais insignificantes, em ordem cronológica, divididas segundo motivos intrínsecos: de formação intelectual, de maturidade, de posse e aplicação do novo modo de pensar e de conceber a vida e o mundo.[252]

Escrito quando o trabalho no *Quaderno 10* já se encontrava avançado, o § 2 do *Quaderno 16* revela uma forte consciência metodológica que pode ter amadurecido nessa pesquisa sobre Benedetto Croce. No *Quaderno 10*, entretanto, quando é feita referência à filologia, essa permanece entre aspas e seu uso é muito mais metafórico, afastando-se da ideia de crítica textual. Assim, embora a ideia de uma filologia como método reconhecido possa ter amadurecido no âmbito dessa pesquisa sobre Croce e a história dos intelectuais, é apenas no *Quaderno 16* e no contexto de uma pesquisa sobre o "repertório" que ela é explicitamente anunciada, talvez pelo caráter das fontes e dos materiais necessários para pesquisa, os quais exigem cuidados extraordinários.

---

251 *Loc. cit.*
252 Q 16, § 2, p. 1841.

"Filologia" e "filologia viva"

Quando Gramsci utilizava o conceito de filologia em seu sentido técnico, ou seja, como sinônimo de crítica textual, esse aparece sem aspas. A exceção está em um uso irônico, para questionar o conhecimento filológico de Guido De Ruggiero, colaborador de Benedetto Croce na revista *La Critica*.[253] Mas nos *Quaderni* o conceito de filologia é usado em um outro sentido, metafórico, o qual não se encontrava nos escritos pré-carcerários. Nesse novo sentido, aparece entre aspas e designa o método pelo qual a filosofia da práxis poderia chegar à compreensão de uma história marcada pela diversidade dos fatos particulares. A esse respeito, Gramsci escreveu:

> A experiência na qual a filosofia da práxis se baseia não pode ser sistematizada; é a própria história *em sua infinita variedade e multiplicidade*, cujo estudo pode dar origem ao nascimento da "filologia" como um *método de erudição na apuração de fatos particulares* e ao nascimento da filosofia entendida como a metodologia geral da história.[254]

Note-se que Gramsci, nesse mesmo parágrafo, usa o conceito sem aspas para referir-se à "filologia como é entendida tradicionalmente", ou seja, "a filologia" como "a expressão metodológica da importância que os fatos particulares sejam apurados e precisados em sua inconfundível 'individualidade'".[255] Isso porque

---

253 A respeito, Gramsci escreveu, "que de superficial há apenas a informação 'filológica' de De Ruggiero, o qual se envergonharia de não conhecer todos os documentos sobre um minúsculo fato da história da filosofia, mas descuida de informar-se de modo mais substantivo sobre acontecimentos gigantescos" (Q 10/II,§ 31, p. 1274).
254 Q 11, § 25, p. 1428-9, grifos nossos. Sobre os diferentes usos que Gramsci faz das aspas nos *Quaderni*, ver COSPITO, Le "cautele" nella scrittura carceraria di Gramsci, p. 34-5.
255 Q 11, § 25, p. 1429.

a ênfase nos "fatos particulares", que na crítica textual chamava a atenção para a "variedade e multiplicidade" dos textos, era concebida como um princípio metodológico essencial para uma "filologia da sociedade" atenta à variedade e multiplicidade dos fatos sociais.[256] Ou seja, o que há em comum entre a filologia e a "filologia" é um princípio metodológico que tem sua origem na crítica textual contemporânea, um princípio com o qual Gramsci se familiarizou em seus anos de estudante em Turim.

Gramsci fez este uso, metafórico, da filologia em sua polêmica contra a tentativa levada a cabo por Nicolai Bukharin de reduzir a filosofia da práxis a uma sociologia na qual o comportamento social poderia ser explicado pela "lei dos grandes números". De acordo com Gramsci, essa lei perderia toda validade com a ação política das multidões. A metáfora era utilizada por Gramsci para explicar a relação existente entre as massas, o partido e seu grupo dirigente, uma relação em que os sentimentos padronizados das massas são conhecidos pelo partido na medida em que esse é parte vital da vida social e, por isso mesmo, traduz em seu interior as experiências daquelas:

> Com a extensão dos partidos de massa e sua adesão orgânica à vida mais íntima (econômico-produtiva) da própria massa, o processo de padronização dos sentimentos populares, que era mecânico e casual (ou seja, produzido pela existência ambiental de condições e pressões semelhantes), torna-se consciente e crítico. O conhecimento e o juízo da importância desses sentimentos não se dão mais por parte dos líderes graças à intuição apoiada na identificação de leis estatísticas, ou seja, de maneira racional e intelectual, muitas vezes falaciosas – que o líder traduz em ideias-força, em palavras-força –, mas acontece por

---

256 Michele Filippini (Una filologia della società. Antonio Gramsci e la scoperta delle scienze sociali. *Scienza & Politica*, v. 21, n. 41, 2009, p. 90) observa que Gramsci promove no marxismo a passagem de uma ênfase no dado econômico estrutural, sintetizada na metáfora da "anatomia da sociedade", para uma "filologia da sociedade" voltada para o estudo do conteúdo político das formas sociais.

parte do organismo coletivo por "compartilhamento ativo e consciente", por "paixão", por experiência de particularidades imediatas, por um sistema que se pode dizer de "filologia viva". Dessa forma, um vínculo estreito é formado entre a grande massa, o partido, o grupo dirigente e todo o complexo, bem articulado, podendo se mover como um "homem coletivo".[257]

A passagem, de grande complexidade, culmina na descrição de uma cadeia de traduções que permitiria o conhecimento coletivo do conjunto de experiências particulares que formam o todo social. Essa cadeia de traduções, em que a partir da *"infinita variedade e multiplicidade"* se forma o "homem-coletivo", era, justamente, o que Gramsci chamava de "um sistema [...] de 'filologia' viva". O que permite essa tradução é um tipo de relação especial entre partido e massas na qual o "organismo coletivo" é parte da vida do próprio povo.

Gramsci voltaria a esse tema em um parágrafo dedicado à passagem "do saber ao compreender, ao sentir e vice-versa, do sentir ao compreender, ao saber".[258] A nota articulava dois temas muitas vezes tratados ao longo dos *Quaderni*: a) o problema epistemológico do conhecimento e b) o problema político da separação na Itália entre intelectuais e povo-nação. Primeiro eram tratadas as consequências epistemológicas desse problema político, o erro dos intelectuais que acreditavam ser possível "saber sem compreender e especialmente sem sentir e estar apaixonado (não apenas pelo saber em si, mas pelo objeto do saber), isto é, em acreditar que o intelectual possa ser tal (e não um puro pedante) mesmo quando distinto e destacado do povo-nação".[259] Depois, as consequências políticas desse problema epistemológico: apenas quando o "sentimento-paixão se torna

---

257 Q 11, § 25, p. 1430. O texto C, presente no *Quaderno 11*, torna mais preciso o argumento apresentado pela primeira vez no § 6 do *Quaderno 7*.
258 *Ibid.*, § 67, p. 1505.
259 *Loc. cit.*

compreensão" seria possível estabelecer uma relação efetiva de representação e ocorreria "a troca dos elementos individuais entre governados e governantes, entre dirigente e dirigidos, isto é, se realiza a vida em seu todo que é a única força social, se cria o 'bloco histórico'".[260]

O § 67 se encerra com uma crítica a Henri De Man, já antecipada no citado § 25 do mesmo *Quaderno 11*, que destaca as consequências politicas desse processo de conhecimento: "De Man 'estuda' os sentimentos populares, não consente com eles para guiá-los e conduzi-los a uma catarse da civilização moderna".[261] Teoria e prática encontram-se no "organismo coletivo" como ato do conhecimento e como movimento político.[262] Aqui estão as consequências políticas da "'filologia' viva". Esta é aquele processo intelectual e coletivo no qual o "sentimento-paixão" se traduz em "compreensão" da realidade política e social e, desse modo, funda uma prática política emancipatória que permite superar aquela separação entre governantes e governados, dirigentes e dirigidos, que Gramsci considerava ser o "fato primordial, irredutível (em certas condições)" sobre a qual se fundamenta toda "a ciência e a arte da política".[263]

Considerações finais

Como método de pesquisa, a filologia acompanhou Gramsci desde seus estudos universitários em Turim. Mas, como visto, ela foi mobilizada de maneiras e intensidades diferentes ao longo dessa trajetória. Pode-se dizer que, de certo modo, essa persistência manteve Gramsci sempre conectado com seu passado. A filologia seria, assim, também um elemento "biográfico" na vida do sardo. Em uma carta a sua esposa Giulia, em 19

---

260 *Ibid.*, § 67, p. 1505-6.
261 *Ibid.*, § 67, p. 1506
262 Cf. DAINOTTO, Gramsci and Labriola, p. 317-8.
263 Q 13, § 4, p. 1752.

de dezembro de 1932, na qual pedia as notícias que raramente lhe chegavam, ao mesmo tempo que especulava a respeito do estado de sua companheira, Gramsci recordou: "Uma vez lhe aconselhei a retomar a música como eu recomeçarei os meus estudos de filologia". O prisioneiro recordava que o estudo da música fora o ponto de partida da experiência de Giulia. E argumentava em um sentido que seria válido também para seu retorno à filologia:

> [...] pensava que retornando a isso [ao estudo da música] você teria revivido o passado com uma maior consciência crítica e teria retomado as etapas de sua existência, não para repeti-las mecanicamente, mas para recorrê-las intensamente e analisar o elo rompido da cadeia (dado que exista um elo rompido).[264]

A filologia permitiria a Gramsci não apenas retomar o passado com "uma maior consciência crítica", mas reviver permanentemente seu próprio passado, reconstruindo-o a partir de novas referências. Pode ser considerada, desse modo, um dos tantos fios vermelhos que alinhavam a continuidade que existe entre sua formação e sua vida política. Para uma compreensão mais precisa de sua "vida e pensamento", uma revalorização da filologia torna-se imprescindível.

---

264 LC, p. 653-4.

3. CROCE E A HISTÓRIA POLÍTICA DOS INTELECTUAIS

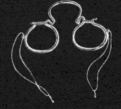

Durante todo o lento e penoso processo de pesquisa na prisão, Antonio Gramsci ocupou-se insistentemente em estudar o pensamento de Benedetto Croce (1866-1952) e seu lugar na cultura italiana da época. A pesquisa era multifacetada. É possível perceber, acompanhando o ritmo de composição dos *Quaderni del carcere*, a emergência e o desenvolvimento de interesses diversos. Ora Croce era um autor-chave para uma investigação sobre a teoria da história, ora aparecia no interior de uma pesquisa filosófica sobre o materialismo e o idealismo, ora era um importante protagonista de uma história dos intelectuais italianos.

Argumenta-se, neste capítulo, que a investigação gramsciana sobre Benedetto Croce, que culmina no *Quaderno 10*, é também parte de uma história política dos intelectuais italianos. Cotejando a leitura diacrônica dos *Quaderni del carcere* com a correspondência que seu autor manteve com Tatiana Schucht e Piero Sraffa, torna-se possível reconstruir o intrincado processo de constituição do objeto e do próprio método de pesquisa que organizou essa investigação. Ao final deste capítulo, esse método será brevemente apresentado com vistas a explicitar alguns postulados sumários de uma abordagem gramsciana da história intelectual, os quais podem orientar pesquisas futuras.

Uma história política dos intelectuais italianos

Imediatamente após o início de seu confinamento na ilha de Ustica, Antonio Gramsci preocupou-se em organizar seus estudos. Na primeira carta que enviou a sua cunhada Tatiana Schucht, datada do dia 9 de dezembro de 1926, anunciou quais eram seus planos: "Tenho lido sempre, ou quase, revistas ilustradas e jornais esportivos e estou refazendo uma biblioteca. Aqui estabeleci este programa: 1º estar bem para ficar com a saúde sempre melhor; 2º estudar as línguas alemã e russa com método e continuidade; 3º estudar economia e história".[265] As requisições de livros que fez em sua correspondência permitem acompanhar essa aventura intelectual. Nessa primeira carta, já solicitava a Tatiana um dicionário de alemão-italiano, um livro de Karl Vossler sobre a história da literatura italiana, um volume de estudos sobre o Risorgimento e outro de Raffaele Ciasca sobre o programa da unidade nacional.[266]

Dois dias depois, o prisioneiro enviou uma carta a seu amigo, o economista Piero Sraffa.[267] Nela, Gramsci relatou rapida-

---

[265] LC, p. 10.
[266] *Ibid.*, p. 11.
[267] De acordo com Giuseppe Vacca (*Vida e pensamento de Antonio Gramsci (1926-1937)* [Rio de Janeiro/Brasília: Contraponto/Fundação Astrojildo Pereira, 2012], p. 105), provavelmente a primeira carta que Sraffa enviou a seu amigo em Ustica no dia 13 de dezembro foi combinada com a direção do Partido. A partir desse momento, o economista de Cambridge passou a ser um elo entre o Partido e Gramsci. Mas é importante destacar que a iniciativa coube a Gramsci, que lhe escreveu no dia 11 de dezembro. Foi o prisioneiro quem escolheu seu interlocutor. Em uma literatura recente marcada pelo sensacionalismo, Sraffa é apresentado como um agente do Partido Comunista e da Internacional Comunista, uma *Soviet mole* [toupeira soviética] como chegou a afirmar Luciano Canfora (*Spie, URSS, antifascismo*: Gramsci, 1926-1937 [Roma: Salerno, 2012], p. 97). A acusação não era nova, muito antes Maria-Antonietta Macciocchi (*A favor de Gramsci* [2 ed. Rio de Janeiro: Paz e Terra, 1977], p. 274), em um livro hoje de pouca

mente que estava em ótimas condições de saúde e encaminhou um pedido:

> Dirijo-me a ti para que me faças a cortesia de enviar-me alguns livros. Gostaria de ter um bom tratado de economia e de finanças para estudar; um livro fundamental que poderias escolher a teu juízo. Quando te seja possível envie-me qualquer livro e revista de cultura geral que te pareça interessante para mim. Caríssimo amigo, conheces minhas condições familiares e sabes como é difícil para mim receber livros que não sejam de um amigo pessoal; creia que não teria ousado incomodar-te se não movido pela necessidade de resolver este problema do embrutecimento intelectual que me preocupa especialmente.[268]

A resposta de Sraffa veio rápida, como se pode ver pela carta que Gramsci encaminhou a sua cunhada Tatiana no dia 19 do mesmo mês, informando que "o amigo Sraffa me escreveu que abriu para mim uma conta corrente ilimitada em uma livraria de Milão".[269] Dois dias depois, o prisioneiro escreveu a seu amigo agradecendo-lhe a oferta, informando que já fizera uma primeira encomenda e contando um pouco de seus planos. Na ilha, os confinados haviam organizado uma série de cursos elementares de cultura geral. Amadeo Bordiga, que também se encontrava preso no local, era o responsável pela "sessão cien-

---

relevância, já havia se referido a Sraffa como "o homem que gozava da confiança de Togliatti, do Partido, da família de Gramsci", colocando sob suspeita sua integridade. Recentemente, Giancarlo de Vivo (*Nella bufera del novecento*: Antonio Gramsci e Piero Sraffa tra lotta politica e teoria critica [Roma Castelvecchi, 2017], p. 38-52) demonstrou de maneira muito convincente que Sraffa não agia de modo subordinado, desconfiava da direção do Partido e chegou a ocultar deste certas cartas de Gramsci.
268 LC, p. 13.
269 LC, p. 20. Ainda de acordo com Vacca (*Vida e pensamento de Antonio Gramsci (1926-1937)*, p. 105), este generoso gesto também contou com o apoio do Partido.

tífica" e Gramsci, pela "sessão histórico-literária"; "eis porque encomendei determinados livros", explicou a Sraffa.[270]

A primeira vez que Gramsci manifestou o desejo de pesquisar um conjunto limitado de temas e escrever a respeito foi em uma carta que enviou a sua cunhada Tatiana, no dia 19 de março de 1927.[271] Iniciou a carta comentando as notícias recebidas sobre sua esposa Giulia e seus filhos, Delio e Giuliano, e rapidamente passou a comentar seus interesses intelectuais na prisão. Já nessa missiva, Gramsci afirmou sua intenção de investigar a função ocupada por Benedetto Croce na vida intelectual da península, um tema sobre o qual, como ele próprio manifestou na carta, já havia se dedicado. Dentre os temas que Gramsci afirmava querer estudar destacava-se:

> [...] uma pesquisa sobre a formação do espírito público na Itália do século passado; em outras palavras, uma pesquisa sobre os intelectuais italianos, suas origens, seus reagrupamentos de acordo com as correntes da cultura, seus diversos modos de pensar etc. etc. Argumento sumamente sugestivo que eu, naturalmente, poderei apenas esboçar em grandes linhas, devido à absoluta impossibilidade de ter à disposição a imensa quantidade de materiais que seria necessária. Recordas o rapidíssimo e superficialíssimo escrito meu sobre a Itália meridional e sobre a importância de B. Croce? Bem, gostaria de desenvolver amplamente a tese que havia então esboçado, de um ponto de vista "desinteressado", "für ewig".[272]

Esta carta deve ser interpretada com cuidado. Giuseppe Vacca destacou, de modo convincente, que a carta foi redigida mais de um ano antes da condenação e oito dias antes de encaminhar ao

---

270 LC, p. 22.
271 Sobre os diferentes planos da pesquisa registrada nos *Quaderni* ver BARATTA, Giorgio. *Le rose e i quaderni:* il pensiero dialogico do Antonio Gramsci (Roma: Carocci, 2003); e FROSINI, Fabio. *Gramsci e la filosofia:* saggio sui Quaderni del cárcere (Roma: Carocci, 2003).
272 LC, p. 55.

juiz instrutor do Tribunal Militar Territorial uma petição para ter "permanentemente na sua cela, a pena, a tinta e uma centena de folhas de papel para escrever trabalhos de caráter literário".[273] É possível que a ênfase no caráter "desinteressado" e "für ewig" [para sempre] de seus interesses, bem como o elenco de temas, tivesse como intenção convencer as autoridades fascistas e o próprio Mussolini de que teria renunciado a toda atividade política. A carta portaria ainda uma mensagem cifrada, que teria como destinatário Palmiro Togliatti, naquela referência ao seu ensaio sobre a questão meridional em que uma teoria da hegemonia dos intelectuais era esboçada.[274]

Em 1926, Gramsci escreveria o ensaio *Note sul problema meridionale e sull'atteggiamento nei sui conffronti dei comunisti, dei socialsiti e dei democratici*, no qual delineara uma análise dos intelectuais como uma questão política italiana.[275] Segundo apontou naquele ensaio, a sociedade meridional era um grande bloco agrário que contava em seu vértice com os grandes proprietários rurais e os grandes intelectuais. Caberia a esses últimos as funções de centralização e dominação da vida cultural: "Giustino Fortunato e Benedetto Croce representam, por isso,

---

273 *Ibid.*, p. 814.
274 VACCA, *Modernità alternative:* il Novecento di Antonio Gramsci (Torino: Einaudi, 2017), p. 55-7.
275 O ensaio foi publicado apenas em 1930 com o título "Alcuni temi della questione meridionale" [Alguns temas da questão meridional] na revista *Lo Stato Operaio*, mantida pelo Partito Comunista d'Italia em Paris. Sobre as fontes utilizadas por Gramsci, ver GIASI, Francesco. I comunisti torinesi l'"egemonia del proletariato" nella rivoluzione italiana. Appunti sulle fonti di Alcuni temi della quitioni meridionale di Gramsci. In: D'ORSI, Angelo; CHIAROTTO, Francesca (orgs.). *Egemonie* (Napoli: Dante & Descartes, 2008); sobre as edições e interpretações do texto, ver TARASCIO, Giacomo. Gramsci e la Quistione meridionale. Genesi, edizioni, interpretazioni. *Historia Magistra: rivista di storia critica*, v. 4, n. 9, 2012, p. 56-71.

a pedra angular do sistema meridional e, em um certo sentido, são as duas maiores figuras da reação italiana".[276]

Mas Gramsci demorou para dar início à redação dos *Quaderni* por razões "técnicas", como costumava dizer, e seu projeto inicial passou por sucessivas revisões. Foi só no começo de 1929 que recebeu autorização para fazer anotações em um caderno e para receber o material necessário para tal. Enquanto isso, não deixou de estudar febrilmente e de avançar em sua pesquisa. É interessante acompanhar as encomendas que fez à livraria de Milão e as requisições a seus correspondentes, principalmente sua cunhada.

Os livros que encomendou entre dezembro de 1926 e janeiro de 1927 eram, em sua maioria, obras de literatura, história e economia. Os pedidos estão de acordo com os anúncios feitos em dezembro de dedicar-se a estudar "economia e história" e de ter se encarregado da "sessão histórico-literária". Mas em 27 de janeiro de 1927 fez uma encomenda de quatro livros de Benedetto Croce que destoou das antecedentes: *Teoria e storia dela storiografia, Storia dela storiografia italiana nel secolo decimonono, Saggio sullo Hegel e Estetica*. Aparentemente, Gramsci não recebeu alguns desses livros ou não pôde carregá-los consigo quando foi transferido de prisão, pois no dia 14 de novembro de 1927 pediu a sua cunhada que lhe enviasse mais uma vez "Benedetto Croce, *Teoria e storia della storiografia* (Laterza editore, Bari)".[277] Depois, em abril de 1928, solicitou "Benedetto Croce, *Storia d'Italia dal 1871 al 1915*";[278] e em dezembro pediu

---

276 CPC, p. 150.
277 LC, p. 132. No dia 20 de janeiro de 1927, Gramsci foi transferido da prisão em Ustica para o cárcere judiciário de Milão, onde seria processado pelo Tribunal Especial. A viagem durou dezenove dias e se tornou extenuante para o priosioneiro. Ver o relato em D'ORSI, Angelo. *Gramsci:* una nuova biografia (Milano: Feltrinelli, 2017), p. 224-5. O próprio Gramsci descreve as difíceis condições nas quais a viagem ocorreu em uma carta de 12 de fevereiro (LC, p. 41-3).
278 LC, p. 177.

alguns livros que haviam ficado no cárcere de Roma, entre eles "Ben. Croce – *La poesia di Dante* (Laterza, Bari)", "Ben. Croce – *Poesia e non poesia* (Laterza, Bari)" e "o n. de setembro da 'Critica' de Benedetto Croce".[279]

No dia 8 de fevereiro de 1929, Gramsci começou seu trabalho de redação dos *Quaderni* com uma anotação na qual elencou dezesseis temas sobre os quais pretendia trabalhar. Nesse plano, era apresentada a intenção de organizar uma investigação sobre a "Teoria da história e da historiografia". A obra de Croce era um objeto importante dessa investigação, uma área de pesquisa cujo nome remetia ao livro do filósofo italiano, *Teoria e storia della storiografia*. A insistente requisição na correspondência precedente desse livro é um sintoma de seu interesse. Tatiana provavelmente confundiu-se com os títulos e lhe enviou equivocadamente o livro *Storia della storiografia italiana nel secolo XIX*, que, como visto, Gramsci já havia requisitado à livraria de Milão, embora não seja possível afirmar que o tenha recebido. Sobre os dois livros, comentou em uma carta de dezembro de 1927:

> É verdade que, em certo sentido, os dois trabalhos se integram e seria conveniente, talvez, lê-los conjuntamente, mas do ponto de vista "carcerário" o que recebi [*Storia dela storiografia italiana nel secolo XIX*] não é o melhor. O outro [*Teoria e storia della storiografia*] contém, além de uma síntese de todo o sistema filosófico croceano, também uma verdadeira e própria revisão desse mesmo sistema e pode dar lugar a longas meditações (daí sua específica utilidade "carcerária").[280]

A "utilidade carcerária" de Croce estaria, desse modo, fortemente situada, de acordo com essa carta de 1927, no âmbito de uma pesquisa sobre a teoria da história e da historiografia. Mas a pesquisa planejada não se restringia apenas a Croce, como as

---

279 *Ibid.*, p. 227.
280 *Ibid.*, p. 140.

requisições de livros que se seguem podem ajudar comprovar. No dia 11 de março de 1929, escreveu a sua cunhada pedindo que lhe enviasse alguns livros que estavam em sua casa de Roma, dentre eles, mais uma vez, "Benedetto Croce, *Storia della storiografia italiana nel sec. XIX*", o qual, segundo afirmava "já o comprei três vezes e sempre me é roubado".[281] E no dia 25 do mesmo mês, solicitou mais três livros do filósofo – "Benedetto Croce – *Elementi di politica*", "B. Croce – *Breviario di estetica*" e, novamente, "B. Croce – *Hegel*" – que haviam ficado em Roma quando de sua prisão. Essa última requisição era acompanhada de uma síntese daqueles pontos elencados no *Primo Quaderno* na qual a intenção de investigar a respeito dos intelectuais italianos era reafirmada:

> Decidi ocupar-me preponderantemente e tomar notas sobre estes três argumentos: – 1° A história italiana no século XIX, com especial atenção à formação e ao desenvolvimento dos grupos intelectuais; – 2° A teoria da história e da historiografia; – 3° O americanismo e o fordismo. [...] Sobre a teoria da história gostaria de ter um volume francês que saiu recentemente: Boukharine – *Théorie du matérialisme historique*, Editions Sociales – Rue Valette 3, Paris (Ve) e as *Oeuvres philosophiques de Marx*, publicadas pelo ed. Alfred Costes – Paris: Tome I^e: *Contribution à la critique de la Philosophie du droit de Hegel* – Tome II: *Critique de la critique critique*, contro Bruno Bauer e consorti. – Os livros mais importantes de Benedetto Croce, a propósito, já os tenho.[282]

As recomendações de Gramsci mostram o valor que dava às ideias de Croce e o lugar que destinava a elas em suas pesquisas. Mas também revelam sua preocupação em ter ao alcance as fontes necessárias para sua investigação, o caráter minuciosamente planejado de seus estudos e sua concentração no trabalho pre-

---

281 *Ibid.*, p. 242-3.
282 *Ibid.*, p. 247-8.

viamente estipulado. A carta acima citada permite perceber as oscilações no programa de pesquisa gramsciano. Nessa segunda e sintética versão, Gramsci restringiu sua pesquisa sobre os intelectuais italianos ao século XIX, o que permite concluir que, neste caso, Benedetto Croce seria uma fonte, mas não um objeto de pesquisa, uma vez que sua atividade mais relevante como organizador da cultura teve início apenas na virada do século, com o lançamento da revista *La Critica*, em 1903. Essa restrição temporal implicava em um reenquadramento daquela pesquisa que tivera início em 1926 com a redação de *La questione meridionale*, ensaio no qual o tema dos intelectuais encontrava seu lugar no século XX.

O plano resumido nesta correspondência permite inferir que Gramsci estaria pensando em excluir Croce de sua investigação sobre os intelectuais italianos e limitar seu interesse na obra do filósofo a seus aspectos historiográficos, ou seja, apenas na medida em que ela seria uma fonte incontornável para uma pesquisa sobre a "teoria da história e da historiografia", na qual encontraria lugar sua reflexão sobre a filosofia da práxis. Mas as primeiras notas redigidas para o *Primo quaderno* revelam que esse plano de trabalho ainda não se encontrava consolidado e que o ponto de vista de Gramsci a respeito mudava à medida que a pesquisa avançava.

Benedetto Croce como um objeto de pesquisa

Os planos de pesquisa de Gramsci, embora detalhados, eram ainda provisórios e foram sendo redesenhados à medida que a investigação tinha lugar. A pesquisa do ritmo do pensamento gramsciano indica que, em sua investigação, o estudo da filosofia encontrava-se integrado com a pesquisa sobre a política e a história. As primeiras referências a Croce nos *Quaderni del carcere* são apenas ocasionais. No § 10 do *Primo quaderno*, Gramsci referiu-se ao filósofo napolitano, para afirmar que Maquiavel tomara a França como exemplo e deduzido a partir daí a necessidade de um Estado forte para a Itália por meio de uma "'comparação elíptica' como diria Croce".[283] E em seguida recorreu a *Materialismo storico e economia marxistica* para contrapor Croce à concepção de ciência de Luigi Einaudi.[284]

Nessas fugazes referências fica claro que Croce era uma fonte de pesquisa, de inspiração e uma referência incontornável para compreender a cultura italiana. Não tardaria muito, entretanto, para que aparecesse como um objeto de investigação. Mas, ao contrário do que poderia ser intuído a partir da análise da correspondência, essa primeira aparição se deu no âmbito de uma ampla pesquisa sobre a formação dos intelectuais italianos e não no interior de uma investigação sobre a teoria da história.

Os primeiros registros do desenvolvimento da pesquisa aparecem em um parágrafo intitulado "Delle università italiane" [Das universidades italianas], escrito no terceiro trimestre de 1929. Nele, Gramsci se perguntava por que as instituições acadêmicas da península não eram capazes organizar a vida intelectual nacional, ao contrário de suas congêneres em outros países.[285] Para o marxista sardo, a relação existente entre professores e alunos nas instituições italianas, nas quais o contato entre aqueles que ensinavam e os estudantes era ocasional e não orgânico, dependia exclusivamente das iniciativas individuais. O caráter episódico e espontâneo do contato entre professores e alunos nas universidades italianas dificultava o processo de formação de novos grupos intelectuais e tornava essa instituição inadequada e ineficaz perante as exigências de renovação cultural da península. Segundo Gramsci, o mérito de Croce e Gentile esteve, justamente, em vivificar essa cultura a partir de uma posição externa ao necrosado ambiente universitário italiano:

> [...] esta estrutura geral da vida universitária não cria, para a universidade, nenhuma hierarquia intelectual permanente

---

283 Q 1, § 10, p. 19.
284 *Loc. cit.*
285 *Ibid.*, § 15, p. 12.

entre os professores e a massa dos estudantes; depois da universidade, mesmo aqueles poucos laços são afrouxados, e nas cidades falta toda uma estrutura cultural que gire em torno à universidade. Isso constituiu um dos elementos da fortuna da díade Croce-Gentile antes da guerra na constituição de um grande centro de vida intelectual nacional.[286]

Se não era nas universidades que as correntes mais dinâmicas da vida cultural italiana poderiam ser encontradas, onde, então, estariam? Para Gramsci, as tendências intelectuais mais ativas e inovadoras estavam nas revistas; era por meio delas que a vida cultural e política italiana se expressava e o pensamento se organizava. Revelar as linhas principais de estruturação da vida cultural exigia dar atenção às revistas político-culturais. Gramsci já havia percebido isso e, por essa razão, naquele plano inscrito na primeira página do *Primo quaderno*, imaginou uma investigação sobre as "Revistas-tipo: teórica, crítico histórica, de cultura geral (divulgação)".

Torna-se, assim, possível compreender a tenacidade com a qual Gramsci perseguiu os argumentos avançados nas revistas que recebia na prisão, e sua insistência, na correspondência, em garantir a regularidade das assinaturas ou sua obsessão em receber uma edição específica que não havia sido enviada pela livraria. Dentre as revistas que recebia, *La Critica* possuía especial importância. Em uma nota presente no *Primo quaderno*, Gramsci apontava que a revista de Croce era: "Muito unitária, de modo que havia poucos colaboradores 'principais', ou seja, que escreviam o corpo principal de cada fascículo".[287] Era um aparelho cultural homogêneo e centralizado, uma força intelectual semelhante a um partido político. Era assim que Gramsci via *La Critica*, que tinha Benedetto Croce como seu secretário-geral. Daí a força que esse adquiriu no cenário intelectual italiano.

---

286 *Ibid.*, § 15, p. 13.
287 *Ibid.*, § 35, p. 26.

125

Essa força era destacada no importantíssimo § 43, do *Primo quaderno*, intitulado "Riviste tipo" [Revistas-tipo]. O conteúdo do parágrafo indica o caráter histórico e político de sua reflexão sobre as revistas italianas. Era a questão dos intelectuais a que se sobressaía: "Benedetto Croce e Giustino Fortunato estão à frente, no início deste século, de um movimento cultural que se contrapõe ao movimento cultural do Norte (futurismo)". Esse rapidíssimo enunciado voltaria a aparecer no § 44 ("Direzione politica di classe prima e dopo l'andata al governo" [Direção política de classe antes e depois de chegar ao governo]), uma nota na qual a questão dos intelectuais aparece associada a temas-chave da reflexão política gramsciana – a hegemonia das classes dirigentes, a revolução passiva e o transformismo. De acordo com Gramsci:

> [...] neste século, se realiza um certo bloco "intelectual" que tem à frente B. Croce e Giustino Fortunato e que se ramifica por toda a Itália; em cada pequena revista de jovens que tenham tendências liberal-democráticas e, em geral, se proponham o rejuvenescimento da cultura italiana, em todos os campos da arte, literatura, política.[288]

Os §§ 43 e 44, escritos entre o final de fevereiro e o início de março de 1930, retomam ideias esboçadas pouco antes da prisão, em sua análise do *mezzogiorno* italiano, destacando o lugar dos intelectuais meridionais na vida política nacional. Eles são um sinal de que o programa de pesquisa gramsciano adquiria contornos políticos mais precisos. Uma parte importante dos argumentos de Gramsci aqui expostos reapareceram em outros cadernos, particularmente no *Quaderno 12*, no qual retomou, justamente, a questão da formação dos intelectuais italianos, expondo de maneira sintética aquilo que enunciara como objetivo de sua pesquisa. Até esse ponto, Benedetto Croce era um capítulo da história dos intelectuais italianos, talvez o mais im-

---

288 *Ibid.*, § 44, p. 48.

portante do século XX. Mas o que interessava primeiramente a Gramsci não era o sistema filosófico croceano, e sim como o editor de *La Critica* conquistara a hegemonia no ambiente cultural italiano e o alcance desta.

Os meses de fevereiro e março de 1930 foram de intenso trabalho. Gramsci escreveu, nesses sessenta dias, quase 140 páginas em seu caderno de anotações. No § 132 do *Primo quaderno*, redigido provavelmente em meados de março, suas anotações sobre Benedetto Croce introduziram um novo tema: a atitude política que Croce assumiu perante o marxismo. De acordo com Gramsci, as novas correntes do idealismo italiano, particularmente, a gentiliana, faziam coincidir ideologia e filosofia, real e ideal, prática e teoria, degradando o pensamento estritamente filosófico tal qual apresentado na dialética croceana dos distintos, a qual sempre ressaltou a necessidade de separar essas diferentes categorias. Paradoxalmente, essa nova filosofia idealista, apesar do reacionarismo de seus expoentes, conduzia a conclusões similares às do materialismo histórico e colocava em maus lençóis o idealismo tradicional. Segundo o marxista sardo, Croce teria compreendido esse movimento e resistia com todas as suas forças às pressões da realidade histórica.

Essa resistência contra as tendências filosóficas contemporâneas teria conduzido Croce a uma cruzada contra o materialismo histórico. Segundo Gramsci,

> [...] a preocupação de Croce nasce com a guerra mundial e com sua afirmação de que essa é a "guerra do materialismo histórico". Sua posição "au dessus", em certo sentido, é já um índice de tais preocupações e um alarme (na guerra "ideologia e filosofia" entraram em uma união frenética).[289]

A conclusão do marxista sardo já desenhava um novo programa de pesquisa no qual o pensamento de Benedetto Croce se

---

289 *Ibid.*, § 132, p. 119-20.

tornaria o objeto principal: "Por isso o estudo de seus escritos de [19]19 até hoje é de grande valor".[290]

A passagem acima foi escrita em março de 1930. Poucos meses depois, em maio do mesmo ano, Antonio Gramsci iniciou a redação do *Quaderno 4* com uma nova seção, denominada "Appunti di filosofia. Materialismo e idealismo. Prima serie" [Notas sobre filosofia. Materialismo e idealismo. Primeira série]. O título registra a intenção de um estudo sistemático sobre a filosofia, que não se encontrava previsto nos sumários anteriormente redigidos, e uma nova ênfase que não fora indicada antes em lugar algum sobre as controvérsias entre as concepções filosóficas materialista e idealista. O título foi repetido de modo idêntico em uma "Seconda serie", presente no *Quaderno 7*, e em uma "Terza serie", no *Quaderno 8*.

Fabio Frosini afirmou que com os "Appunti di filosofia" Gramsci inaugurou um programa de pesquisa *teórico* sobre o materialismo histórico no qual a centralidade de Croce se justifica pela sua importância. Ao contrário da pesquisa anterior, inscrita no ensaio sobre a questão meridional, dessa vez seriam investigados os pressupostos filosóficos que tornariam possível o surgimento e a consolidação dessa figura intelectual.[291] Ao acompanhar a evolução da pesquisa gramsciana, pode-se perceber que esse programa de pesquisa eminentemente teórico integrava de maneira criativa as dimensões filosófica, histórica e política.

Uma história da cultura moderna

O § 1 do *Quaderno 4*, localizado nos "Appunti di filosofia", sintetiza o método com que Gramsci pretendia, inicialmente, organizar sua pesquisa teórica. A preocupação maior de Gramsci estava na dificuldade apresentada por "autores-pensadores" que

---

290 *Ibid.*, § 132, p. 119.
291 FROSINI, Gramsci e la filosofia, p.43-4.

não expuseram de modo sistemático uma concepção de mundo e na qual essa, pelo contrário, foi apresentada de modo disperso e fragmentário em um grande número de obras de qualidade diversa. Essa situação adversa poderia ser considerada a mais comum quando "se trata de uma personalidade na qual a atividade teórica e a atividade prática são entrelaçadas indissoluvelmente, de um intelecto, portanto, em contínua criação e em perpétuo movimento".[292]

Neste caso seria fundamental distinguir as obras "que ele [o autor] conduziu até sua conclusão e publicou, daquelas inéditas, porque não concluídas". E no caso de Marx, porque era esse o autor do qual falava, também seria importante distinguir "obras publicadas sobre a responsabilidade direta do autor" daquelas "não publicadas sob a responsabilidade direta do autor". Recomendava ainda cautela no estudo dos materiais preparatórios das obras publicadas, bem como do epistolário.[293] Toda a ênfase de Gramsci estava posta no desvelamento do "ritmo do pensamento", no *leitmotiv* de um autor. O risco maior estaria em confundir o processo de investigação com seu resultado, confundir as fontes mobilizadas durante a pesquisa com a concepção de mundo resultante. Segundo o marxista sardo:

> É necessário seguir, acima de tudo, o processo de desenvolvimento intelectual do pensador, para reconstruí-lo segundo os elementos que se tornaram estáveis e permanentes, isto é, que foram realmente assumidos pelo autor como pensamento próprio, diferente e superior ao "material" precedentemente estudado e pelo qual ele pode ter tido, em certo momento, simpatia, ou mesmo tê-lo aceito provisoriamente, utilizando-o para seu trabalho crítico ou de reconstrução histórica ou científica.[294]

---

292 Q 4, § 1, p. 419.
293 *Ibid.*, § 1, p. 419-20.
294 *Ibid.*, § 1, p. 419.

Para avançar na pesquisa, Gramsci propôs duas tarefas: "1º biografia, muito minuciosa com [2º] exposição de todas as obras, até mesmo as mais depreciadas, em ordem cronológica, divididas segundo os vários períodos: de formação intelectual, de maturidade, de posse e aplicação serena do novo modo de pensar". Mas essas tarefas não seriam senão os primeiros passos da pesquisa, elas permitiriam criar as ferramentas necessárias para a investigação, mas não seriam o ponto de chegada da investigação. Segundo Gramsci, elas seriam "o fundamento do trabalho" de investigação.[295]

Esse parágrafo esboçava um método para o estudo sistemático da obra de Marx, que também poderia ser útil para a pesquisa sobre as ideias de Benedetto Croce. Mas Gramsci, paralelamente a esse esboço, apresentou no § 3 daqueles "Apuntti di filosofia" outro programa de investigação sobre a difusão e apropriação do marxismo no mundo contemporâneo. De acordo com o sardo, o marxismo se transformara em um momento da cultura moderna, determinando e fecundando outras correntes intelectuais. Um fenômeno por ele denominado de "dupla revisão" e "dupla combinação" tivera lugar no final do século XIX e início do século XX. Por um lado

> [...] alguns elementos seus, explícita ou implicitamente, têm sido absorvidos por algumas correntes idealistas (Croce, Sorel, Bergson etc., os pragmatistas etc.); por outro os marxistas "oficiais", preocupados em encontrar uma "filosofia" que contivesse o marxismo, encontraram-na nas derivações modernas do materialismo filosófico vulgar ou ainda em correntes idealistas como o kantismo (Max Adler).[296]

A questão que organizava a investigação de Gramsci era, assim, por que "o marxismo teve essa sorte, de aparecer assimilável, em alguns de seus elementos, tanto aos idealistas como aos

---

[295] *Loc. cit.*
[296] *Ibid.*, § 3, p. 421-2.

materialistas vulgares?". Para responder essa pergunta, considerava que seria necessário fazer "*a história da cultura moderna depois de Marx e Engels*".²⁹⁷

Essa investigação sobre a história da cultura moderna se desenvolveu nos "Appunti di filosofia" do *Quaderno 4* em três planos diferentes, mas sobrepostos:

1. uma investigação sobre os problemas atuais do marxismo registrada em notas como "§ [7]. Le superstrutture e la scienza" [A superestrutura e a ciência]; "§ [8]. Machiavelli e Marx"; "§ [10]. Marx e Machiavelli"; "§ [11]. Problemi fondamentali del marxismo" [Problemas fundamentais do marxismo]; "§ [12]. Struttura e superstruttura" [Estrutura e superestrututra] etc.

2. uma investigação sobre a revisão materialista do marxismo, cuja expressão maior seria o *Saggio popolare* de Nicolai Bukharin, que encontra sua sede em notas como "§ [13]. Note e osservazioni critiche sul 'Saggio popolare'" [Nota e observações críticas sobre o *Saggio popolare*]; "§ [16]. La teleologia nel 'Saggio popolare'" [A teleologia no *Saggio popolare*]; "§ [17]. L'immanenza e il 'Saggio popolare'" [A imanência e o "Ensaio popular"]; "§ [19]. Lo 'strumento tecnico' nel 'Saggio popolare'" [O "instrumento técnico" no *Saggio popolare*] etc.

3. uma investigação sobre a revisão idealista do marxismo, cujo expoente era Benedetto Croce, organizada em notas em sua maioria intituladas "Croce e Marx" (cf. §§ 15, 20 e 22).

O objetivo dessas pesquisas não era exclusivamente a exposição da teoria-pensamento de um autor, mas também o lugar que esse poderia ocupar no interior de uma corrente intelectual e política. Gramsci de fato oscilava entre o estudo da obra de um "autor-pensador" e a pesquisa a respeito do desenvolvimento das correntes intelectuais às quais uma obra individual encontrava-se associada. Os dois pontos dessa oscilação podem ser considerados complementares. Assim, por exemplo, a investigação sobre o *Saggio popolare* de Bukharin pareceria ser exclu-

---

297 *Ibid.*, § 3, p. 422, grifos nossos.

sivamente parte daquela pesquisa sobre a teoria da história e da historiografia, muito cedo anunciada pelo marxista sardo. A atenção ao pensamento de Bukharin restringiu-se quase exclusivamente a esse livro, não havia esforço algum em estabelecer uma periodização da obra desse autor ou de reconstruir detalhadamente sua biografia. Ou seja, faltava a essa pesquisa aquilo que o próprio Gramsci considerava ser "o fundamento do trabalho". Mas à medida que essa obra era conectada a uma corrente, a do marxismo "oficial", cujo desenvolvimento era apresentado em termos históricos, percebe-se que era o objeto de um estudo de caso, parte de uma pesquisa mais abrangente.

O caráter histórico da pesquisa fica mais evidente, entretanto, naquela investigação sobre o pensamento de Benedetto Croce. O objetivo de Gramsci era revelar o ritmo do pensamento do filósofo italiano e estabelecer uma periodização de suas diferentes fases. No § 15 desses "Appunti di filosofia", essa periodização foi estabelecida da seguinte maneira:

> § 15. Croce e Marx. Os acenos que Croce faz a Marx devem ser estudados nos diversos períodos de sua atividade de estudioso e de homem prático. Ele se avizinha de Marx quando era jovem, quando deseja que "as tendências democráticas" entrem em acordo [...]. Se afasta nos períodos de democracia até [19]14. Retorna durante a guerra (cf. especialmente o prefácio de 1917 a *Materialismo storico ed economia marxistica*; e cf. seu juízo, referido por De Ruggiero, de que a guerra era a guerra do materialismo histórico), mas se afasta no primeiro e, particularmente, no segundo pós-guerra, quando uma grande parte de sua atividade crítico-prática tem o objetivo de minar o materialismo histórico, porque sente e prevê que ele vai se reafirmar com vigor extremo após a embriaguez das abstrações pomposas das filosofias oficiais, mas especialmente como consequência das condições práticas e do intervencionismo estatal.[298]

---

298 *Ibid.*, § 15, p. 436.

Embora Gramsci encontrasse os diferentes momentos da relação de Croce com o marxismo no interior da obra do filósofo napolitano, procurava estabelecer o nexo entre esses diversos momentos e a política da época. A evolução (ou mesmo involução) do pensamento croceano, o seu ritmo de desenvolvimento, como dizia Gramsci no § 1 do *Quaderno 4*, deveria ser encontrada no nexo entre filosofia, história e política.

A perspectiva abrangente dessa pesquisa foi exposta no § 24 do mesmo caderno. Discutindo a respeito do historicismo na cultura europeia, Gramsci avançou a tese de que o período de restauração, que teve início após a derrota dos jacobinos na França, elaborou o historicismo sobre duas linhas: uma que correspondia "à realidade efetiva", recordando uma fórmula de Maquiavel, e outra que se desenvolvia "ideologicamente". Na primeira dessas linhas, o historicismo era um programa "civil" que reconhecia o predomínio da grande burguesia. Na segunda delas, esse movimento intelectual corresponderia a uma "filosofia política" que justificava esse predomínio.

Para compreender o historicismo não bastaria estudar uma de suas linhas. Também não seria possível reduzir essa corrente a um movimento exclusivamente filosófico ou historiográfico. Para Gramsci: "É necessário estudar todas estas correntes de pensamento em suas manifestações concretas: 1) como correntes filosóficas, 2) como correntes historiográficas, 3) como correntes políticas."[299] O estudo deveria ser integral. Gramsci esboçou nesse parágrafo uma questão metodológica que se tornaria crucial em sua crítica a Croce: a unidade entre filosofia, história e política. Apenas concebendo de maneira unitária as manifestações filosóficas, históricas e políticas de uma corrente de pensamento, seria possível uma história integral da cultura moderna. Mas faltava ainda desenvolver esse método.

---

299 *Ibid.*, § 24, p. 43.

Piero Sraffa, o interlocutor oculto

No dia 3 de julho de 1931, o prisioneiro de Mussolini deu sinais de cansaço e de dúvidas a respeito de sua capacidade de levar a cabo a investigação planejada:

> Pode-se dizer que agora eu já não tenho um verdadeiro programa de estudos e trabalho, e é claro isso tinha que acontecer. Eu havia me proposto a refletir sobre uma determinada série de questões, mas deveria ocorrer que, em algum momento, essas reflexões deveriam passar à fase de documentação e, em seguida, a uma fase de trabalho e elaboração que exige grandes bibliotecas.[300]

No mesmo dia em que redigiu essa carta, Gramsci teve uma crise hemorrágica que prenunciou o agravamento de suas condições de saúde.[301] Poucos dias depois, Piero Sraffa leu essa carta, endereçada originalmente a Tatiana Schucht, mas sem saber das novas condições de saúde de Gramsci. Imediatamente, o economista entrou em contato com Tatiana reclamando a respeito das vacilações de seu amigo: "certo, para fazer uma história *perfeita* dos intelectuais é necessário voltar ao Império romano, e para isso é necessário ter à disposição uma grande biblioteca; mas por que não fazê-la, no momento, imperfeita? E depois aperfeiçoá-la quando tiver a liberdade e o acesso às bibliotecas".[302] Essa carta de Sraffa foi transcrita de modo quase literal por Tatiana e enviada a Gramsci no dia 28 de agosto.[303]

---

300 LC, p. 439.
301 A crise foi narrada por Gramsci em sua carta do dia 17 de agosto de 1931 (cf. *ibid.*, p. 442-6).
302 SRAFFA, Piero. *Lettere a Tania per Gramsci*: introduzione e cura di Valentino Gerratana (Roma: Rinuiti, 1991), p. 23, grifos do original.
303 Cf. GRAMSCI, Antonio; SCHUCHT, Tatiana. *Lettere (1926-1935)*: a cura di Aldo Natoli e Chiara Daniele (Torino: Einaudi, 1997), p. 776-8.

Em sua resposta de 7 de setembro à carta de Tatiana e Sraffa, Gramsci procurou tranquilizá-los com relação a sua saúde e comprometeu-se a enviar os resultados preliminares de sua pesquisa sobre os intelectuais: "se tiver vontade e me permitirem as autoridades superiores, farei um prospecto da matéria que não deverá ter menos de cinquenta páginas e lhe enviarei".[304] A partir de então, Sraffa passou a pedir, sempre por intermédio de Tatiana, que Gramsci escrevesse o prometido resumo do trabalho sobre os intelectuais.[305] A própria Tatiana cobrou de seu cunhado a redação desse trabalho em uma carta de fevereiro de 1932: "deverias meter-te a escrever o esquema (não menos de cinquenta páginas!) de tua história dos intelectuais italianos. E se cinquenta páginas são muitas, começa a mandar uma primeira remessa de dez páginas".[306] Gramsci respondeu essa cobrança no dia 22 de fevereiro, apontando as dificuldades que encontrava, mas ao mesmo tempo assinalando que pretendia reorganizar seu trabalho em um conjunto de novos cadernos:

> Para aquilo que diz respeito às anotações que escrevi sobre os intelectuais italianos, não sei exatamente de que lado começar; elas estão esparsas em uma série de cadernos, misturadas com várias outras notas e deveria primeiramente colocá-las juntas para ordená-las. Este trabalho me custa muito, porque tenho frequentemente as enxaquecas que não me permitem a concentração necessária, também porque a coisa é, do ponto de vista prático, muito cansativa por causa da maneira e das condições nas quais é preciso trabalhar. Se puder, mande-me cadernos, mas não como aqueles que enviou há algum tempo, que são incômodos e muito grandes; deverias escolher os cadernos de formato normal como aqueles escolares, e com não muitas páginas, no máximo quarenta-cinquenta, de modo que não se transformem, necessariamente, em calhamaços misce-

---

304 LC, p. 457.
305 Conforme as cartas de 3 de outubro de 1931 e 27 de dezembro de 1931 (SRAFFA, *Lettere a Tania per Gramsci*, p. 36 e 43).
306 GRAMSCI; SCHUCHT, *Lettere (1926-1935)*, p. 925.

lâneos sempre mais confusos. Gostaria de ter estes cadernos pequenos precisamente pare reordenar estas notas, dividindo-as por argumento e assim sistematizando-as; isso me fará passar o tempo e me será útil pessoalmente para atingir uma certa ordem intelectual.[307]

Este reordenamento das notas encontrou seu lugar nos chamados *quaderni speciali*, que reúnem o ponto mais avançado da elaboração gramsciana e nos quais a pesquisa sobre Benedetto Croce foi reorganizada. Percebendo uma nova fase no trabalho de pesquisa de seu amigo, Sraffa pediu a Tatiana que lhe propusesse escrever uma resenha sobre a *Storia d'Europa nel secolo decimonono*, de Benedetto Croce, publicada no início de 1932. Tatiana enviou uma carta a Gramsci no dia 12 de abril, propondo-lhe a resenha: "Receberás dentro de pouco um livro de Croce, *La Storia d'Europa*. Deverias fazer uma resenha, porque me interessa muito e tuas observações poderiam ser muito úteis para meu trabalho".[308] Sraffa, que não sabia dessa carta, reforçou a Tatiana no dia 21 de abril: "Quando escrever para Nino, você deveria insistir para que encaminhe, por carta, uma espécie de resenha do livro de Croce".[309]

Gramsci pôs-se a trabalhar imediatamente, antes mesmo de receber o livro.[310] Em uma carta do dia 18 de abril, enviada a Tatiana, procurou fixar alguns pontos que considerava úteis "para fazer a pesquisa". A primeira questão a ser respondida, segundo o sardo, era esta: "quais são os interesses culturais hoje dominantes na atividade literária e filosófica de Croce, se esses

---

307 LC, p. 535-6.
308 GRAMSCI; SCHUCHT, *Lettere (1926-1935)*, p. 972.
309 SRAFFA, Lettere a Tania per Gramsci, p. 58.
310 As autoridades prisionais demoraram para entregar-lhe o livro *Storia d'Europa*. Gramsci, entretanto, já havia lido os três primeiros capítulos deste, os quais consistiam em uma conferência que Benedetto Croce pronunciara em 1931 na Accademia di Scienze Morali e Politiche della Società Reale di Napoli.

são de caráter imediato e de envergadura mais geral e referentes a exigências mais profundas, que não aquelas nascidas das paixões do momento".[311] A resposta a essa pergunta não era ambígua. Segundo Gramsci, a atividade literária e filosófica de Croce adquirira um novo sentido com a guerra mundial.[312] A partir desse evento trágico, o empreendimento intelectual do filósofo napolitano estaria voltado a encontrar as possibilidades de soluções mediadas e de compromisso entre as várias forças históricas em conflito: "Croce vê sempre no momento da paz o momento da guerra, e no momento da guerra o da paz, e volta sua atividade para impedir que seja destruída toda possibilidade de mediação e compromisso entre os dois momentos".[313]

Se a primeira questão dizia respeito ao programa político-intelectual de Croce, a segunda dizia respeito ao lugar por ele ocupado "no campo da cultura mundial". O filósofo napolitano deveria ser considerado um líder do revisionismo, uma posição da qual ele próprio era consciente. Sua influência sobre Georges Sorel e Eduard Bernstein teria sido decisiva para o desenvolvimento de uma corrente revisionista europeia. Essa atividade revisionista teria adquirido uma nova dimensão com "a elaboração de sua teoria da história como história ético-política (e isto é quase toda sua atividade de pensador nos últimos vinte anos)".[314]

Gramsci acrescentaria uma questão adicional para a investigação em uma carta de 25 de abril. Nessa missiva, considerava necessário refletir sobre a grande difusão da obra de Croce. Uma das razões principais dessa fortuna era o estilo com o qual ele escrevia, que lhe permitia: "fazer circular de modo não pedante sua concepção de mundo em uma série de breves escritos nos quais sua filosofia se apresenta imediatamente e é absorvi-

---

311 LC, p. 560.
312 Como visto, já no *Primo quaderno* Gramsci havia anotado que o pensamento de Benedetto Croce sofrera uma inflexão com a guerra.
313 *Ibid.*, p. 561.
314 *Ibid.*, p. 571.

137

da como bom senso ou senso comum".[315] A própria questão da força hegemônica do pensamento croceano era posta por essa questão de pesquisa, que propunha inquirir a respeito de sua capacidade de difusão e da direção que exercia sobre grupos mais amplos de intelectuais, localizados nas universidades, nas escolas, nos jornais e nas revistas.

Embora trabalhasse intensamente em sua pesquisa sobre Benedetto Croce, ainda tinha dúvidas se conseguiria terminar o prometido ensaio sobre os intelectuais italianos.[316] A sequência de sua investigação sobre Croce está registrada na carta a Tatiana datada de 2 de maio, na qual retomou a questão referente à intenção revisionista do empreendimento filosófico e historiográfico croceano, destacando dessa vez que "esse trabalho de pensamento nestes últimos vinte anos está guiado pela finalidade de completar a revisão com vistas a torná-la uma liquidação" do marxismo.[317]

Essa nova ênfase foi percebida por Sraffa, que por meio de Tatiana acompanhava a reflexão de Gramsci a respeito de Croce e procurava fornecer-lhe novas informações e ideias para a pesquisa. Em uma carta a Tatiana de 30 de abril, o economista narrou ter encontrado um amigo de Croce que teria lhe dito que o filósofo abruzês estava convencido de que o "materialismo histórico não tem nenhum valor, nem como cânone prático de interpretação".[318] Gramsci reagiu no dia 9 de maio a essa provocação intelectual expondo sua interpretação sobre a história ético-política de Croce, a qual suprimia na análise "o momento

---

315 *Ibid.*, p. 565.
316 Em 2 de maio de 1932, escreveu a Tatiana: "Não sei se mandarei o esquema que tinha prometido sobre os 'intelectuais italianos'. O ponto de vista a partir do qual observo a questão muda às vezes, e talvez seja ainda cedo para resumi-lo e sintetizá-lo" (*ibid.*, p. 567).
317 *Ibid.*, p. 568.
318 SRAFFA, *Lettere a Tania per Gramsci*, p. 62. Tatiana transmitiu a Gramsci o conteúdo dessa conversa em uma carta de 5 de maio de 1932 (GRAMSCI; SCHUCHT, *Lettere (1926-1935)*, p. 996).

da força e da luta".[319] Essa supressão teria uma motivação fundamentalmente prática e um maquiavelismo que levaria Croce a mudar de lado de acordo com as circunstâncias:

> Croce vive a tese e a antítese do processo histórico e insiste em uma ou outra por "razões práticas", porque no presente vê o futuro e dele se preocupa tanto quanto do presente. A cada um a sua parte: aos sacerdotes aquela de salvaguardar o amanhã. No fundo há uma bela dose de cinismo moral nesta concepção "ético-política"; é a forma atual do maquiavelismo.[320]

Sem saber da resposta de Gramsci nessa carta, Sraffa voltou a tocar no tema em uma carta de 16 de maio de 1932 na qual pediu que Gramsci desenvolvesse melhor sua visão a respeito da relação de Croce com o marxismo:

> Poderias pedir a Nino que trace com precisão o desenvolvimento da posição de Croce com relação à concepção materialista da história e que explique um pouco as razões da mais recente fase, de absoluta e completa oposição, como aparece em sua *Storia d'Italia* e *Storia d'Europa*. Como se vincula esta última mudança com a mudança geral de Croce depois de sua ruptura com Gentile? Seria exato dizer que ele é constrangido a refugiar-se na "religião da liberdade" e fantasias similares para esconder o fato de que ele e seus amigos perderam o terreno sob seus pés, sem esperança de reencontrá-lo?[321]

Tatiana transcreveu para seu cunhado de modo literal essas perguntas em uma carta de 30 de maio de 1932. Gramsci respondeu no dia 6 de junho, demonstrando um pouco de irritação com as perguntas, afirmando não entender a importância delas e dizendo que já as havia respondido nas cartas precedentes. Ainda assim procurou escrever sobre aquilo o que ainda

---

319 LC, p. 571.
320 *Ibid.*, p. 573.
321 SRAFFA, *Lettere a Tania per Gramsci*, p. 66.

não refletira na correspondência anterior. A questão de fundo continuava a ser o lugar de Croce na cultura italiana. Gramsci questionou a ideia de que Croce tivesse perdido "o terreno sobre seus pés e se encontrava isolado": "você talvez exagere a posição de Croce no momento presente, considerando-o mais isolado do que está".[322]

Como demonstrou Frosini, essa carta rompe um padrão de escrita previamente estabelecido e rigorosamente seguido pelo prisioneiro. Para escapar à censura, Gramsci evitava referir-se a temas diretamente políticos em sua correspondência, que era sempre submetida ao olhar atento das autoridades carcerárias, podendo acarretar confisco e sanções disciplinares. Outros eram os cuidados tomados com a redação dos *Quaderni*, os quais não eram controlados sistematicamente, razão pela qual Gramsci julgava ter um pouco mais de liberdade para sua escrita.

O marxista sardo argumentava nessa missiva que Croce, longe de encontrar-se sozinho, penetrara na própria cultura do fascismo italiano, e suas ideias eram divulgadas em revistas como *Politica*, dirigida pelos fascistas Francesco Coppola e Alfredo Rocco. Para certos dirigentes fascistas, as ideias do filósofo napolitano eram de grande utilidade para a educação dos novos grupos dirigentes que haviam surgido depois da guerra. O processo de conformação dos grupos dirigentes italianos desde 1815 tinha ocorrido por meio da constante absorção das forças políticas de oposição nascidas no interior dos movimentos de massa. Esse processo, conhecido como "transformismo" e já tratado por Gramsci no *Primo quaderno*, assumira uma importante conformação depois da guerra, quando o esgotamento das velhas classes dominantes se tornara evidente e novos grupos sociais pressionavam para ingressar na vida política. As ideais de Croce revelaram-se funcionais para esse processo, elas constituíam a própria filosofia e historiografia do transformismo político. Segundo Gramsci:

---

[322] LC, p. 583.

Colocada em uma perspectiva histórica, da história italiana, naturalmente, a operosidade de Croce aparece como a máquina mais potente para "conformar" as forças novas a seus interesses vitais (não apenas imediatos, mas também futuros) que o grupo dominante hoje possui e que, creio, justamente deseje, apesar de toda aparência superficial.[323]

Era, pois, da relação entre Croce e o fascismo e do processo de conformação de uma nova hegemonia burguesa que Gramsci julgava urgente escrever, e por essa razão rompeu a regra de autocensura previamente estabelecida, abandonando as cautelas usuais.[324] É provável que tivesse percebido sinais de recrudescimento da censura e, por essa razão, julgado necessário um último e arrojado movimento. De fato, Sraffa escreveu ainda uma carta no dia 21 de junho de 1932 solicitando alguns esclarecimentos pontuais a respeito do argumento de Gramsci, os quais foram transmitidos por Tatiana em uma correspondência de 5 de julho.[325] Esse intercâmbio intelectual por intermédio de Tatiana foi, entretanto, suspenso devido às limitações impostas pelas autoridades prisionais, que restringiram ainda mais a correspondência dos presos, e pelo simultâneo agravamento das condições de saúde de Gramsci.[326]

---

323 *Ibid.*, p. 584.
324 O caráter propriamente político dessa correspondência é analisado minuciosamente por Frosini (Sulle "spie" dei "Quaderni del carcere". *International Gramsci Journal*, v. 1, n. 4, 2015, p. 43-65).
325 GRAMSCI; SCHUCHT, *Lettere (1926-1935)*, p. 1041-2; SRAFFA, *Lettere a Tania per Gramsci*, p. 72-3.
326 Gramsci alertou Tatiana a respeito do conteúdo das cartas em uma correspondência do dia 12 de julho de 1932: "Acho útil, por isso, insistir mais uma vez advertindo-te: [...] Que nas tuas cartas seria bom que não me falasses de nada além das coisas familiares, da maneira mais clara e perspícua possível" (LC, p. 594). Ver a esse respeito VACCA, *Vida e pensamento de Antonio Gramsci (1926-1937)*, p. 289-90. E no dia 18 de julho, informou a Tatiana a respeito de suas condições de saúde, as quais afetavam seu trabalho intelectual: "há cerca de um mês não estou muito bem. De todo modo me tornei incapaz de qualquer

Filosofia, história e política

Essa troca de correspondência com a sugestão de uma resenha sobre a obra de Benedetto Croce coincidiu perfeitamente com a redação de um importante conjunto de notas sobre Croce nos "Appunti di filosofia. Materialismo e idealismo. Terza serie", localizados no *Quaderno 8* (§§ 225, 227, 233, 236 e 240) e com o início da redação do *Quaderno 10*, dedicado à filosofia de Benedetto Croce. Gianni Francioni apresenta a hipótese de que Gramsci tenha usado as notas do *Quaderno 8* como um rascunho para as cartas que escreveu atendendo à solicitação de uma resenha e que, imediatamente depois, tenha desenvolvido as ideias contidas na correspondência no conjunto de notas que abrem a segunda seção do *Quaderno 10*.[327]

As notas presentes no *Quaderno 10/II* reúnem a reflexão mais elaborada de Gramsci a respeito de Croce. Nesse caderno, iniciou uma série de notas sobre o filósofo napolitano estabelecendo alguns critérios gerais metodológicos para sua crítica. Esses critérios são muito úteis não apenas para esclarecer os

---

forma de concentração intelectual, mesmo aquela mínima necessária para escrever uma carta" (LC, p. 595).
327 FRANCIONI, Gianni. *L'Officina gramsciana:* ipottesi sulla sttrutura dei "Quaderni del carcere" (Napoli: Bibliopolis, 1984), p. 103-4. As cartas que Gramsci escreveu sobre o tema são dos dias 18 e 25 de abril, 2 e 9 de maio. Elas correspondem aos §§ 225, 227, 233 e 236 escritos quase simultaneamente no *Quaderno 8* e depois reescritos na seção "Punti di riferimento per un Saggio su B. Croce", que constituem as últimas dez páginas do *Quaderno 10*. Sobre a composição dos cadernos 8 e 10 ver também FRANCIONI, Nota introdutiva al *Quaderno 8* (1930-1932). In: GRAMSCI, Antonio. *Quaderni del carcere:* edizione anastatica dei manoscritti. Roma/Cagliari: Istituto della Enciclopedia Italiana/L'Unione Sarda, 2009. p. 1-23); e FROSINI, Nota introdutiva al *Quaderno 10* (1932). In: GRAMSCI, Antonio. *Quaderni del carcere:* edizione anastatica dei manoscritti (Roma/Cagliari: Istituto della Enciclopedia Italiana/L'Unione Sarda, 2009. p. 1-8).

propósitos da investigação, mas também para evidenciar o método de pesquisa gramsciano, resumido em quatro pontos:

> 1) Não procurar em Croce um "problema filosófico geral", mas ver em sua filosofia aquele problema ou aquela série de problemas que mais lhe interessam no momento dado, que são, isto é, mais aderentes à vida atual e são como seu reflexo [...]
>
> 2) É necessário estudar atentamente os escritos "menores" de Croce, isto é, além de suas obras sistemáticas e orgânicas, as coletâneas de artigos, de anotações, de pequenas memórias que têm uma ligação maior e mais evidente com a vida, com o movimento histórico concreto.
>
> 3) É necessário estabelecer uma "biografia filosófica" de Croce, isto é, identificar as diversas expressões assumidas pelo pensamento de Croce, a diversa colocação e resolução de certos problemas, os novos problemas que surgem de seu trabalho e se impõem a sua atenção [...].
>
> 4) Críticos de Croce: positivistas, neoescolásticos, idealistas atualistas. Objeções destes críticos.[328]

É interessante comparar essa nota com aquele § 1 do *Quaderno 4*, já referido anteriormente. Ao contrário daquele primeiro parágrafo, Gramsci se mostrava no *Quaderno 10* menos dedicado aos aspectos "tornados estáveis e permanentes" e mais atraído pelo próprio ritmo do pensamento. Ou seja, reencontrar esse ritmo deixava de ser um meio para revelar um "problema filosófico geral" e passava a ser a razão da própria pesquisa. Pois era nesse ritmo que a filosofia se conectava com a vida prática. Era por meio dele que a política e a história impregnavam o pensamento de um autor "como seu reflexo".

---

328 Q 10/II, p. 1239. Embora estas notas ocupem a segunda parte do *Quaderno 10* elas foram redigidas previamente à primeira parte, conforme foi estabelecido por Francioni (Nota introdutiva al *Quaderno 8*).

Por essa razão, os escritos filosóficos menores, os mesmos que haviam sido desvalorizados naquela nota do *Quaderno 4*, ganhavam uma nova importância no *Quaderno 10*. As "coletâneas de artigos, de anotações, de pequenas memórias" registrariam o movimento do pensamento de um autor e a maneira pela qual esse enfrentaria filosoficamente os problemas políticos do cotidiano e "o movimento histórico concreto". Uma revalorização desses escritos menores permitiria construir a "biografia filosófica" de um autor, particularmente de Croce, mapeando as diversas soluções dadas a certos problemas e os novos problemas que teriam sido colocados pelo desenvolvimento de seu trabalho de investigação.

Por último, Gramsci chamou a atenção de que não era possível reconstruir essa biografia filosófica e nem mesmo o ritmo do pensamento de um autor sem estudar, ao mesmo tempo, as críticas que ele recebeu em seu tempo e as respostas que formulou a essas críticas. Para compreender o movimento do pensamento, seria necessário reestabelecer o diálogo crítico de um autor com seus contemporâneos. O resultado da investigação não poderia deixar de ser, desse modo, um amplo afresco do ambiente cultural e político de sua época.

O pressuposto teórico a esse método pode ser encontrado poucas páginas adiante no § 2 do *Quaderno 10/II*, no qual era anunciada a identidade entre filosofia, história e política. Trata-se de uma nota que não se encontrava precedentemente nos cadernos miscelâneos e que foi redigida especialmente para esse estudo sobre Benedetto Croce, presente no primeiro dos cadernos especiais. Gramsci afirmou, nesse parágrafo, que a identidade entre história e filosofia posta pelo filósofo napolitano era "imanente no materialismo histórico" e se perguntava se Croce não teria encontrado essa identidade na obra de Antonio Labriola.

Mas embora esse postulado croceano fosse dos mais ricos para o desenvolvimento da filosofia da práxis, ele se estaria incompleto. Segundo Gramsci, "1) essa [a identidade entre filosofia e história] é mutilada se não atinge também a identidade de história e de política [...] e, 2) também a identidade de política e de filosofia".³²⁹ A afirmação da identidade entre filosofia, história e política permitia redesenhar cada um desses conceitos, abolindo as fronteiras estabelecidas pelo sistema croceano.

Os impasses desse sistema ficavam claros na *Storia d'Europa*. Separando, por meio da dialética dos distintos, a realidade em movimento do conceito de realidade, seu autor teria produzido "uma história formal, uma história dos conceitos e, em última análise, uma história dos intelectuais; aliás, uma história autobiográfica do pensamento de Croce, uma história de presunçosos".³³⁰ A historiografia croceana investigava o processo por meio do qual ideias geravam autonomamente ideias. Esse viés fortemente idealista poderia ser, entretanto, superado ao se conceber a historiografia como um ato político:

> Se o político é um historiador (não apenas no sentido de que faz a história, mas também no de que, atuando no presente, interpreta o passado) o historiador é um político; e nesse sentido (que de resto aparece também em Croce), a história é sempre história contemporânea, isto é, política.³³¹

Esse postulado permite compreender as observações metodológicas presentes no início do *Quaderno 10/II*. Gramsci estava interessado em estudar o pensamento de um autor de grande importância no contexto cultural de sua época e considerava que este havia se preocupado também dos problemas políticos contemporâneos, ou seja, que sua filosofia expressava esses problemas. Mas a busca desses problemas políticos, e a reconstrução do contexto histórico no qual eles tiveram lugar, deveria nascer da própria obra que se estudava e na relação desta com os acontecimentos de seu presente e com o conjunto de obras que conformam aquele presente intelectual.

---

329 Q 10/II, § 12, p. 1241.
330 *Ibid.*, § 11, p. 1241.
331 *Ibid.*, § 12, p. 1242.

Gramsci não estava interessado em revelar as motivações contingentes da reflexão croceana, nem considerava esta um mero epifenômeno ou uma resposta mecânica dos conflitos próprios do mundo contemporâneo. A questão que procurava investigar dizia respeito à participação de Croce nesses conflitos, por meio de sua filosofia e sua historiografia, ou seja, procurava revelar o caráter político destas. Por isso a importância de ir além das grandes obras e de reconstruir essa participação nos debates na imprensa, na correspondência privada, nas resenhas e escritos de ocasião, explorando uma literatura "menor" em seu alcance e em suas intenções originais, mas ainda assim extremamente significativa para uma história política dos intelectuais.

À ideia, já presente em Croce, de que história e filosofia mantinham entre si uma relação de unidade e distinção, Gramsci acrescentou a necessidade de valorizar também a "identidade de história e política" e a "identidade entre política e filosofia".[332] Essa identidade deve ser compreendida como uma "equação" de acordo com Gramsci,[333] ou seja, no sentido de que os diferentes momentos expressam o mesmo conteúdo sob diferentes formas, assim como ocorre em uma equação matemática.[334] Não se trata, pois, de dissolver a história ou mesmo a política na filosofia, como ocorre frequentemente na obra de Benedetto Croce, mas de destacar o conteúdo político que a história e a filosofia podem assumir.

Concebida como uma equação, essa identidade entre a filosofia, a história e a política permitiria compreender melhor o lugar do filósofo e do historiador como políticos, ou seja, em

---

332 *Ibid.*, § 12, p. 1241.
333 "Desta forma, chega-se também à igualdade ou equação entre 'filosofia e política', entre pensamento e ação, isto é, a uma filosofia da práxis" (Q 7, § 35, p. 886).
334 Cf. FROSINI, *La religione dell'uomo moderno*: politica e verità nei Quaderni del carcere di Antonio Gramsci (Roma: Carocci, 2010), p. 30.

que medida a filosofia e a historiografia seriam também atos políticos, intervenções intelectuais em contextos determinados. Ora, para uma perspectiva historicista que destaque a identidade entre filosofia, história e política, não seria nem necessário nem desejável entender o corpo de um pensamento puramente, ou até principalmente, dentro da intenção consciente do autor. Os efeitos práticos de seu pensamento seriam tão importantes para o intérprete quanto o que ele realmente desejaria transmitir: "uma corrente filosófica deve ser criticada e avaliada não por aquilo que pretende ser, mas por aquilo que realmente é e se manifesta nas obras históricas concretas".[335]

Assim, é importante perceber que um autor pretende intervir em um contexto específico com sua obra ou suas ideias, mas que também o intérprete contemporâneo, o historiador, está fazendo política com sua interpretação do passado. Com base nessa noção, é possível perceber que o contexto no qual o pensamento político adquire significado não é exclusivamente aquele em que foi produzido, mas é, também, aquele em que foi traduzido. Do mesmo modo, esses significados não são atribuídos somente pelos autores, mas também pelos próprios contextos históricos nos quais eles são produzidos e/ou reelaborados nos conflitos sociais e políticos que tem aí lugar.

Considerações finais

A história intelectual perdeu sempre que a pesquisa se reduziu a uma mera ilustração do método de investigação. Por essa razão, é preciso ter em mente que "toda pesquisa científica cria um método adequado, uma lógica própria".[336] Foi com essa perspectiva que Gramsci pesquisou a história dos intelectuais italianos e a posição que Benedetto Croce ocupou nela. O método que esboçou para essa investigação pode ser encontrado

---

335 Q 10/I, § 12, p. 1235.
336 Q 6, § 180, p. 826.

nos pequenos fragmentos metodológicos nos quais procurou explicitá-lo, mas principalmente na própria pesquisa. É um método que se revela à medida que a investigação avança.

Os *Quaderni del carcere* de Antonio Gramsci não são uma obra terminada. Eles são inacabados, fragmentários e assistemáticos. Registros de uma pesquisa em ato, são o laboratório no qual as ideias de seu autor foram destiladas. Por essa razão, não é possível distinguir em seu interior entre o método de investigação e o método de exposição. Ambos se encontram amalgamados a tal ponto que reconstruir o argumento do autor exige, também, a reconstrução de seu método de investigação.

A reconstrução do método particular que Gramsci desenvolveu para sua investigação sobre a história dos intelectuais permite compreender melhor seu projeto e, ao mesmo tempo, pode fornecer pistas instigantes para pesquisadores interessados nesse campo de estudos. Reconstrui-lo foi o objetivo do presente capítulo. Partindo do pressuposto da identidade entre história, filosofia e política, Gramsci considerava todo pensamento historiográfico ou filosófico como um movimento na luta política dos partidos; procurava apreender esse movimento político no interior do próprio processo de produção das ideias e do registro desse processo nos textos; e enfatizava que para isso era preciso ir além do estudo das "grandes obras" de um autor, estudando os escritos menores e de ocasião, os artigos publicados na imprensa, as entrevistas, as anotações autobiográficas e a correspondência de um autor, textos nos quais seria possível encontrar a solução para as aporias presentes nos tratados e obras sistemáticas.

Esse método fornece algumas soluções interessantes para o debate atual entre as abordagens históricas e filosóficas da história das ideias. A fusão de tais abordagens em um método comum, o qual considera filosofia, história e política diferentes formas de um mesmo conteúdo, permite superar certos formalismos presentes na discussão contemporânea que se desenvolveu a partir da publicação da conhecida contribuição de Quentin Skinner.[337] Gramsci denominou esse método de "filologia da história e da política",[338] uma abordagem atenta à "individualidade" dos fatos particulares.

---

337 SKINNER, Quentin. Meaning and Understanding in the History of Ideas. *History and Theory*, v. 8, n. 1, 1969, p. 3-53.
338 Q 16, § 13, p. 1845.

4. A CULTURA SOCIALISTA E A REVOLUÇÃO RUSSA[339]

339 Escrito em coautoria com Daniela Mussi.

A Revolução Russa de 1917 é frequentemente lembrada como um evento político *strictu sensu*, como investida militar e instauração da ditadura do proletariado pelos bolcheviques. O presente capítulo reconstrói uma trajetória interpretativa que se choca com esse senso comum, a do escritor italiano Antonio Gramsci no período imediatamente anterior e durante o ano revolucionário russo. Desde a chegada das primeiras notícias da revolução ocorrida na Rússia, é possível encontrar nos artigos de Gramsci a ideia da revolução como "ato de cultura". O jovem jornalista de Turim buscava interpretar os acontecimentos russos sob o ponto de vista da capacidade de expansão de suas ideias-força, como um programa político que era, ao mesmo tempo, uma ruptura com os fundamentos culturais do mundo burguês.

As principais balizas dessa interpretação estão postas pelos escritos reunidos no jornal *La Città Futura* [A Cidade Futura], publicados poucos dias antes de eclodir a revolução de fevereiro de 1917 na Rússia, e pelo artigo "La Rivoluzione contro 'Il Capitale'" [A revolução contra "O Capital"] na edição romana do *Avanti!*, em 22 de dezembro de 1917. Nesse intervalo, percebe-se a permanência de alguns temas, como a afirmação do caráter socialista e antijacobino da revolução e de sua dimensão cultural, bem como uma consideração dos eventos na Rússia a partir de uma visão particularmente italiana, mais interessada em fazer deles um exemplo a ser seguido na península do que em interpretá-los.

Nesse momento, o léxico gramsciano era nitidamente neoidealista. Logo após sua eclosão, a Revolução Russa era vista por ele como um "ato proletário", um acontecimento que teria lugar "nas consciências de todos", capaz de promover a "libertação dos espíritos" e a "instauração de uma nova consciência moral". Também era percebida como um evento de alcance internacional, uma "luz que vem do oriente e irradia o velho mundo ocidental".[340] Um evento capaz de mudar a correlação de forças internacional e sua potência, a qual se "reflete sobre os outros proletariados, é a substância de uma vida nova, de uma nova autoridade".[341]

Ao longo de 1917, embora o léxico permaneça substancialmente o mesmo, uma reconstrução do ritmo do pensamento gramsciano mostra como a influência neoidealista foi gradativamente absorvida em uma visão realista da política, influenciada, se não pelo pensamento, ao menos pela ação dos bolcheviques. O ponto de culminância foi o artigo de dezembro daquele ano, no qual Gramsci esforçou-se para compreender o uso da força militar na revolução como continuidade da ideia de ruptura cultural em sentido amplo, que elaborara anteriormente. Ganhava destaque, assim, uma consistente crítica ao reformismo político da maioria da direção do Partido Socialista Italiano (PSI) e a convicção de que era chegada, também na Itália, a hora de agir.

Em fins desse agitado período, neoidealismo e realismo aparecem unidos na análise da política por Gramsci. O resultado é, não apenas, uma intepretação original da Revolução Russa, a qual guarda valor ainda hoje, como a emergência de uma nova concepção da política que iria resultar naquilo que Gramsci chamaria de "comunismo crítico".[342]

---

340 CF, p. 138-42.
341 *Ibid.*, p. 242.
342 NM, p. 349.

A guerra e os "ídolos da cultura"

No final de 1915, Antonio Gramsci passou a atuar como jornalista na seção turinense do PSI, sua primeira experiência orgânica como ativista político-partidário. Gramsci começou sua atividade jornalística como colaborador na coluna "Sotto la Mole"[343] do jornal *Avanti!*,[344] sendo essa sua primeira atividade sistemática no interior do movimento socialista. Suas crônicas, quase sempre anônimas ou assinadas com pseudônimos, tratavam de diferentes aspectos da realidade de Turim, escritas como "crônicas da vida cotidiana ou cultural da cidade, mais do que sobre os episódios da vida política e administrativa", segundo Leonardo Rapone.[345] Até meados de 1917, porém, essa atividade se daria em uma posição afastada na vida cotidiana do partido, e seu nome não apareceria nos relatos e atas das assembleias.

Os artigos desssa época evidenciam um Gramsci "historiador do cotidiano", consciente do contraste de seu texto com a "história dos séculos passados", com a história "grande mestra

---

343 O nome "Sotto la Mole" fazia referência ao imponente edifício projetado no século XIX por Alessandro Antonelli e construído entre 1863 e 1897 no centro de Turim. Gramsci também gostava de observar que a expressão "*sotto la mole*" (que além de "sob a Mole Antonelliana" poderia ser traduzida como "sob o fardo") poderia ser entendida também em um sentido que prescindia do monumento, "como metáfora da condição dos trabalhadores, submetidos ao ônus da opressão capitalista", segundo Leonardo Rapone (*Cinque anni che paiono secoli:* Antonio Gramsci dal socialismo al comunismo (1914-1919) [Roma: Carocci, 2011], p. 62).
344 O jornal socialista *Avanti!* era editado em Milão e continha uma página dedicada a Turim, *Cronache Torinesi* [Crônicas de Turim], também conhecida por "edição do Piemonte", cuja equipe de redação era dirigida desde 1902 por Ottavio Pastore (1888-1965).
345 RAPONE, Cinque anni che paiono secoli, p. 71.

da vida".[346] Os limites da atividade de cronista se evidenciavam: esta era uma intervenção de tipo político-cultural imediata e não equivalente à atividade disciplinada dos estudos e à pesquisa histórica de fôlego. Entre esses dois estilos, porém, Gramsci abraçou a carreira de jornalista como quem se libertava de uma prisão. Em carta escrita em 1916, para a irmã Grazietta, falou com pesar do período anterior à atividade como cronista, momento de isolamento provocado pelos problemas de saúde e financeiros e dedicado exclusivamente aos estudos: "vivi por alguns anos fora do mundo, um pouco no sonho. Deixei que se perdessem, um por um, todos os laços que me uniam ao mundo e aos homens. Vivi totalmente para o cérebro e nada para o coração".[347] As crônicas representavam, de certa forma, um processo de reconexão com o "mundo e os homens", eram a atividade intelectual vivida fora do "sonho", entrelaçada de maneira apaixonada à vida social.[348]

Em sua atividade jornalística, Gramsci expressava sensibilidade às transformações provocadas pela I Guerra Mundial na vida italiana e, particularmente, em Turim. Inspirava-se na reflexão do intelectual francês Romain Rolland sobre o papel político do "mundo cultural", drasticamente transformado pelo conflito militar neste período.[349] Rolland criticava "*les idoles de La Kultur*", intelectuais que "vivem no reino das ideias", desconectados dos processos sociais e que, por esse motivo, na guerra "não apenas foram os mais expostos ao contágio bélico, como contribuíram prodigiosamente para difundi-lo".[350] Do

---

346 CT, p. 45.
347 E, p. 166.
348 *Ibid.*, p. 167.
349 ROLLAND, Romain. *L'esprit libre* (Paris: Albin Michel, 1953), p. 118.
350 *Ibid.*, p. 125. Gramsci conhecia, desde 1914, o artigo "Les Idoles", de Rolland, quando foi parcialmente traduzido e publicado no jornal *Il Grido del Popolo*. Este e outros artigos de Rolland seriam publicados alguns anos mais tarde na revista *L'Ordine Nuovo*.

isolamento, esses intelectuais passavam ao oportunismo dos que "aderem à concepção que serve melhor" e ao apoio – tímido ou mesmo aberto – ao conflito militar. Inspirado nessa crítica, Gramsci compôs muitas de suas crônicas nos anos de 1915 e 1916 para revelar o oportunismo dos representantes da vida intelectual de Turim, onde predominavam "os vulgares fraudadores da inteligência".[351] As crônicas eram, também, uma maneira de construir sua própria subjetividade política. Gramsci retratava um universo cultural decadente em que figuras grotescas se enfileiravam: economistas, filósofos, literatos, clérigos, poetas. Seus artigos se dirigiam especialmente contra os representantes do positivismo na vida intelectual do Piemonte e, como alternativa, projetava a necessidade de fundir, em um único campo teórico, o socialismo e o pensamento neoidealista.

As crônicas da coluna "Sotto la Mole" no jornal *Avanti!*, de Milão, tinham como objetivo passar em revista crítica uma vida cultural local. Nos artigos publicados no jornal turinense *Il Grido del Popolo*,[352] entretanto, Gramsci buscou um ponto de vista mais amplo. No artigo "Socialismo e cultura", de 29 de janeiro de 1916, assinado sob o pseudônimo "Alfa Gamma", Gramsci tratou o tema da cultura em termos gerais e teóricos, como a questão de empoderamento individual ("apoderar-se de si") e de busca pela sincronia entre a existência natural e a existência consciente.[353] Apresentada de um ponto de vista histórico, a cultura era proposta como o desenvolvimento problemático da

---

351 CT, p. 34.
352 Fundado em 1892 em Turim, o jornal semanário *Il Grido del Popolo* expressava as concepções do socialismo que se desenvolvia no Piemonte, de traços marcadamente intelectuais e racionalistas. Além de colaborador, Gramsci assumiu o posto redator-chefe entre agosto de 1917 e setembro de 1918, o último antes do jornal ser fechado. Essa foi a primeira experiência do jovem socialista sardo à frente de um periódico, de acordo com Leonardo Paggi (*Gramsci e il moderno principe. Nella crisi del socialismo italiano* [Roma: Riuniti, 1970], p. 150).
353 CT, p. 99.

"consciência da igualdade humana" entre "plebeus" e "nobres". Nesse sentido, aparecia como atividade intimamente vinculada aos diferentes momentos em que se deu a elaboração de uma nova "base e razão histórica", seja no surgimento da república democrática, na Antiguidade, seja no surgimento da república burguesa no contexto da Revolução Francesa.[354]

Nesse artigo do *Il Grido del Popolo*, Gramsci foi além da crítica dos intelectuais turinenses para explorar a questão de modo geral. O jornalista pretendia mostrar ao leitor que a cultura não é resultado de embates restritos aos intelectuais, ou da "educação" oferecida por um grupo social a outro, mas surge e se desenvolve na história como insumo e produto dos próprios conflitos sociais. O "problema supremo da cultura", afirmou, está justamente nesta compor uma dimensão conflitiva na qual existe, ao mesmo tempo, como "princípio e limite" dos momentos de luta. Dessa maneira, Gramsci procurava estabelecer o que entendia por "uma justa compreensão do conceito de cultura também em relação ao socialismo".[355]

Esse empreendimento, ao mesmo tempo político e cultural, ganharia contornos mais precisos com a publicação do jornal *La Città Futura* no início de 1917. Já em meados de 1916, depois de quase dois anos da entrada da Itália na guerra, era generalizada a compreensão do "monstruoso preço, em vidas humanas e riquezas, que o país estava pagando" e a postura passiva diante dos acontecimentos parecia, agora, tão nociva quanto o apoio à participação no conflito.[356] Assim como os demais partidos socialistas europeus, os socialistas italianos sentiam aumentar as pressões nacionalistas e sofriam com a "flutuação de homens" no partido, dada a dificuldade de afirmar uma política capaz de orientar e engajar seus militantes, cada vez mais numerosos.[357]

---

354 *Ibid.*, p. 101.
355 *Ibid.*, p. 102.
356 ARFÉ, Gaetano. *Storia del Socialismo Italiano*. 1892-1926 (Torino: Einaudi, 1965), p 228.
357 O PSI era um dos poucos partidos a sustentar a posição firme

Em seus artigos, Gramsci caracterizou esse momento de impasse no interior do movimento socialista como uma "reviravolta": "a ação política e administrativa, a eficácia energética [do partido] não está à altura da sua força efetiva".[358]

Gramsci criticava a política da direção do PSI, que convertia a organização em um "fim em si mesmo", voltada para uma ampliação numérica burocrática, pouco preocupada com as "atitudes" e "sentimentos" de seus ativistas, o que apenas a educação socialista poderia corrigir. Sendo um fim em si mesmo, o partido se revelava "um verdadeiro obstáculo para o alcance do socialismo", incapaz de oferecer respostas às necessidades de "unidade" e "coesão" no interior da massa social "amorfa, flutuante".[359] A ação direta poderia servir como ponto de "unidade" para as organizações socialistas por um tempo, mas não para sempre. A manutenção de suas fileiras deveria ser realizada por ideias gerais, horizontes distantes, capazes de impor uma disciplina constante e metódica.[360]

Ao longo de 1916, Gramsci acompanhou o debate aberto no interior da seção socialista de Turim a respeito da fundação de um novo jornal socialista na cidade, que deveria ser um "foco de entusiasmo",[361] "a voz do partido que a cada dia alcançará espíritos novos, energias novas", de acordo com Rapone.[362] Dessa discussão participaram muitos de seus companheiros mais próximos, como Angelo Tasca e Ottavio Pastore, em oposição às posições mais oficiais de dirigentes do PSI como Giacinto Serrati,[363] que via nessa iniciativa o perigo da perda de controle do

---

contra a guerra e o nacionalismo, posição que seria abalada em 1917, no contexto da derrota da batalha Caporetto.
358 CT, p. 352.
359 *Loc. cit.*
360 *Ibid.*, p. 352-3.
361 *Ibid.*, p. 353.
362 RAPONE, Cinque anni che paiono secoli, p. 69.
363 Giacinto Menotti Serrati (1874-1926) era um importante dirigente do PSI, por quem Gramsci nutria muito respeito, mas com quem

partido sobre sua imprensa.[364] Para Gramsci, rejeitar a criação de um novo jornal era negar que o partido socialista estivesse "diante de uma reviravolta" na sociedade italiana, o que fazia com que o PSI ficasse aquém dos desafios político-administrativos colocados pela expansão do partido.[365]

Nesse período, a atividade política de Gramsci era bastante exterior às disputas internas do partido e mais voltada para a vida cultural da seção socialista em Turim, onde ministrava conferências. Apesar disso, em sua atuação como jornalista, Gramsci demonstrava interesse em participar dos debates partidários, especialmente para combater o economicismo e burocratismo que consumiam o PSI e colocavam seus dirigentes em "um labirinto sem saída".[366] A criação de um novo periódico não tinha, portanto, fins puramente culturais ou jornalísticos: era uma forma de avançar na elaboração de uma "ideia geral", de um "horizonte capaz de impor disciplina" aos ativistas socialistas.[367]

Esse projeto daria seu primeiro passo nas páginas do opúsculo *La Città Futura*. Preparado desde fins de 1916 e publicado em fevereiro de 1917 a partir da orientação do comitê regional piemontês da Federazione Giovanile Socialista [Federação Socialista Juvenil],[368] o jornal de número único foi integralmente escrito por Gramsci.

A base para composição desse número único revelava o vínculo de Gramsci com o ambiente operário socialista da capital

---

polemizara muitas vezes. Ativo na Conferência de Zimmerwald, em 1917, Serrati seria responsável por aproximar o partido italiano da Revolução Russa.
364 CT, p. 354n.
365 *Ibid.*, p. 353.
366 *Ibid.*, p. 352.
367 *Ibid.*, p. 353.
368 A responsabilidade pelo jornal foi do ativista socialista de Turim Andrea Viglongo, a quem Gramsci pediu para assumir a tarefa de conduzi-lo para dar-lhe um caráter mais homogêneo e afinado com uma função formativa (CF, p. 4).

do Piemonte – especialmente com os jovens. Além disso, foi o resultado da vivência prática na Universidade de Turim, de cultura fortemente positivista e de alguma proximidade com o "debate sobre a crise do marxismo", o qual conhecia ao menos desde 1914 em virtude do contato com o professor Annibale Pastore.[369] Essa combinação é importante para compreender as nuances que caracterizaram os argumentos expostos por Gramsci ao longo dos onze artigos que compuseram *La Città Futura*.

Folhetim de educação e propaganda socialista dedicado aos jovens, *La Città Futura* se pretendia um "incentivo e um convite".[370] Um incentivo a um ato de "independência e libertação" por meio do engajamento no movimento socialista, e um convite para pensar os limites nos quais o socialismo italiano esbarrava.[371] "O futuro é dos jovens, a história é dos jovens" –[372] com essas palavras, Gramsci abria o jornal projetando um novo ambiente, no qual pudessem se combinar "energia" e "inteligência", resultando na "mais perfeita e frutífera afirmação" de um movimento socialista renovado.[373] A alternativa à "morte do socialismo" – expressão usada por Gramsci a partir de um artigo do filósofo Benedetto Croce publicado inicialmente em 1911 na revista *La Voce* e intitulado "La Morte del Socialismo" –[374] era reencontrar a finalidade da organização socialista, "en-

---

369 Ver a respeito BASILE, Luca. "Caro Maestro", "Eccezionale studente": sul rapporto di A. Gramsci con V. A. Pastore. Ipotesi e Riscontri. *Giornale Critico della Filosofia Italiana*, v. 10, n. 1, 2014, p. 196 e 202; e D'ORSI, Angelo; CHIAROTTO, Francesca. Introduzione. In: GRAMSCI, Antonio. *Scritti della libertà (1910-1926)* (Torino: Riuniti, 2012), p. 43-4.
370 CF, p. 3.
371 *Ibid.*, p. 16.
372 *Ibid.*, p. 3.
373 *Ibid.*, p. 16.
374 CROCE, Benedetto. *Cultura e vita morale* (Napoli: Bibliopolis, 1993 [1914]), p. 161.

grossar sempre mais as fileiras e fechá-las".[375] O objetivo era converter a situação defensiva na qual o socialismo estava diante de seus críticos em uma oportunidade para atrair e preparar jovens socialistas para um bom combate, capaz de superar o "senso comum", o "terrível aplacador de espíritos".[376]

O texto de Gramsci nascia como proposição de um combate cultural e político de tipo popular, para "conceder a todos os cidadãos" a "atuação integral da própria personalidade humana".[377] Com o intrigante artigo intitulado "Margini" [Margens], Gramsci apresentou no *La Città Futura* a ideia de que, entre as pessoas "comuns", "o esforço feito para conquistar uma verdade" faria desta algo próprio, "mesmo se à nova enunciação não seja agregado nada fundamentalmente novo".[378] Sua entonação colocava ênfase na vontade que se converte em sacrifício pela descoberta, na rejeição da acepção "determinista da previsão" que reduzia o movimento socialista a uma atitude de passividade.[379] No processo da busca pela verdade, a existência de "modelos", continuava Gramsci, poderia ser muito útil desde que estes não fossem valorizados em termos absolutos.[380] Assim como "a lei" e "o esquema", o modelo permitiria a visão da totalidade.[381] Esse modelo não poderia, entretanto, com sua lógica, substituir o movimento concreto do pensamento que conduz à ação e à vontade transformadoras.

---

375 CF, p. 16. Benedetto Croce foi editor da revista *La Critica* e o intelectual de maior destaque na Itália na primeira metade do século XX. Gramsci reconheceu explicitamente a influência desse autor afirmando nos *Quaderni del carcere* que, na época em que redigiu *La Città Futura*, seu pensamento era "tendencialmente bastante croceano" (Q 10, § 11, p. 1233).
376 CF, p. 6-7.
377 *Ibid.*, p. 11.
378 *Ibid.*, p. 23.
379 *Ibid.*, p. 24.
380 *Ibid.*, p. 29.
381 *Ibid.*, p. 30.

Sob esse olhar, a crise do socialismo, cuja manifestação se dava na deserção de muitos intelectuais, poderia ser explicada de duas formas. Por um lado, como crise mais geral de "todos os ismos" (positivismo, futurismo, nacionalismo, neoidealismo etc.), concepções engajadas com as quais os intelectuais mantinham relação de exterioridade, "diletante na fé e diletante no saber".[382] Por outro, como crise específica do socialismo como "visão livresca da vida", na qual essa era "uma avalanche observada sempre à distância".[383]

A crise do socialismo e do PSI era, para Gramsci, parte de uma crise geral e, ao mesmo tempo, um fenômeno específico. Como parte da crise universal "dos ismos", os socialistas sofriam com a debandada intelectual, já que se expandia entre os intelectuais um ideal exterior de busca pela verdade, algo de "fora" da vida organizada, que os levava a trocar constantemente de partido e de posição política à medida que novos modismos eram lançados. Como crise singular, o socialismo italiano revelava sua incapacidade de entender esta "avalanche", à qual assistia inerte, justificando o imobilismo de maneira abstrata por meio da lógica de seu modelo determinista e afirmado como "científico".[384] Diante da crise dos intelectuais e da derrota do mito socialista – concluía – apenas a renovação interna do proletariado poderia oferecer uma saída.[385]

A expansão do proletariado e do movimento socialista em vários países durante a guerra era, para Gramsci, um claro sinal do potencial de renovação da vida popular e, também, de intensificação de sua consciência – o que permitiria o surgimento de um novo mito, criado pela emergência do valor "número", "massa", um novo "mito de universalidade". Essa novidade seria capaz de fazer com que os indivíduos se sentissem "partícipes de algo grandioso que está amadurecendo em cada nação, cada

---
382 *Ibid.*, p. 24.
383 *Ibid.*, p. 25.
384 *Ibid.*, p. 25-6.
385 *Loc. cit.*

161

partido, cada seção, cada grupo".[386] Para ele, a ideia de igualdade – e não a de nacionalidade – permitiria essa renovação aos jovens, sendo Turim um laboratório do "surgimento de uma nova geração livre, sem preconceitos, que romperá a tradição".[387]

La Città Futura concluía retomando a ideia – surgida, ainda antes da guerra, nas conversas com outros jovens socialistas de Turim, tais como Angelo Tasca, Umberto Terracini e Palmiro Togliatti (esse último menos engajado no movimento socialista até então) – de "fundar uma revista de vida socialista para ser o abrigo das novas energias morais, do novo espírito [...] idealista da nossa juventude".[388] Esse jornal de número único, portanto, não era pensado como "mais um ensaio" cultural e filosófico, uma iniciativa puramente intelectual, mas funcionava como um chamado a "quem está convencido que o pensamento e a cultura socialista têm muito que fazer ainda, e que uma nova voz de jovens pode dizer muitas coisas ainda".[389] Gramsci desenvolvia, aqui, o projeto de uma revista de pensamento e vida socialista cujo objetivo definia: preparar uma nova geração socialista, capaz de superar o "relativismo" dos intelectuais – tanto os positivistas, como os neoidealistas – e avançar na elaboração de um novo mito para preencher o vazio deixado pela falência do socialismo de bases deterministas e reformistas.

Esse projeto entrava em rota de colisão com o socialismo oficial do partido, cujo núcleo substancial se personificava na figura política de Claudio Treves.[390] Para Gramsci, o PSI assu-

---

386 *Ibid.*, p. 26-7.
387 *Ibid.*, p. 32.
388 *Ibid.*, p. 34. A menção ao projeto do pré-guerra não deixava de ser uma forma de lembrar os amigos, Tasca, Togliatti e Terracini, que nesses dias serviam ao exército italiano no conflito. O projeto só seria concretamente retomado em fins no ano seguinte, com o término da guerra.
389 *Loc. cit.*
390 *Ibid.*, p. 25. Claudio Treves (1869-1933) era advogado e jornalista em Turim, além de um importante dirigente socialista, figura central na

mira uma posição cômoda diante da vida política do país desde 1914, com a fórmula da neutralidade absoluta com relação à guerra e com o predomínio no partido do absenteísmo político da posição reformista. No combate a essa posição, Gramsci lançou mão de referências renegadas pela tradição teórica do socialismo italiano e internacional, tal qual o pensamento neoidealista, que julgava central para compreender a cultura e os dilemas políticos do momento. O uso dessas referências recebeu críticas no interior do partido, mesmo entre os jovens, documentadas nos artigos do jornal da juventude do PSI, *L'Avanguardia*, no qual Gramsci foi acusado de "intelectualismo" e de ter elaborado "um jornal para iniciados", "dificilmente compreendido pelos leitores proletários", de acordo com Rapone.[391]

No início de 1917, Gramsci considerava central discutir a preparação cultural necessária para o desenvolvimento da ação socialista. A iniciativa de *La Città Futura* em Turim era uma forma concreta, prática, de atuar nesse sentido, buscando mostrar que a simplicidade da linguagem informativa não era o aspecto mais importante a ser pensado para favorecer a propaganda socialista, mas sim seu conteúdo. Nesse jornal de número único, Gramsci propôs os termos deste conteúdo: pensar a relação entre disciplina e liberdade na organização socialista, redefinir "ordem" como um conceito-chave e agregador, incentivar os jovens a sair da passividade e da indiferença e serem protagonistas da história.

Enfrentar a passividade e indiferença significava propor o problema da constituição de uma ordenação social nova, capaz de "substituir o dualismo pela unidade" e superar a falência das "construções sociais utópicas", baseadas em um "futuro harmo-

---

revista *Critica Sociale* e líder da posição neutralista no interior do PSI. Em 1915, no calor das discussões sobre a participação da Itália na guerra, depois de uma troca de acusações e insultos, chegou a realizar um duelo com Benito Mussolini, no qual ambos se feriram, mas sobreviveram.
391 RAPONE, Cinque anni che paiono secoli, p. 69n.

nicamente coordenado", de acordo com Basile.[392] As revoluções burguesas, no século XVIII e XIX, haviam realizado este princípio utópico de maneira universal por meio do liberalismo. O aspecto paradoxal dessa realização evidenciava, entretanto, o caráter aberto da história, sendo que a realização plena do Estado suscitava uma nova antítese, o proletariado, e criava a necessidade de novas ideias-força. Por esse motivo, Gramsci concluía: os socialistas não devem substituir uma ordem por outra. Devem, antes de mais nada, instaurar uma nova ordem em si mesmos.[393]

A revolução na Rússia

La Città Futura foi publicado em fevereiro de 1917, momento em que eclodia uma revolução de grandes proporções na Rússia. Apesar da apreensão, do sentimento de que existia a possibilidade de intensas explosões sociais resultantes dos impactos da guerra em toda a Europa, esse foi um evento político imprevisto mesmo no ambiente socialista. Não por acaso, a Rússia passara distante das atenções políticas de Antonio Gramsci até então. Com a revolução, seu programa para um socialismo criador "de uma ordem em si", de uma consciência própria, modificou-se no ritmo das notícias vindas do Leste.

No início do ano, as informações sobre a revolução eram ainda escassas na Itália e reduziam-se em grande parte à reprodução de artigos publicados pelos jornais de Londres e Paris. Nas páginas do *Avanti!*, alguns artigos sobre os eventos em São Petesburgo eram assinados por *Junior*, pseudônimo de Vasilij Vasilevich Suchomlin, exilado russo partidário dos Socialistas Revolucionários em seu país natal. Para suprir os socialistas italianos de informações confiáveis, a direção do PSI encaminhou um telegrama ao deputado italiano Oddino Morgari pedindo-

---

392 BASILE, "Caro Maestro", p. 205.
393 CF, p. 11.

-lhe que fosse até Petrogrado e entrasse em contato com os revolucionários russos. Essa viagem fracassou, e Morgari retornou à Itália em julho.[394]

Apesar das dificuldades em interpretar os eventos que derrubaram o czarismo russo e instauraram um governo provisório, os primeiros argumentos de Gramsci sobre o assunto mostram seu esforço por aproximar a Revolução Russa da ideia de criação de uma "nova ordem".[395] Pelos artigos escritos entre abril e maio de 1917, nota-se que ele tinha muito interesse em interpretar os acontecimentos do Leste para convertê-los em lições possíveis aos italianos. De acordo com Gramsci, sabia-se que a revolução fora "feita pelos proletários" e que existia "um comitê de delegados operários que controla o trabalho dos entes administrativos".[396] Mas não era isso que dava à revolução um caráter proletário. Para tal, era necessário investigar os "fatores espirituais", ou seja, verificar se a revolução era também um "fenômeno de costumes", um "fato moral".[397]

Esse programa de pesquisa – continuidade de suas elaborações anteriores – exigia que fosse investigada a capacidade da revolução em promover uma nova cultura. A revolução não deveria ser considerada apenas como um *fato*, algo mecânico, mas também como *ato* proletário em direção ao socialismo. Na diferença entre ato e fato é possível identificar uma chave de leitura neoidealista, inspirada em Giovanni Gentile,[398] que al-

---

394 O comentário de Gramsci nas páginas do *Avanti!* no dia 20 de abril sobre a repercussão da viagem de Morgari é seu primeiro artigo sobre a Revolução Russa ("Morgari in Russia" [Morgari na Rússia] (CF, 131-3).
395 Trata-se de um artigo de abril de 1917 intitulado "Note sulla rivoluzione russa" [Notas sobre a revolução russa], publicado no jornal *Il Grido del Popolo*.
396 CF, p. 138.
397 *Loc. cit.*
398 GENTILE, Giovanni. *L'atto del pensare come atto puro* (Firenze: Sansoni, 1937 [1912]).

guns anos antes desenvolvera a noção de fato espiritual, objeto do conhecimento, só entendido quando a objetividade se dissolve na ação real do sujeito do conhecimento. A subjetividade humana, aqui, determinava a natureza do fato.[399] O uso que Gramsci fez da noção de *ato proletário* servia, desse modo, para destacar a intervenção do proletariado na história como ação de um espírito superior a todos os interesses particulares.

Como fato moral e ato proletário, a revolução na Rússia era interpretada por Gramsci como de natureza essencialmente antijacobina. Ela não era a expressão de interesses particularistas de classe, nem um "fato violento", como fora a revolução burguesa na França, muito menos se assemelhava a "um regime autoritário que substitui outro regime autoritário".[400] Para o jovem jornalista, a nova revolução havia "destruído o autoritarismo e o substituído pelo sufrágio universal, estendendo-o até mesmo às mulheres" e, dessa maneira, instituído a "liberdade" e dado lugar à "voz livre da consciência universal".[401] A revolução era, aqui, um *ato do espírito*;

> [...] ela está na consciência de todos e se transformará em decisão irrevogável apenas para poder expressar-se em um ambiente de liberdade espiritual absoluta, sem o qual o sufrágio seria pervertido pela intervenção da polícia e pela ameaça da força ou do exílio. O proletariado industrial já está preparado para essa passagem mesmo culturalmente; o proletariado agrícola, que conhece as formas tradicionais do comunismo

---

[399] "O ato, se não se converter em um fato, deve ser compreendido em sua natureza atual, o ato puro, só pode ser pensamento. O fato é a negação do pensamento porque o próprio pensamento cria seu outro, a natureza. Apenas do ato se desce ao fato, se está fora do pensamento, no mundo da natureza. Não existem fatos espirituais, mas atos; na verdade, não existe senão o ato do espírito" (*ibid.*, p. 29).
[400] CF, p. 138.
[401] *Ibid.*, p. 139.

comunal, está também preparado para a passagem a uma nova forma de sociedade.[402]

O paralelo entre a Revolução Francesa de 1789 e a Revolução Russa que ocorria em 1917 era muito comum na imprensa da época, não se tratava de uma invenção de Gramsci. Na imprensa socialista, já no dia 19 de março, *Il Grido del Popoplo* publicara um editorial, assinado por Nar, pseudônimo de Gaetano Polverelli, intitulado "L'89 di Russia" [O 1789 da Rússia]. A analogia com a França também fora retomada logo em seguida, em 23 de março, pelo deputado e dirigente socialista Filippo Turati num discurso na Câmara de Deputados: "a Revolução Russa, cujo acontecimento parece recordar formidavelmente a revolução da França, de fato supera de uma só vez as fases de [17]89 e [17]93, abate todos os obstáculos e triunfa sem retorno e represálias possíveis".[403]

Antes mesmo de 1917, a analogia se tornara comum na Rússia e no movimento socialista internacional em virtude dos levantes de 1905. A novidade introduzida por Gramsci nesse paralelo histórico estava na recusa do jacobinismo. Além da interpretação antijacobina da revolução promovida por Gaetano Salvemini,[404] Georges Sorel (1847-1922) e Benedetto Croce

---

402 *Loc. cit.*
403 TURATI, Filippo. Per il nuovo regime in Russia. In: *Atti parlamentari*, Legislatura XXIV, 1ª sessione, Discussione, Tornata del 23 mar. 1917, p. 1377.
404 SALVEMINI, Gaetano. *La Rivoluzione Francese (1788-1792)* (Milano: L. F. Palestrini, 1905). A interpretação de Gramsci da cultura no contexto da revolução na França possuía forte identidade com as pesquisas de Gaetano Salvemini (1873-1957), intelectual neoidealista, socialista, de origem meridional e radicado em Florença. Ele concebia as grandes transformações políticas do final do século XVIII na França como resultado da interferência das grandes massas na política em um momento histórico, processo esse que poderia ter resultados heroicos ou desastrosos, a depender da orientação seguida pela "multidão exasperada e frenética" (*ibid.*, p. 138). Salvemini buscava se distanciar dos

também eram fontes do antijacobinismo de Gramsci. A primeira delas fora a difusão, na Itália, da obra de Georges Sorel, *Réflexions sur la violence* [Reflexões sobre a violência] (1910), na qual o teórico do sindicalismo revolucionário recusava as "abominações" das revoluções burguesas e, em especial, os acontecimentos de 1793.[405] Gramsci fez uma referência explícita a essa obra em um artigo de 30 de outubro de 1916.[406] As ideias de Sorel também se faziam sentir na obra de Benedetto Croce, o qual, em *Cultura e vita morale* [Cultura e vida moral], publicado em 1914, identificara o jacobinismo com a "mentalidade maçônica", ou seja, com um maneira de pensar que simplifica tudo "em nome da razão, da liberdade, da humanidade, da fraternidade, da tolerância", procedendo por meio de abstrações e "classificando fatos e homens por sinais exteriores e fórmulas".[407] Gramsci conhecia muito bem esse livro do filósofo napolitano – a ponto de extrair e incluir uma passagem dele em

---

revolucionários franceses, girondinos e jacobinos, para mostrar que nenhum dos dois grupos fora responsável por sistematizar, isoladamente, o sucesso ou o fracasso das lutas políticas. A revolução, aqui, era pensada como obra intelectual em sentido amplo, realizada em grande medida pelos "filósofos pré-revolucionários", responsáveis por refutar "as velhas regras no campo da vida prática" e abrir um espaço possível por onde as "massas incultas" poderiam caminhar em um contexto de crise das classes dominantes (*ibid.*, p. 354).
405 "Temos o direito de concluir, então, que não se pode confundir as violências sindicais exercidas ao longo das greves por proletários que desejam a derrubada do Estado com esses atos de selvageria que a superstição do Estado sugeriu aos revolucionários de 1793, quando tiveram o poder nas mãos e o puderam oprimir os vencidos de acordo com os princípios que haviam recebido da Igreja e da realeza. Temos o direito de esperar que uma revolução social levada a cabo pelos sindicatos, pelos puros sindicalistas, não será manchada pelas abominações que marcaram as revoluções burguesas" (SOREL, Georges. *Réflexions sur la violence* [2. ed. Paris: Marcel Rivière, 1910], p. 153-4).
406 CT, p. 601.
407 CROCE, Cultura e vita morale, p. 143.

La Città Futura – e tomaria o título como inspiração, em 1918, para a proposta de criação de um *Club di vita morale* [Clube de vida moral] em Turim, com vistas a "habituar os jovens que aderem ao movimento político e econômico socialista à discussão desinteressada dos problemas éticos e sociais".[408]

Essas eram as referências intelectuais que estruturavam, nos primeiros meses de 1917, a interpretação antijacobina de Gramsci a respeito da Revolução Russa. Retomando certas ideias que discutira nos meses anteriores em relação ao positivismo – e seguindo mais de perto o argumento de Sorel –, o jornalista socialista afirmava que o jacobinismo era um fenômeno puramente burguês, pois estava destinado a realizar os interesses particulares desta classe.[409] Como ato proletário, portanto, a revolução na Rússia se distanciava da experiência francesa. Mais do que interpretar de maneira totalmente fiel os acontecimentos de Petrogrado, Gramsci desenvolvia o programa político que anunciara como problema nas reflexões sobre a cultura em 1916, e como necessidade para a reorganização da juventude socialista no início de 1917. Sua interpretação da revolução visava mostrar a impossibilidade de avanço de uma revolução operária sem a ruptura definitiva com o modelo político jacobino, ou seja, com o mundo político e cultural burguês.

O antijacobinismo como chave de leitura da Revolução Russa seria mais uma vez usado por Gramsci no artigo "Un po' di Russia" [Um pouco da Russia], publicado em 15 de maio de 1917, na contraposição da ação de uma "maioria efetiva" aos "abusos de uma minoria facciosa e jacobina".[410] Foi também nessa chave que o jornalista socialista interpretou as forças dirigentes da revolução no importante artigo publicado em 28 de julho de 1917, "I massimalisti russi" [Os maximalistas russos]. Expressando o apoio que os bolcheviques encontravam entre os socialistas, Gramsci afirmou que os maximalistas eram "a

---

408 E, p. 177.
409 S, p. 255.
410 *Ibid.*, p. 280.

169

continuidade da revolução, o ritmo da revolução, por isso, a própria revolução". Os bolcheviques evidenciavam o novo "estado de ânimo" sobre o qual Gramsci falara em 1916, eram a encarnação da "ideia-limite do socialismo" que não comportava um compromisso com o passado milenar.[411]

Gramsci defendeu os maximalistas das campanhas de difamação e calúnia promovidas na imprensa comercial em todos os países ocidentais e afirmou seu papel político como imprescindível para que a revolução não se interrompesse no país.[412] Preocupado em intervir para fortalecer uma posição socialista verdadeiramente autônoma, no início de agosto, Gramsci relatou de maneira entusiasmada em *Il Grido del Popolo* dois grandes comícios que reuniram dezenas de milhares de pessoas em Turim para receber uma delegação russa que percorria a Itália para falar sobre a "novidade" da revolução.[413] Essas atividades promoviam, em sua opinião, um verdadeiro "espetáculo das forças proletárias e socialistas solidárias com a Rússia revolucionária".[414] A visita da delegação russa à Itália se dava em um momento de importante crise do governo provisório – incapaz de estabilizar-se, em um contexto de protestos de massa contra as novas ofensivas militares russas – e da escalada de repressão aos bolcheviques, que fez com que Lenin fugisse para

---

411 CF, p. 265.
412 *Ibid.*, p. 265.
413 *Ibid.*, p. 274. Apenas em agosto, com a viagem à Itália de uma delegação representando os *soviets*, da qual faziam parte Iosif Goldemberg e Aleksandr Smirnov, os socialistas italianos puderam entrar em contato direto com os revolucionários russos. No *Avanti!*, Gramsci resumiu os discursos de Goldenberg e Smirnov em uma manifestação que ocorreu em Turim no dia 13 de agosto em "Il compito della rivoluzione russa" [A tarefa da revolução russa] (*ibid.*, p. 274-7). Sobre a calorosa recepção aos delegados dos *soviets* em Turim, ver SPRIANO, Paolo. *Storia di torino operaia e socialista: da De Amicis a Gramsci* (Torino: Giulio Einaudi, 1972), p. 410-2.
414 CF, p. 274.

a Finlândia para poder continuar atuando politicamente.[415] O jornal *La Stampa*, por sua vez, reproduzia notícia da Agenzia Stefani, informando a fuga de Lenin ("que a esta altura está na Alemanha") como uma confirmação da especulação sobre a infiltração germânica entre os extremistas da revolução, e comemorava a "perda irreparável" de sua autoridade diante das massas russas.[416]

Na segunda metade de 1917, como redator e, logo em seguida diretor, do jornal *Il Grido del Popolo*, a intervenção de Gramsci se voltou contra a interrupção da revolução, convicto da necessidade de que esta avançasse e produzisse uma nova racionalidade e subjetividade históricas. A maneira que encontrou para fazer isso foi a defesa da Revolução Russa como um ato antijacobino, como processo no qual todas as ideias poderiam ter lugar e em torno das quais os mais diversos grupos políticos poderiam ser criados. Sua defesa da posição maximalista aparecia como defesa do "último elo lógico do devir revolucionário".[417] A revolução era, portanto, um fenômeno eminentemente inclusivo, no qual a direção dos maximalistas sobre os demais grupos era resultado de sua maior capacidade de afirmação cultural.

Em agosto de 1917, Gramsci insistia na semelhança entre o que entendia por cultura e a revolução em curso. A revolução representava a "substituição de valores, de pessoas, de categorias, de classes".[418] A essa altura, já havia concentrado seu interesse na elaboração programático-partidária, mas o problema da cultura se mantinha como elo com sua origem como cronis-

---

415 CARR, Edward H. *Storia della Russia sovietica*. La rivoluzione bolscevica 1917-1923 (Torino: Giulio Einaudi, 1964), p. 92-3.
416 AGENZIA STEFANI. Kerenski rassegna le dimissioni per l'impossibilità di ricostituire il Governo. *La Stampa*, v. 51, n. 215, 5 ago. 1917, p. 4. A Agenzia Stefani foi a primeira agência de notícias italiana, fundada por Guglielmo Stefani em 1853.
417 CF, p. 265.
418 *Ibid.*, p. 282.

171

ta corrosivo da vida cotidiana. A crítica ao jacobinismo, entretanto, mantinha seu lugar. Para Gramsci, a ausência de jacobinismo teria impedido que os extremistas fossem "afogados no sangue", que esses não tivessem na Rússia o mesmo destino de Gracchus Babeuf na França. A revolução como ato proletário era o que permitia aos bolcheviques converterem seu pensamento "em força operante na história", a força vista aqui como resultado de um movimento amplo das consciências, o que seria impossível do ponto de vista burguês-jacobino. Apenas a revolução projetada como ato proletário seria capaz de efetivar-se nas consciências, "encorajá-las" e "conquistá-las", tal como os partidários de Lenin faziam. Finalmente, a seu ver, surgira um novo "estado de ânimo" capaz de encarnar-se em uma "multidão de indivíduos", finalmente as ideias haviam voltado a produzir "frutos no terreno da ação".[419]

O antijacobinismo de Gramsci, portanto, guardava uma distância em relação aos intelectuais neoidealistas italianos e ao sindicalismo revolucionário. Diferente destes, Gramsci defendia a Rússia revolucionária como encarnação viva e efetiva de um novo estado de ânimo histórico, como "uma contínua mudança no bloco amorfo do povo", na qual "novas energias são suscitadas" e "novas ideias-força propagadas". Diferente do modelo político burguês, os sujeitos dessa revolução eram indivíduos, ao mesmo tempo, autônomos e capazes de pensar e agir sem se comportar como "minorias despóticas".[420] Em 15 setembro de 1917, quando os bolcheviques enfrentaram de maneira vitoriosa as tropas lideradas pelo general Lavr Kornilov, Gramsci referiu-se, mais uma vez, a uma "revolução que ocor-

---

419 *Ibid.*, p. 266-267. Gramsci retomaria, em setembro de 1917, a ideia de que Lenin e os bolcheviques representavam o futuro da revolução: "Kerenski representa a *fatalidade* histórica, enquanto Lenin representa o *devir socialista*, e nós estamos com ele, com toda nossa alma" (*ibid.*, p. 285, grifos do original).
420 *Ibid.*, p. 267.

reu nas consciências".[421] O uso da força para resistir à ofensiva militar contrarrevolucionária tinha natureza distinta do uso da força burguesa, nascia do movimento contínuo das consciências. Por isso, também, em 28 de setembro, Gramsci definiu Lenin como "o agitador das consciências, o despertador das almas dormentes".[422]

Semanas que parecem anos

Em 7 de novembro, os bolcheviques assumiram o controle dos pontos estratégicos de Petrogrado e prenderam membros do governo provisório, enquanto outros, como Kerenski, fugiam. Na mesma noite, "o poder foi passado para as mãos do *Soviet* dos Deputados dos Operários, Soldados e Camponeses". Nos dias seguintes, foram adotados decretos referentes à paz e distribuição de terras, e criou-se o Conselho de Comissários do Povo, o "primeiro governo dos operários e camponeses". As dificuldades e desafios políticos nesse novo contexto eram enormes e o impacto da tomada do poder pelos bolcheviques na esfera internacional era gigantesco.

Na Itália, esses eventos foram sentidos de maneira ainda mais intensa, em virtude da importante derrota militar para os alemães e o Império austro-húngaro, que ocorrera na semana anterior à revolução, na batalha de Caporetto. As perdas humanas foram muitas, assim como o número de prisioneiros e feridos, mas a principal derrota desse confronto foi política, com uma grande retirada do exército italiano da região do rio Piave, o afastamento do célebre general Luigi Cadorna de suas funções e a desmoralização do governo italiano e da campanha intervencionista.

Quando a notícia da tomada do poder pelos bolcheviques chegou à Itália, portanto, encontrou um ambiente político de-

---

421 *Ibid.*, p. 342.
422 *Ibid.*, p. 359.

173

vastado por uma derrota militar de grandes proporções e com um sentimento de insatisfação muito difundido. A imprensa, para não falar da derrota, comemorava a "retirada perfeita" das tropas italianas, sua recomposição e o heroísmo dos soldados. O governo lançara mais um decreto de convocação às armas dos italianos nascidos entre 1874 e 1899, mas a continuidade do conflito não conseguia se sustentar na opinião pública como antes. Poucos dias depois, em 9 de novembro, Cadorna foi substituído. As notícias do "grave conflito entre o Estado maior russo e os *soviets*" inundavam a imprensa, estabelecendo um incontrolável senso de comparação entre o que se passava nos dois países.

Para Gramsci, essas foram semanas de grande mudança. Desde fins de outubro, o jovem jornalista sardo ocupava a posição de secretário da Comissão Executiva provisória da seção socialista de Turim e de redator-chefe do *Il Grido del Popolo*, em virtude da prisão de Maria Giudice depois dos protestos massivos de agosto que tomaram a Itália exigindo pão e o fim da guerra.[423] Em suas cartas deste período, Gramsci relatou o esforço por atuar como redator, para transformar o jornal em um veículo capaz de oferecer um "tratamento dos problemas concretos do programa" do partido e "fortalecer uma consciência unitária do proletariado italiano".[424]

Desde o início de novembro, a censura sobre os jornais socialistas aumentara sensivelmente. Ao comentar a censura parcial ou total a uma série de artigos sobre a grave crise militar italiana, publicados na página de Turim do *Avanti!* e do *Il Grido del Popolo*, Gramsci ironizou o papel do censor em eliminar da opinião pública apenas a posição socialista e, em especial, aquela elaborada na capital do Piemonte.[425] O jovem dirigente socialista notava que a censura se intensificava justamente no momento em que as classes sociais e o governo reconheciam a

---

423 E, p. 170.
424 *Ibid.*, p. 170 e 173.
425 CF, p. 427.

necessidade de elaboração de "novas fórmulas" políticas capazes de substituir a decadência de ideias como "todos às armas" e "por um fronte único militar", difundidas no início da guerra.[426]

Gramsci percebia aquelas como "semanas que parecem dois anos", dada a intensidade com que os acontecimentos internacionais e nacionais impactavam a Itália, com a falência sucessiva das fórmulas políticas que as classes dominantes tentavam implementar em resposta à crise, tais como "pela resistência interna" e "pela concórdia nacional".[427] Em 10 de novembro, a Agenzia Stefani noticiou o "golpe de Estado na Rússia", com a "sede do palácio de inverno ocupada pelos maximalistas", o "apossamento do poder pelos *soviets*", a fuga de Kerenski e a prisão de muitos ministros de seu governo.[428] Em artigo publicado duas semanas depois, em 24 de novembro, Gramsci relembrou o artigo *Il Grido del Popolo*, de meses antes, no qual afirmara que a revolução não poderia "se interromper com a fase Kerenski".[429] Em outro artigo da mesma edição, comentou o sentimento de inquietude e incerteza que predominava no movimento socialista italiano em relação à Revolução Russa, do "tumulto de intenções ainda incertas que se exprimem genericamente", do qual ele próprio tomava parte.[430]

A revolução no Leste era vivida como uma espécie de abalo sísmico, um "tumulto" que não se limitava à "mudança da fórmula política", mas se realizava como processo de "interiorização, de intensificação da vida moral".[431] Isso levava Gramsci, mais uma vez, à conclusão de que os socialistas italianos eram revolucionários na ação, mas reformistas no pensamento. A ação radical, porém, deveria encontrar o pensamento revolu-

---

426 *Ibid.*, p. 428.
427 *Ibid.*, p. 429.
428 AGENZIA STEFANI. Il nuovo colpo di Stato in Russia. *La Stampa*, v. 51, n. 312, 10 nov. 1917, p. 1.
429 CF, p. 450.
430 *Ibid.*, p. 452.
431 *Ibid.*, p. 453.

cionário, desprendido de qualquer reformismo.[432] A revolução aguçava um sentimento de inquietude que nascera nos anos da guerra e se expressara na preocupação com a cultura, com a reforma do pensamento e dos métodos de ação socialistas.[433]

Em 12 de novembro, a fração parlamentar do partido socialista, liderada por Filippo Turati e Claudio Treves, sob a pressão nacionalista depois de Caporetto, passou a assumir uma atitude explicitamente nacionalista e a advogar em defesa da pátria, distanciando-se do neutralismo dos anos precedentes. Nas páginas de *Critica Sociale*, Turati e Treves publicaram um artigo, em novembro de 1917, no qual afirmavam a necessidade do proletariado defender a pátria na hora do perigo.[434] A fração intransigente e revolucionária do partido socialista também se organizou para fazer frente à nova situação. Nos primeiros dias de novembro, dirigentes da fração convocaram uma reunião secreta em Florença para discutir uma orientação política. Gramsci, como visto, assumiu funções importantes na seção local do partido e participou do encontro representando Turim. Na reunião, o diretor de *Il Grido del Popolo* alinhou-se com aqueles, como Amadeo Bordiga, que achavam que era necessário agir, enquanto Serrati e outros se pronunciaram pela manutenção da antiga tática neutralista. A reunião terminou reafirmando os princípios do internacionalismo revolucionário e a oposição à guerra, mas sem nenhuma orientação a respeito do que fazer.

Gramsci retornou a Turim convencido de que era o momento de agir e escreveu mais uma vez a respeito dos acontecimentos na Rússia no artigo intitulado "La rivoluzione contro 'Il Capitale'" [A revolução contra "O Capital"]. "A revolução dos bolcheviques inseriu-se, definitivamente, na revolução geral do

---

432 *Ibid.*, p. 454.
433 *Loc. cit.*
434 TURATI, Filippo; TREVES, Claudio. Proletariato e resistenza. *Critica Sociale*, a. XXVII, n. 21, nov. 1917, p. 1-15. Ver o comentário de SPRIANO, *Storia di torino operaia e socialista*, p. 451.

povo russo", começou.[435] Depois de terem impedido que a revolução se estagnasse, os partidários de Lenin haviam chegado ao poder em condições de estabelecer "sua ditadura" e elaborar as "formas socialistas às quais a revolução deverá finalmente adequar-se, para continuar a desenvolver-se harmonicamente, sem grandes choques".[436]

Até então, a palavra ditadura não fazia parte do léxico de seus artigos, mas mesmo aqui é possível ver seu esforço por interpretar o uso da força em um quadro mais geral, "cultural" em sentido amplo. Para Gramsci, a "revolução dos bolcheviques se baseava mais em ideologias do que em fatos".[437] Justamente por isso, afirmou que não fora na letra de Marx que os maximalistas russos teriam encontrado um guia para a ação. Na Rússia, escrevia, *O capital* era "o livro dos burgueses mais do que dos operários".[438] Gramsci referia-se ao *Prefácio de 1867*, no qual Marx afirmara que as nações com maior desenvolvimento capitalista mostravam o caminho a ser percorrido pelas demais e não poderiam saltar "fases naturais".[439] Tanto o determinismo reformista predominante no socialismo italiano como o marxismo legal russo tomavam como base essa elaboração e a usavam para defender a formação de uma burguesia e de uma so-

---

435 CF, p. 513.
436 *Loc. cit.*
437 *Loc. cit.*
438 *Loc. cit.*
439 Segundo Marx (*O capital*: crítica da economia política. (Livro I: *O processo de produção do capital* [São Paulo: Boitempo, 2013], p. 78-9), "não se trata do grau maior ou menor de desenvolvimento dos antagonismos sociais decorrentes das leis naturais da produção capitalista. Trata-se dessas próprias leis, dessas tendências que atuam e se impõem com férrea necessidade. O país industrialmente mais desenvolvido não faz mais do que mostrar ao menos desenvolvido a imagem de seu próprio futuro. [...] Ainda que uma sociedade tenha descoberto a lei natural de seu desenvolvimento [...], ela não pode saltar suas fases naturais de desenvolvimento, nem suprimi-las por decreto. Mas pode, sim, abreviar e mitigar as dores do parto".

ciedade industrial plenamente desenvolvida antes de qualquer transformação socialista na Rússia. Os bolcheviques, segundo Gramsci, "não são marxistas" pois, embora não renegassem "o pensamento imanente, vivificador" de Marx, "renegam algumas afirmações do *Capital*", ou seja, recusam "uma doutrinazinha exterior, de afirmações dogmáticas indiscutíveis".[440]

O raciocínio de Gramsci sobre o reformismo era bastante intrigante, pois se estendia para pensar não apenas as organizações da classe trabalhadora. Gramsci via o reformismo como um momento do desenvolvimento da cultura e da política, vinculado ao avanço da conformação do capitalismo nos diversos países. No caso italiano, porém, constatava que a burguesia do país estava atrasada em relação ao proletariado. Durante décadas, os trabalhadores italianos haviam desenvolvido uma concepção política própria, ainda que limitada, e que se materializava no reformismo. A burguesia local, por sua vez, apenas depois da entrada da Itália na guerra, em 1914, fora capaz de dar os primeiros passos no sentido de uma concepção econômica própria, da formação da "individualidade de classe", que se materializava em uma forma de "reformismo burguês", o nacionalismo econômico. Em um plano mais geral, para Gramsci, esses dois programas político-econômicos – reformismo e nacionalismo – eram equivalentes, dada sua "aparência revolucionária" e seu conteúdo conservador.[441]

Depois da Revolução Russa, entretanto, o proletariado italiano – assim como o russo – tinha a oportunidade de avançar e atingir a maturidade de pensamento no contato com o socialismo revolucionário.[442] De um ponto de vista histórico, continuava, a este novo momento do pensamento das classes trabalhadoras a burguesia deveria opor a "doutrina liberal" desenvolvida e operante em países como Inglaterra e Estados

---

440 CF, p. 513-4.
441 *Ibid.*, p. 454.
442 *Ibid.*, p. 483.

Unidos.⁴⁴³ Na Itália – como na Rússia – contudo, essa doutrina era simplesmente incapaz de se desenvolver. Por esse motivo, a principal lição da revolução na Rússia era a de que o proletariado seria capaz de pular o momento revolucionário burguês e mesmo realizar seus princípios, particularmente o da liberdade.

Em dezembro, portanto, Gramsci afirmou o caráter expansivo da revolução bolchevique em termos históricos e geográficos. Os "maximalistas" apropriaram-se do poder para evitar que a revolução estagnasse e, agora, se dedicavam à elaboração das formas socialistas pelas quais a revolução poderia se adaptar para continuar a se desenvolver. A interpretação de Gramsci sobre Marx tinha inspiração croceana, procurava aquilo que era morto e vivo em seu pensamento.⁴⁴⁴ Porém, diferente do que pensava o filósofo napolitano, para Gramsci a superação do "cânone" marxista – ou de suas "incrustações positivistas e naturalistas" – não era uma atitude abstrata, puramente intelectual.⁴⁴⁵

Gramsci considerava o marxismo um bom "cânone de crítica histórica" para períodos de "normalidade" do desenvolvimento do capitalismo, nos quais se poderia observar e fazer previsões a respeito do avanço do "caos-povo para uma ordem de pensamento, sempre mais consciente da própria força".⁴⁴⁶ No entanto, a guerra marcara um ponto de virada no "despertar das vontades", em particular na Rússia, onde o "sofrimento acumulado" se convertera em um uníssono, mecanicamente e espiritualmente.⁴⁴⁷ Nesse novo contexto de lutas, a "pregação socialista" deveria adquirir outro papel, projetando a experiência do povo russo internacionalmente, criando uma "vontade social" e consciência novas, dispostas a questionar a necessidade de "esperar" o desenvolvimento da burguesia. Mesmo sendo

---

443 *Loc. cit.*
444 *Ibid.*, p. 513-4.
445 *Ibid.*, p. 514.
446 *Ibid.*, p. 513-4.
447 *Ibid.*, p. 415.

o pensamento de uma minoria, essa pregação poderia se converter no "meio" pelo qual o proletariado vivenciaria uma nova e inesperada experiência.[448]

Nesse último artigo de 1917 sobre o tema, escrito com alguns meses de distância em relação às primeiras intervenções sobre a Revolução Russa, é notável o esforço de Gramsci por captar o significado mais geral dos acontecimentos, especialmente no que se referia ao papel dos bolcheviques. As primeiras intervenções eram marcadas pela ideia de continuidade entre o governo provisório russo e os maximalistas, mas, ao final do ano, Gramsci falou de maneira incisiva sobre a necessidade de levar a cabo a crítica do reformismo, inclusive por meio da força. Para essa mudança de abordagem, contribuía não apenas a conquista do poder pelos bolcheviques em outubro-novembro, mas também o balanço da atitude dos dirigentes socialistas italianos diante dos grandes protestos contra a guerra de agosto, especialmente em Turim. No fim de 1917, portanto, Gramsci sobrepunha de maneira sutil as duas realidades nacionais, em uma comparação anunciada na ideia de internacionalização da propaganda socialista e da consciência das massas proletárias nos diferentes países.

Considerações finais

Em outubro de 1918, um ano depois da tomada do poder pelos bolcheviques na Rússia, *Il Grido del Popolo* anunciou o encerramento de suas atividades para dar lugar à publicação de uma edição piemontesa do *Avanti!* – que se somava às edições romana e milanesa –, na qual Gramsci passou a atuar profissionalmente como jornalista. A ideia era manter, no novo jornal, o formato de "crônica" das questões envolvendo a cidade de Turim e toda a região do Piemonte, buscando uma ampliação

---

448 *Loc. cit.*

do enraizamento e da organização local do PSI.[449] Esse período coincidia com o fim da guerra e o começo do retorno dos soldados do *front*, entre eles muitos socialistas.

Com a recomposição da seção socialista de Turim, Gramsci assumiu uma posição marginal em relação à direção do partido, dedicando-se integralmente a atividades de propaganda. Suas críticas às posições reformistas do partido eram expressivas, mas não significavam ainda a disposição para a organização ou participação ativa em alguma tendência ou fração interna.[450] Sua atuação se voltou toda para a integração e o desenvolvimento político na base da organização, especialmente aquela operária. O objetivo era educá-la de maneira paciente e dedicada para que pudesse compreender e reagir diante dos equívocos da política reformista do PSI. Foi nesse contexto que tanto a reflexão sobre os intelectuais como aquela sobre os limites do Estado ganharam força.

O ano 1917 esteve longe de representar o ponto final da análise de Gramsci sobre a revolução na Rússia ou a crise do socialismo na Itália. Nos anos seguintes, muitas das interpretações formuladas no período aqui investigado seriam retomadas, reelaboradas ou mesmo descartadas por Gramsci. A reconstrução das ideias do jovem jornalista socialista no período 1916-1917, portanto, não pretende alcançar posições definitivas a respeito da interpretação da Revolução Russa e das possibilidades revolucionárias na Itália.

Os anos de 1916 e 1917 marcaram o início da atividade de Gramsci como jornalista da imprensa socialista italiana, período em que buscou compatibilizar sua formação intelectual e erudição com a escrita de artigos voltados para um público ativista e partidário. Um período que coincidiu, além disso, com o aprofundamento da crise humanitária gerada pela I Guerra Mundial e com as grandes esperanças projetadas pela revolução

---

449 E, p. 182.
450 Cf. testemunho de Umberto Terracini (Ricordi e riflessioni di un rivoluzionario professionale. *Belfagor*, v. 31, n. 3, mai. 1976, p. 251).

em um país atrasado economicamente no interior da Europa. Até fins de 1916, a cultura e a crítica dos intelectuais deram o tom dos artigos de Gramsci. Tratava-se de reconstruir o "interior" do socialismo italiano, reencontrar seu "estado de ânimo", iniciativa que se cristalizou de maneira programática no opúsculo *La Città Futura*. A partir de março de 1917, porém, esse programa foi paulatinamente deslocado, passou a dar lugar a uma tentativa de interpretar a renovação "espiritual" socialista com base na experiência revolucionária em curso. As ferramentas intelectuais de que Gramsci dispunha para armar esse projeto de reforma cultural em seu partido passaram a ser usadas na construção de uma intervenção analítica a respeito dos grandes acontecimentos.

Ao final desse período – especialmente depois da tomada do poder pelos bolcheviques – essas "ferramentas" começaram, elas mesmas, a ser reformadas. A cultura foi aproximada da revolução não mais pela lógica da precedência, mas como aspecto interno, fonte de legitimidade que se renovou na experiência política das massas russas. De forma tímida, mas explícita, Gramsci introduziu em sua interpretação "culturalista" o elemento da força militar, que até pouco tempo atrás considerava impróprio em um "ato de vontade" proletário. A partir de então, cultura e revolução se encontraram pela primeira vez em seus escritos, formando a base para o par conceitual consenso-força que o acompanhou até os anos 1930, em seus últimos escritos como prisioneiro do fascismo.

5. MAQUIAVEL, DE SANCTIS E CROCE[451]

451 Escrito em coautoria com Daniela Mussi.

Com a constituição da moderna nação italiana, a partir de meados do século XIX, tornou-se característico do pensamento político da península o constante apelo à reconstrução de uma tradição intelectual nacional. Esta era parte dos desafios da construção de uma nova ordem política e social que orientava, entre outras coisas, um retorno à história do Renascimento e à figura de Nicolau Maquiavel. Afinal, para o autor de *Il Principe,* não havia coisa "mais difícil de se fazer, mais duvidosa de se alcançar, ou mais perigosa de se manejar do que ser o introdutor de uma nova ordem", edificar um novo Estado.[452] Apesar de contemporâneo das grandes navegações, Maquiavel considerava que encontrar "métodos e ordens novas" era tão perigoso quanto aventurar-se na descoberta de mares e terras desconhecidas.[453]

De maneira geral, o ambiente cultural italiano buscava intensamente, desde o final do século XVIII, reconstruir os mais diversos aspectos da história da península, explicar a origem de seus problemas modernos e afirmar uma tradição gloriosa. É possível citar, por exemplo, a difusão de inúmeros "estudos históricos" sobre a nação italiana, no início do século XIX, como

---

452 MACHIAVELLI, Niccólo. *Tutte le opere* (Florença: Sansoni, 1971), p. 265.
453 *Ibid.*, p. 76.

os conhecidos dois volumes da *Storia d'Italia* (1830), de Cesare Balbo, e a compilação *Historiae patriae Monumenta* (1836), ambos publicados em Turim, ou, ainda, a extensa *Storia d'Italia del Medio Evo* (1839), de Carlo Troya.

Na metade do século XIX, o desenvolvimento das investigações históricas já apontava para uma especialização da área, resultado do trabalho continuado dos intelectuais italianos.[454] Esse é o caso, por exemplo, da *Storia delle belle lettere in Italia*, de Paolo Emiliani-Giudici (1812-1872), publicada em 1844, que em 1855 passaria a ser chamada de *Storia della letteratura italiana*, avaliada no meio intelectual como "tentativa, entre nós, de uma investigação filosófica sobre o desenvolvimento literário da nação".[455] Ou ainda de *Gli eretici d'Italia* (1865), do historiador católico Cesare Cantù, obra erudita sobre a reforma protestante na península. A obra mais importante desse período é a *Storia dei musulmani di Sicilia* (1854), de Michele Amari, que procurou aplicar o método crítico-filológico alemão no estudo das coisas italianas.

O que essa literatura histórica tinha em comum era uma valorização da ideia de nação, chave a partir da qual o patriotismo se tornou o "sistema de criticismo predominante na Itália", de acordo com Pasquale Villari.[456] Expoente dessa corrente foi Vincenzo Gioberti, que procurou afirmar em sua obra a existência de um primado civil dos italianos sobre a Europa. A pri-

---

454 MAZZONI, Guido. *Storia letteraria d'Italia*. (v. 9: *L'ottocento*. Milano: Dr. Francesco Vallardi, 1949), p. 1127. Ver também DE SANCTIS, Francesco. *La letteratura italiana nel secolo XIX:* scuola liberale – scuola democratica (Roma: Vecchiarelli Editore, 1897), p. 383.
455 MAZZONI, *Storia letteraria d'Italia*, p. 1128. A historiografia representada por Emiliani-Giudici e por muitos outros, porém, mantinha a dependência do objeto histórico em relação a uma interpretação doutrinária, não se livrara dos preconceitos clericais (SAPEGNO, Natalino. *Ritrato di Manzoni* [Roma-Bari: Laterza, 1992], p. 197).
456 VILLARI, Pasquale. *Studies, Historical and Critical* (New York: Scribner, 1907), p. 173.

mazia da península sobre o restante do continente evidenciava-se, para o filósofo piemontês, na instituição eclesiástica, que a partir de sua sede em Roma dirigia culturalmente a civilização cristã. No giobertiano *Del primato morale e civile dei italiani*, escrito em 1842, tinha lugar, assim, "um sistema político-filosófico que interpretava o universo e sua história para um uso especial e benefício da Itália".[457]

Mantendo esse forte patriotismo, a historiografia política e militar ganharia fôlego alguns anos mais tarde com a publicação dos seis volumes da *Storia della monarchia piemontese* por Ercole Ricotti. No volume sexto de sua *Storia*, Ricotti observou que, no contexto do enfraquecimento da Igreja católica, a entrada dos países reformados (protestantes) no "equilíbrio internacional europeu", assegurada pela Paz de Vestfália (1648), teve um importante papel para a condução da consolidação dos Estados nacionais no século XVII: "esta novidade foi o princípio e o sinal, entre muitos outros, daquilo que aos poucos o povo passou a desejar e os príncipes passaram a promover, a fim de reconstruir a sociedade civil sobre bases verdadeiras"; e complementava, "Algumas destas foram realizadas plenamente, com a ajuda máxima e terrível da Revolução Francesa, outras foram esboçadas, e outras, ainda, realizadas por meio de transições temporárias e acordos".[458]

A história das ideias políticas, por sua vez, encontraria seu lugar com a publicação pelo exilado italiano Giuseppe Ferrari de seu curso *Histoire de la raison d'Etat* (1860). Nessa obra, Maquiavel ocupava um lugar de destaque como um revolucionário, defensor da unidade italiana e do poder popular. Ferrari apresentava o secretário florentino como portador de "uma ciência exclusivamente italiana, para a qual invocava a libertação e a grandeza da península".[459] Justamente por isso, o exila-

---

457 *Ibid.*, p. 174.
458 RICOTTI, Ercole. *Storia della monarchia piemontese* (v. IV. Firenze: G. Barbèra, 1869), p. 27.
459 FERRARI, Giuseppe. Machiavelli giudici della rivoluzione de'nos-

do figurava Maquiavel como um intelectual derrotado em sua época e incapaz de estimular um amplo movimento intelectual de retorno a sua obra.

O contexto no qual escrevia Ferrari também apontava outro sentido para a derrota da ciência de Maquiavel: as revoluções de 1848 na península itálica haviam sido esmagadas pelas forças da reação, as aristocracias locais continuavam comandando a política, os exércitos espanhóis permaneciam em Nápoles e o papa Pio IX traíra todas as esperanças que os liberais haviam nele depositado. Os senhores, a Igreja e as potências estrangeiras, tudo aquilo que Maquiavel desejara derrotar, dominavam a península ainda no século XIX. Além disso, no pensamento dominante entre os contemporâneos, o secretário florentino permanecia como a encarnação do amoralismo, do ateísmo e do despotismo.

Porém, apesar da derrota inicial, a unidade italiana havia começado seu movimento. A partir de 1859, o *Risorgimento* italiano ganharia novo impulso e culminaria com a derrota do papado e a construção de uma nova nação entre 1861 e 1871. Ao longo dessa década, período de triunfo da unificação, foi preparado um retorno definitivo de Maquiavel à cultura italiana.[460] O revigoramento da historiografia e da ciência política

---

tri tempi. In: *Opuscoli politici e letterari ora per prima volta tradotti* (Capolago: Elvetica, 1949), p. 115.
460 Um retorno marcado por uma tentativa de unir e superar dois "estilos" de interpretação recorrentes na Europa: um marcado pelo caráter "patriótico" e "político", tal como no historiador alemão Georg Gervinus (1805-1871), cuja "admiração por Maquiavel o levava a se perguntar o que um historiador deveria fazer nas condições predominantes da Alemanha" no contexto problemático de sua unificação imperial (CRAIG, Gordon A. Georg Gottfried Gervinus: The Historian as Activist. *Pacific Historical Review*, v. 41, n.1, fev. 1972, p. 3-4); e outro que buscava valorizar no pensamento do secretário florentino seu caráter científico capaz de renovar o cristianismo e reconciliar a religião com o homem moderno ou, vice-versa, como "cristianismo espiritualizado e viril [...] capaz de encorajar a ciência", como em Sain-

italiana não deixou de ser, assim, um reencontro com a tradição maquiaveliana. O *Risorgimento* foi, também, o renascimento de Maquiavel.

Este capítulo busca analisar três momentos desse retorno, que foram, ao mesmo tempo, tentativas de um acerto de contas com uma história italiana que remonta ao século XVI, cristalizadas nas obras de Francesco De Sanctis (1817-1883), Benedetto Croce (1866-1952) e Antonio Gramsci (1891-1937).

Renascimento *versus* Risorgimento: Francesco De Sanctis

Francesco De Sanctis participou ativamente das lutas pela independência e unidade da península. Em 15 de maio de 1848, início da chamada Revolução Siciliana, foi preso em Nápoles pelas forças do governo de Ferdinando II, no mesmo dia em que teve sua casa metralhada e um de seus melhores alunos, Luigi de La Vista, fuzilado. O crítico literário passou três anos preso no Castel dell'Uovo e, a partir de 1851, iniciou um longo período de exílio: permaneceu por alguns anos em Turim, onde foi professor de literatura na universidade e, em 1856, partiu para a Suíça, onde permaneceu até 1860 como professor do Politécnico de Zurique. Nesse período, derrotado e exilado, o crítico passou a deixar para trás qualquer laço com um patriotismo concebido abstratamente – como aquele que se fazia presente em Gioberti – e procurou pensar a "realidade dos eventos" e a preparação efetiva das novas gerações para as novas lutas pela unificação que se iniciavam.[461] Esse foi o clima que preparou sua apropriação do pensamento de Maquiavel.

---

t-René Taillandier (1817-1879) (TAILLANDIER, Saint-René. *Histoire et philosophie religieuse* [Paris: Michel Lévy Frères, Libraries Editeurs, 1860], p. XI-XII. Cf. tb. FERRIERI, Pio. *Francesco De Sanctis e la critica letteraria* [Milano: Hoepli, 1888], p. 300).
461 VILLARI, *Studies, Historical and Critical*, p. 173.

Entre o retorno do crítico literário à Itália em 1860 e o fim da unificação nacional, com a anexação de Veneza e Roma em 1871, o projeto de investigação desanctiano se desenvolveu enormemente, tendo em seu ápice a publicação da *Storia della letteratura italiana*, "o maior livro de história do *Ottocento* italiano sobre a civilização italiana moderna".[462] Com essa obra, De Sanctis se dedicou especialmente à representação da "glória" da unificação nacional italiana que se completava na figura do secretário florentino: "neste momento que escrevo, os sinos tocam bem alto e anunciam a entrada dos italianos em Roma. O poder temporal colapsa. E se grita 'viva' à unidade da Itália. Glória a Maquiavel".[463] Com isso, De Sanctis inaugurava, em sua *Storia*, um tipo de maquiavelística, que integrava, por meio da crítica literária, as ideias do secretário florentino à cultura italiana do contexto de consolidação da unificação da Itália.

---

462 TESSITORE, Fulvio. *Comprensione storica e cultura*: revisione storicistiche (Napoli: Guida, 1979), p. 237. A ideia do livro nasceu de uma proposta feita em 1868 pelo editor Antonio Morano para que De Sanctis escrevesse "um manual de literatura italiana para os liceus", a partir da compilação de material já existente e inclusão de alguns textos novos (SAPEGNO, *Ritratto di Manzoni*, p. 184). Para composição de sua *Storia*, o crítico optou por "uma solução de compromisso" na qual se mantiveram lacunas, desproporções, incompletudes no texto, fazendo deste "até certo ponto ineficiente com respeito ao objetivo humildemente informativo e didático que inicialmente fora proposto ao escritor" (*ibid.*, p. 184). As incompletudes analíticas de De Sanctis eram resultado da forte crítica que ele fazia ao método das correntes literárias de seu tempo: das retórico-formalistas tradicionais, passando pela perspectiva analítica psicológica francesa, anedótica e empírica e também pela crítica idealista alemã, que fazia da "história encarnada" algo "independente do espaço e do tempo" (GUGLIELMI, Guido. *Da De Sanctis a Gramsci*: Il linguaggio della critica [Bologna: Il Mulino, 1976], p. 21). Ver MUSCETTA, Carlo. *Francesco De Sanctis*: lo stato unitario e l'età del positivismo (Roma-Bari: Laterza, 1978), p. 38.
463 DE SANCTIS, *Storia della letteratura italiana* (Torino: UTET, 1973), p. 551.

Esse exercício era, também, um ponto de inflexão historiográfica em relação à interpretação clerical e positivista, muito influentes na vida intelectual italiana e europeia do século XIX. Essas "doutrinas contra as quais De Sanctis se posicionava" constituíam "sintomas da fase de reação e transição", o que explicava, por um lado, por que as "pesquisas no campo econômico, pedagógico e social e, sobretudo, na sociologia, buscavam dar uma nova forma à existência e formular um ideal novo".[464] Afinal, o positivismo continha um tipo de realismo que se desenvolvia como protesto contra o abuso dos construtos clericais, teológicos e metafísicos, para explicação dos fenômenos humanos na Itália.[465] De Sanctis percebia, porém, que "o senso do real, do verdadeiro, a popularidade da matéria, a natureza da expressão" colocados pelo "fanatismo positivista" eram "mais uma promessa que fatos", que, de certa forma, se explicitavam também na leitura que Ferrari tinha de Maquiavel.[466]

    Nesse sentido, para a revitalização do pensamento de Maquiavel, "De Sanctis refutava a noção de sistema, ou seja, a concepção sistemática da filosofia e do pensamento em geral", e colocava a importância "do nó problemático" de uma nova cultura como chave para compreender a originalidade das ideias

---

464 WELLEK, René. Il realismo critico di De Sanctis. In: CUOMO, G. (cura di). *De Sanctis e Il realism* (Napoli: Giannini Editore, 1978), p. 41-2.
465 *Ibid.*, p. 41.
466 *Ibid.*, p. 43. Ver SAVARESE, Gennaro. Introduzione. In: DE SANCTIS, Francesco. *La Giovinezza* (Napoli: Guida, 1983), p. 10-1. Gramsci, em seus *Quaderni del carcere*, acompanha esse raciocínio: "Ferrari estava, em grande parte, fora da realidade concreta italiana; ele era muito afrancesado adaptava à Itália os esquemas franceses. É possível dizer que Ferrari, com relação à Itália, se encontrava na posição de um 'posterior': seu sentido era, até certo ponto, um 'sentido do depois'". A essa posição, Gramsci opunha Maquiavel: "o político, ao contrário, deve ser um realizador 'efetivo e atual'", "traduzir o 'francês' em 'italiano'", "incidir no movimento real", e não criar "seitas e escolinhas" (Q 1, § 44, p. 44).

do secretário florentino.[467] A verdade era a coisa efetiva e, por isso, o modo de investigá-la deveria conjugar a experiência e a observação. Ao mecanismo vazio fundado sobre a combinação abstrata do intelecto encarnado na pretensa existência do "universal", o Maquiavel desanctiano contrapunha a concatenação de fatos, das causas e dos efeitos. Dessa forma, fundava o fato não apenas como acidente, mas como originário da atividade humana, como fato intelectual e argumento.[468] Essa era uma maquiavelística que projetava no século XIX uma imagem unificada da atividade política e científica, como exemplo e referência para as classes dirigentes do *Risorgimento*. A essa recuperação histórica, De Sanctis vinculava diretrizes autobiográficas, ou seja, buscava atualizar Maquiavel e adequá-lo à cultura europeia contemporânea e às necessidades desta. Para que uma cultura nova, no contexto da unificação, fosse também "indígena, autóctone, original", era preciso evitar toda forma de intelectualismo e perseguir uma relação dialética entre teoria e prática.[469]

Nesse sentido é que De Sanctis retomava a ideia de "ver as coisas efetivas" com o espírito de Maquiavel, por meio da "pesquisa dos elementos reais da existência".[470] É possível dizer que o crítico procurava, no pensamento maquiaveliano sobre as debilidades do *Risorgimento* do século XVI, as ferramentas para construir um programa político-intelectual para intervir sobre o *Risorgimento* do século XIX.[471] O ponto alto do pensamento

---

467 SCRIVANO, Riccardo. De Sanctis tra idealismo e positivismo. In: CUOMO, Giuseppe (cura di). *De Sanctis e Il realismo* (Napoli: Giannini Editore, 1978), p. 163.
468 DE SANCTIS, *Storia della letteratura italiana*, p. 526-7.
469 SCRIVANO, De Sanctis tra idealismo e positivismo, p. 165.
470 Cf. *ibid.*, p. 164.
471 Essa operação teórica encontrava forte apoio no fato de que no léxico do século XIX o movimento intelectual dos séculos XV e XVI é denominado de *Risorgimento* [Ressurgimento]. Foi apenas a partir da influência de Jacob Burckhardt (1818-1897) que o conceito de *Rinascimento/Renaissance* se afirmou. Para evitar confusões desnecessárias,

maquiaveliano, sob as lentes de De Sanctis, era justamente sua atitude crítica para com as elites intelectuais e políticas do Renascimento na Itália. Esse período era comumente visto como momento em que a autonomia e a liberdade se afirmavam, porém Maquiavel percebera que essas não se convertiam em autonomia e liberdade concretas: era um momento de afirmação da autonomia do homem e da política como "ciência", sem que essa autonomia existisse concretamente, como prática.

Ao lado da *Storia*, nesse sentido, é fundamental levar em conta o discurso *Scienza e Vita*, pronunciado como abertura do ano escolar em novembro 1872 na Universidade de Nápoles, na qual De Sanctis passou a ensinar. Aqui, aparecia a ideia do Renascimento como um período de esplendor intelectual e artístico, mas, ao mesmo tempo, de decadência moral, religiosa e civil.[472] A Itália do final do século XV encontrava-se no mais alto grau de potência, de riqueza e de glória. Nas artes, nas letras e nas ciências, alcançara um sentido que poucas e privilegiadas nações conseguiriam e do qual outras, que De Sanctis chamava com soberba de "bárbaras", estavam muito distantes. Entretanto, ao primeiro grito desses bárbaros, observava, a Itália imediatamente declinara, ruíra.[473]

---

a expressão italiana *Risorgimento* foi traduzida por "Renascimento" sempre que se referia aos séculos XV e XVI. Quando a referência era ao século XIX o vocábulo foi mantido no idioma original.
472 Cf. DE SANCTIS, La scienza e la vita. In: *Opere* (Milano-Napoli: Ricardo Ricciardi, 1961). Momento com o qual a Reforma protestante contrastaria posteriormente; esta, ainda que significasse um "regresso cultural" em sentido artístico na Europa, do ponto de vista moral e civil significava um progresso na medida em que sustentava a liberdade da consciência e impulsionava o desenvolvimento dos Estados nacionais (cf. BARBUTO, Gennaro M. *Ambivalenze del moderno*: De Sanctis e le tradizione politiche italiane [Napoli: Liguori Editore, 2000], p. 45).
473 DE SANCTIS, *Saggi* (Torino: UTET, 1974), p. 207.

Para De Sanctis, o Renascimento fora um momento no qual a vida intelectual buscava recuperar seus fundamentos na vida dos antigos, na pólis grega e na antiga República romana.[474] Mas teria faltado aos renascentistas italianos o sentimento nacional, eles "eram movidos por um sentimento mais alto, se sentiam cosmopolitas e foram benfeitores da humanidade, ao mesmo tempo que viviam, entre si, o holocausto".[475] A invasão da península pelos franceses em 1494 já sinalizara o que estava por vir. Em 1527, o saqueio de Roma e a prisão do próprio papa Clemente VII consumaram a decadência italiana.

Contra o cosmopolitismo renascentista, De Sanctis buscava em Maquiavel o ponto alto da formulação sobre o conflito entre vida intelectual e vida política. Para De Sanctis, *Il Principe*, livro mais conhecido do secretário florentino, traduzido em muitas línguas e base de julgamento de sua vida e de sua obra, fora avaliado, ao longo da história, não por sua consistência lógica e científica, mas graças a um valor moral ainda influenciado pela visão de mundo clerical.[476] Essa "valorização" moral fizera com que "maquiavelismo" passasse a ser identificado amplamente como doutrina da tirania, da justificação pura e simples dos meios pelos fins. Esse argumento se projetou no tempo e foi, por exemplo, base do *Anti-Machiavel* escrito por Frederico II, imperador da Prússia, em 1739, que pretendeu "fazer a defesa da humanidade contra esse monstro que deseja destruí-la.[477]

Ao escrever sobre Maquiavel no final do século XIX, De Sanctis pretendia construir uma imagem alternativa e integral dele, "encontrar os fundamentos de sua grandeza" e, com isso, "o estudo sobre a literatura se tornava um estudo sobre a

---

474 *Id.*, La scienza e la vita, p. 1047.
475 *Id.*, Saggi, p. 208.
476 Cf. *id.*, Storia della letteratura italiana.
477 FRÉDÉRIC II. *Anti-Machiavel, ou Essai de critique sur le Prince de Machiavel, publié par Mr. de Voltaire*. Nouvelle édition, où l1on a ajouté les variations de celle de Londres (Amsterdam: Jacques La Caze, 1741), p. x-xi.

humanidade e sobre o pensamento da humanidade", com vistas a entender o passado e o presente do *Risorgimento*.[478] Tratava-se de uma operação complexa e com sentido claramente histórico-político, afinal, a reformulação da tradição literária nacional era um momento crucial da construção da própria nação. Para tal, a reconstrução do lugar do secretário florentino na cultura nacional da península foi levada a cabo a partir da comparação com outro intelectual florentino do Renascimento, o diplomata e historiador Francesco Guicciardini (1483-1540), autor, entre outras, da monumental *Storia d'Italia*.

O pensamento de Guicciardini também era retomado no contexto do *Risorgimento*, o que pode ser notado pela publicação, em vários volumes, de suas *Opere inedite*, um conjunto de ensaios e uma parte importante do epistolário do diplomata de Florença, entre 1857 e 1867.[479] A principal motivação nesse retorno *risorgimentale* a Guicciardini era buscar sua aproximação com Maquiavel.[480] Esta era feita por meio da suposição de que

---

478 DE SANCTIS, *Storia della letteratura italiana*, p. 515; VILLARI, *Studies, Historical and Critical*, p. 171.
479 Esta publicação fora iniciativa de seus descendentes, os condes Luigi e Piero Guicciardini, com objetivo de destacar que a importância histórica e política do diplomata "não era inferior às obras de Maquiavel" (GUICCIARDINI, Francesco. *Opere inedite*. [v. 1. Firenze: Barbera, Bianchi e Comp., 1857], p VII). Dessa interessante publicação inédita dos "papéis secretos" de Guicciardini, guardados por mais de trezentos anos por sua família, cabe destacar o ensaio "Considerazioni intorno ai Discorsi del Machiavelli sopra la prima deca di Tito Livio" [Considerações sobre os Discursos de Maquiavel sobre a primeira década de Tito Lívio] (cf. TEIXEIRA, Felipe Charbel. O melhor governo possível: Francesco Guicciardini e o método prudencial de análise da política. *Dados*, Rio de Janeiro, v. 50, n. 2, 2007, p. 326). Nesse texto, Guicciardini concentrou sua atenção nos principais capítulos dos *Discorsi*, ou seja, aqueles nos quais Maquiavel "trata os mais importantes argumentos sobre a ciência e arte do Estado" (GUICCIARDINI, *Opere inedite*, p. XXV).
480 Cf. MANCINI, Pasquale S. *Machiavelli e la sua dottrina politica* (Torino: Lampato, Barbieri e Comp., 1852).

haveria em ambos um "pensamento constitucional" com o qual Maquiavel contribuía por meio da "arte" da política, enquanto caberia a Guicciardini a "ciência".[481] Apesar disso, se reconhecia a "sensível discrepância" no que diz respeito ao governo "temperado pelas leis" e pela prudência, defendido por Guicciardini, e o governo popular e a virtuosidade defendidos por Maquiavel.[482]

Em seu artigo "L'uomo del Guicciardini" [O homem de Guicciardini], publicado em 1869 na revista *Nuova Antologia* com comentários à publicação das *Opere inedite* de Guicciardini, De Sanctis, enfatizou exatamente essas discrepâncias e questionou a afirmação dos pressupostos comuns. Para o crítico, era próprio ao pensamento de Guicciardini observar – tal como Maquiavel –, de forma precisa e com exato sentimento, as condições italianas no período do Renascimento. Porém, essa atitude era limitada pelo fato de que, ao contrário do secretário florentino, "sua consciência estava vazia e petrificada".[483] O diplomata florentino enfatizava a separação entre filosofia e práxis e afirmava que "conhecer não é colocar em ato". Assim, embora Guicciardini fosse um amante da liberdade bem ordenada, da laicização da política, da independência e da unidade italiana, esse amor era platônico e sua vontade impotente.[484] Este "homem positivo que se preocupa apenas do particular" era, para De Sanctis, apenas "o primeiro estágio do realismo".[485]

O realismo de Guicciardini, por ser "apenas particular", tornava-se abstrato; não impregnava sentimentos vivos e forças operantes; era apenas formado por ideias e opiniões, nunca por um programa, um plano. O homem sábio definido e defendido

---

481 GUICCIARDINI, *Opere inedite*, p. XXVI. Ver MANCINI, *Machiavelli e la sua dottrina politica*, p. XLIV.
482 GUICCIARDINI, *Opere inedite*, p. XXV. Ver TEIXEIRA, O melhor governo possível, p. 327.
483 DE SANCTIS, *Saggi*, p. 216. Ver *id.*, *Storia della letteratura italiana*, p. 514.
484 *Id.*, *Saggi*, p. 225.
485 WELLEK, *Il realismo critico di De Sanctis*, p. 42.

por Guicciardini não era, desse modo, um homem de ação. O discernimento não estava voltado a instruir uma prática; era apenas o sábio consciente dos perigos enfrentados, superior aos seus compatriotas que nada viam ou que viam o que não existia, cheio de desprezo pelos homens vulgares que não tinham um olhar treinado e uma mente perspicaz como a dele. Mas toda essa inteligência só lhe permitia ser irônico. Nada mais.

O pensamento de Maquiavel, por sua vez, assumia toda sua força porque era também voltado para a dimensão coletiva, universal. Nele havia a ideia de que a Itália não poderia manter sua independência se não fosse unida inteiramente, ou em grande parte, sob um príncipe.[486] Para De Sanctis, nesse sentido, o Renascimento maquiaveliano era capaz de se projetar para o futuro, até o século XIX na Itália, como uma referência para o *Risorgimento*. Afinal, já em seu tempo, Maquiavel percebera que entre os intelectuais italianos havia a arte e a filosofia, mas faltava a ciência e a arte da política.

Em De Sanctis, o tempo de Maquiavel inaugurara o intelecto "maduro" que adquiria consciência de sua autonomia, e se distinguia de todos os elementos de sentimento e imaginação, em meio aos quais havia crescido crente e ignorante de si mesmo. Era o indivíduo que contrapunha de forma complexa sua autonomia aos absorventes organismos do "ser" coletivo medieval, para se proclamar fim e não meio. Ao mesmo tempo, para De Sanctis, graças a essa autonomia, passava a ser possível perceber a crise do sistema feudal e o advento da vida moderna. A ciência da política se convertia, assim, cada vez mais, em um instrumento de reação contra os limites do mundo feudal, sua temporalidade e espacialidade.

Era a ciência da política que nascia e percebia que no medievo não existia o conceito de pátria, mas apenas o de fidelidade e de subordinação. Os homens nasciam todos súditos do papa e do imperador, os representantes de Deus, um como o espírito

---

486 DE SANCTIS, *Storia della letteratura italiana*, p. 512.

e o outro como corpo da sociedade. Porém, se existiam ainda o papa e o imperador, a ciência – tal como em Guicciardini – ajudava a derrotar nas classes cultas a concepção sobre a qual se fundava esse poder. Essa ciência combatia o conceito de um governo estreito e tratava asperamente as reminiscências feudais (os *gentiluomini*, por exemplo). Além disso, tornava a pátria o fundamento da nova vida.[487]

No discurso *Scienza e Vita*, encontramos a ideia importante de que, no apagar das luzes do Renascimento, a ciência passara a fornecer a legitimidade, e a política, a consolidar sua autonomia.[488] Sobre isso, porém, De Sanctis colocava agora um importante e conhecido questionamento: "A ciência é dessa vida, toda a vida?" ou, de outra maneira, pode a ciência substituir ou absorver em si a arte da política? A resposta era não, na medida em que a ciência precisaria ser sempre vista como resultado da vida e não como princípio desta.[489] Nessa resposta residia a diferenciação que De Sanctis realizava entre Guicciardini e Maquiavel.

---

[487] "Eu acredito que a maior honra que podem possuir os homens é aquela voluntariamente oferecida pela pátria; acredito que o maior bem que se pode realizar, que mais agradará a Deus, é aquele que se faz a sua pátria" (MACHIAVELLI, *Tutte le opere*, p. 30.) A pátria de Maquiavel era a comuna livre, por sua virtude. Contudo, o secretário florentino não podia deixar de perceber o fenômeno histórico real e efetivo de formação dos grandes Estado europeus, e o consequente desaparecimento da própria comuna com todas as outras instituições feudais. Sua ciência lhe permitia propor, ao ampliar o conceito de pátria, a constituição de um grande Estado italiano que pudesse defender a nação das invasões estrangeiras. Assim, a pátria deixava de ser apenas a pequena comuna e passava a ser toda a nação (DE SANCTIS, *Storia della letteratura italiana*, p. 520).
[488] A ideia de "autonomia da política" em sua leitura do pensamento de Maquiavel se tornaria, posteriormente, o ponto de partida para Benedetto Croce na empreitada de "continuação" do pensamento de De Sanctis.
[489] Cf. *id.*, La scienza e la vita.

Em Maquiavel, a arte da política encontrava seu vir a ser em um programa de ação, desenhado no último capítulo de *Il Principe*: "Exortatio ad capessendam Italiam in libertatemque a barbaris vindicandam". Tratava-se de um vir a ser concreto, enraizado profundamente na realidade de sua época. De Sanctis via que as condições desse presente – no qual os resquícios do feudalismo eram ainda vivos e operantes – impunham impasses ao programa maquiaveliano, à sua arte da política. Porém, esses limites, esses "enigmas", não impediam Maquiavel de fundir, em sua utopia, o passado e o presente italianos por meio da projeção da unidade e independência nacional que seriam realizadas por uma liderança política, caracterizada na imagem de um príncipe virtuoso.

Assim como Maquiavel, De Sanctis procurava ter "um olho no passado e outro no presente" e percebia que a "época" de Maquiavel não fora párea ao seu mérito, sendo que, justamente por isso, o florentino era visto mais como homem *di penna* que homem de Estado.[490] Maquiavel, apesar disso, era alguém que "tomava parte", era um homem de partido, que participava da vida e, reduzido à solidão, afastara-se da sociedade e passara a interrogá-la.[491] Da mesma forma, De Sanctis via a si próprio como

> [...] um novo intelectual meridional [...] um homem de cultura ativo no esforço de buscar métodos e conteúdos eficazes para fundar uma nova escola, mas que não exclui dos próprios interesses os especificamente políticos, de propor-se como intermediário entre as populações atrasadas do Sul e um aparato estatal que evolui rapidamente de regional para nacional-unitário.[492]

---

490 SAVARESE, Introduzione, p. 9.
491 DE SANCTIS, *Storia della letteratura italiana*, p. 515.
492 SAVARESE, Introduzione, p. 5.

O verdadeiro ideal é a história, a ideia realizada, como "ideia vivente, contida no real". Por meio dessa passagem reveladora, nas últimas páginas de sua *Storia*, o "homem de Maquiavel" parece personificar um novo homem, "sem a face estática e contemplativa do período medieval" *do homem de Guicciardini*, e "sem a face tranquila e idílica" do Renascimento.[493] Esse é um homem moderno que "opera e trabalha sobre um objetivo". De Sanctis percebia que a função de "educador" assumida por Maquiavel – já que "se não se podia operar era preciso ensinar" –[494] fundava uma relação de tipo nacional e popular para com a realidade italiana, que era ao mesmo tempo a base de seu realismo e de sua ciência.[495] O verdadeiro maquiavelismo, para De Sanctis, era o programa do mundo moderno, desenvolvido, corrigido, ampliado e mais ou menos realizado por Maquiavel. As nações que se aproximassem desse ideal seriam grandes nações. Isso porque o programa de Maquiavel no Renascimento procurava superar os impasses aos quais havia chegado. Para De Sanctis, esse programa era necessário para expandir os limites do novo *Risorgimento* italiano e imprimir-lhe uma direção antipapal, anti-imperial, antifeudal, civil, moderna e democrática.[496]

---

493 DE SANCTIS, *Saggi*, p. 207; PISANTI, Tommaso. Cultura europea e letteratura italiana in De Sanctis. In: CUOMO, *De Sanctis e Il realismo*, p. 348.
494 A contragosto, Maquiavel poderia ser considerado mais próximo de Aristóteles e Platão que de Sólon e Licurgo: "E essa glória foi sempre tão estimada pelos homens que não aspiram mais do que a glória, que não podendo construir uma república de fato, criaram-na por escrito, como Aristóteles, Platão e muitos outros. Eles quiseram mostrar ao mundo que mesmo não tendo a oportunidade de fundar um viver civil, como fizeram Sólon e Licurgo, isso não ocorreu de sua ignorância, mas da impotência de realizá-lo de fato" (MACHIAVELLI, *Tutte le opere*, p. 30-1).
495 DE SANCTIS, *Storia della letteratura italiana*, p. 537.
496 *Ibid.*, p. 551.

Intermezzo crítico: Benedetto Croce

No começo do século XX, a obra de Francesco De Sanctis foi redescoberta na Itália. O filósofo neoidealista Benedetto Croce foi um dos agentes principais desse reencontro com a tradição historiográfica *risorgimentale* e, particularmente, da revalorização do legado do crítico literário. Desde o final do século XIX, Croce estava empenhado em fazer de De Sanctis um capítulo importante da história da crítica literária italiana e lhe dedicou grande destaque em seu opúsculo *La critica leteraria: questioni teoriche*, de 1896.[497] Esse empenho adquiriu maior intensidade e projeção devido à atividade editorial do filósofo napolitano. Em 1897, publicou uma versão de um curso até então inédito de Francesco De Sanctis – *La letteratura italiana nel secolo XIX* – antecedendo o texto com um importante prefácio.[498]

Esse curso inédito de De Sanctis era crucial para compreender seu pensamento político, não tanto por suas críticas à política dos liberais moderados do Piemonte, mas pela insatisfação do crítico com a incapacidade dos radicais-democráticos do Partito d'Azione fazerem parte ativa da cultura popular e dirigirem a nação. O interesse de Croce era, entretanto, metodológico. Com a publicação de *La letteratura italiana nel secolo XIX*, o filósofo napolitano buscava o aprofundamento de um método, que estaria presente já na *Storia da letteratura italiana*, segundo o qual a pesquisa sobre um conjunto de textos e autores assumia a forma de uma investigação sobre a história das ideias e dos intelectuais na península. A principal contribuição do crítico irpino, percebia Croce, era o desenvolvimento do fato literário e da vida nacional como uma única coisa.

---

497 Cf. CROCE, Benedetto. *Scritti su Francesco De Sanctis*: a cura di Teodoro Tagliaferri e Fulvio Tessitori (v. II. Napoli: Giannini, 2007), p. 57-69.
498 Cf. *ibid.*, p. 101-27.

Os anos de 1894 e 1895, período imediatamente anterior à publicação dos escritos póstumos de De Sanctis, foram decisivos no desenvolvimento intelectual de Croce. As discussões e polêmicas sobre método e crítica literária, movimento por meio do qual o pensamento do *Ottocento* era resgatado, coincidiam com suas tentativas de revisão do materialismo histórico.[499] O processo de revisão neoidealista do marxismo foi marcado por idas e vindas no final do século XIX, e apenas posteriormente desembocaria em uma recusa radical pelo filósofo. Nessa época, Croce considerava o materialismo histórico um importante "cânone de interpretação histórica", uma ferramenta útil para compreender o passado. Foi também um cânone interpretativo o que o filósofo napolitano encontrou primeiramente em De Sanctis. Assim registrou no prefácio que escreveu para *La letteratura italiana nel secolo XIX*:

> Essa direção, que hoje se chama (deixo de dizer se bem ou mal) de materialismo histórico, e que consiste em conceber os fatos da história na gênese e no desenvolvimento dos elementos materiais mais simples, frequentemente encontrou em De Sanctis um representante não doutrinário.[500]

A descoberta, em De Sanctis, de uma concepção materialista da história inaugurava um filão extremamente promissor para a pesquisa sobre o pensamento político italiano. Mas essa desco-

---

[499] BADALONI, Nicola; MUSCETTA, Carlo. *Labriola, Croce, Gentile* (Roma: Laterza, 1990), p. 24.
[500] CROCE, *Scritti su Francesco De Sanctis*, p. 113. Em 1902, Croce dizia que o marxismo: "rendera o benefício de ter completado minha cultura filosófica com o conhecimento de um lado muito importante da atividade prática do homem, que é o lado econômico; e de ter formado em mim uma convicção política que, de uma plena persuasão das teses e previsões de Marx, converteu-se em um liberalismo e radicalismo democrático" (CROCE, 1902 *apud* GARIN, Eugenio. *Intelletuali italiani del XX secolo* [Roma: Riuniti, 1974], p. 10n).

berta ficou sem receber o desenvolvimento necessário. Embora ainda sob a influência do marxismo, Croce encontrava-se, no momento em que escreveu seu prefácio, fortemente propenso a uma política conservadora, que se tornaria mais evidente com o advento da I Guerra Mundial. A ruptura com o marxismo já havia se transformado em uma oposição aberta ao socialismo. Essa postura política o levou a valorizar um De Sanctis moderado, proponente de um progresso cauto e de uma *Sinistra* autolimitada em seus propósitos pelo sistema parlamentar e pelas leis. Em outras palavras, aos poucos Croce convertia De Sanctis em um ideólogo do *trasformismo*.

A publicação póstuma dos escritos desanctianos, a partir de 1896, fez parte de uma operação intelectual por meio da qual Croce afirmou uma interpretação filosofante do crítico irpino, na qual era valorizada a natureza da história, da arte e da ciência, bem como a relação entre essas. De Sanctis era, assim, transformado em um clássico nacional, "cuja grandeza [Croce] reivindicava não apenas contra os professores positivistas, mas também contra Antonio Labriola e Giosuè Carducci".[501] Essa operação permitiu apresentar a filosofia neoidealista como a continuação e o desenvolvimento da melhor tradição crítica e histórica do século XIX. A revalorização croceana da obra de De Sanctis, especificamente aquela sobre crítica literária, ocorria no projeto de desenvolvimento de uma nova filosofia. Assim, ao escrever sobre De Sanctis, o filósofo napolitano inventava uma tradição na qual poderia encaixar-se como crítico-continuador, lançando as bases do que viria a ser um sistema filosófico: a "filosofia do espírito".

A valorização do filósofo caminhava de mãos dadas com a desvalorização do político. A figura de De Sanctis "democrático-burguês, homem de 1848, para o qual a vida intelectual e política se encontravam em um núcleo indissociável", não representava um modelo para Croce, cada vez mais inclinado

---

501 BADALONI; MUSCETTA, *Labriola, Croce, Gentile*, p. 25.

à vida de "homem de estudo e pensamento".[502] A vida do filósofo napolitano correu tranquila e, ao contrário de seu predecessor, nunca conheceu as masmorras. Croce procurava, assim como Giovanni Gentile, outro caminho de aproximação com o pensamento desanctiano.[503] Este se daria pela proposição de um "renascimento do realismo" que teria tido inicio no século XIX com a formulação de princípios filosóficos alternativos aos das ciências positivistas, a partir de uma interpretação e valorização do Renascimento italiano do século XV, em especial de Maquiavel e Guicciardini.[504] Croce partia da ideia de que, assim como o secretário florentino, De Sanctis havia sido um homem fora de seu tempo, um pensador incompreendido.

Ao refinar definitivamente sua própria posição filosófica em relação ao marxismo, Croce atribuía a De Sanctis o desenvolvimento de uma metodologia capaz de superar o formalismo e o psicologismo dos pensamentos alemão e francês, as fontes do "cânone prático de pesquisa histórica" marxista. A perspectiva desanctiana fora, na opinião de Croce, formulada com vistas a resgatar uma tradição literária renascentista e, desse modo, criava as bases para uma revisão do materialismo histórico por meio de um critério fundamental: conectar os diferentes períodos e intelectuais não a partir das intenções políticas de cada um, mas a partir do que "realmente" haviam produzido, ou seja, da *efetividade* filosófica e artística de suas obras, para além de seu contexto histórico.[505]

O filósofo anunciava que, para investigar a "efetividade" ou o "realismo" de uma obra, era necessário identificar cada autor e obra a partir de uma "força de premissa", aquilo que distinguiria o "pensamento real" e efetivo de "elementos estranhos" a ele. Apenas assim, afirmava, seria possível escrever uma "história

---

502 *Loc. cit.*
503 Cf. GARIN, *Intelletuali italiani del XX secolo*, p. 9.
504 BADALONI; MUSCETTA, *Labriola, Croce, Gentile*, p. 26.
505 Cf. CROCE, *Materialismo storico ed economia marxistica* (Bari: Laterza, 1927).

da ciência". Francesco De Sanctis aparecia como um exemplo metodológico nesse sentido, já que adotara um "critério análogo no domínio estético, e considerara os poetas não segundo aquilo que queriam fazer, mas segundo aquilo que objetivamente fizeram".[506]

Segundo Croce, por meio da redescoberta de Nicolau Maquiavel como homem do Renascimento, De Sanctis teria chegado a um ponto de equilíbrio. Nessa leitura croceana, *la verità effetualli* não era, senão, o próprio princípio da moderação, um princípio para a pesquisa que recomendava a prudência e o comedimento. Interessante notar que, se em um primeiro momento o De Sanctis croceano era identificado com um intelectual moderado, com o passar do tempo também passou a ser visto como um idealista, afastado da concepção materialista original e subsumido na filosofia do espírito e, no limite, à "vontade moral". No curto ensaio que Croce escreveu a respeito do discurso *Scienza e vita*, tal subsunção aparece irreversível:

> Sempre que ouço celebrar um pensamento, suprema força da vida, genitora de todas as outras e única realidade de todas as outras que são ela própria, observo que o mesmo se pode dizer e se diz da vontade moral, motora da história do mundo, autora de altos pensamentos e única substância dos mesmos pensamentos que são atos de elevação moral; e se pode dizer e se diz da fantasia artística, ainda mais que os artistas, não menos que os filósofos e os apóstolos, consideram-se os soberanos da realidade, os criadores de toda realidade verdadeira e boa. Por meu lado, nunca dei razão ao primado de uma parte sobre as outras, de um momento sobre os outros, mas ao primado de tudo o que é a realidade de suas partes, *o primado do espírito*.[507]

Com o "primado do espírito", Croce realizava a tentativa de conciliar ciência e vida, sendo que a premissa na qual a tese deve

---

506 *Ibid.*, p. 167.
507 CROCE, *Scritti su Francesco De Sanctis*, p. 395, grifos nossos.

205

sempre ser preservada amparava filosoficamente essa conciliação. O neoidealismo assumia, assim, o caráter de uma filosofia da conciliação na qual os momentos antagônicos devem ser pensados naquilo que teriam de "positivo", ou seja, como o resultado de uma exigência humana, de uma necessidade. Essas exigências e necessidades, por sua vez, eram sempre abstrata e arbitrariamente definidas pelo filósofo. Na dialética croceana, portanto, a síntese surgia como acomodação dos diferentes momentos do real. O realismo croceano se extinguia nesse ponto: uma vez que a acomodação entre momentos antagônicos só tinha lugar no âmbito da filosofia, esses não eram, senão, partes de um vir-a-ser filosoficamente imaginado, de um programa político abstrato.

Foi por meio desse espírito conciliador que Croce retomou a história do Renascimento e da Reforma quando escreveu, entre 1924 e 1925, sua *Storia della età barocca in Italia*.[508] O filósofo napolitano censurava a historiografia italiana *risorgimentale* construída sobre a crítica à crise do século XV. Para essa, o Renascimento coincidia com a crise política que abriu as portas às invasões estrangeiras e destruiu a liberdade conquistada precedentemente pelas comunas. A luxúria e o hedonismo renascentistas eram, para essa literatura, a causa da decadência do espírito guerreiro e da *virtù* militar que haviam protegido a liberdade. A Contrarreforma, por sua vez, liderada pelos jesuítas e pelo papado, não seria melhor. Aliada ao absolutismo monárquico, a Igreja se transformara em um obstáculo à unidade italiana. Enquanto o Renascimento fora negligente com os deveres da "liberdade e da dignidade nacional", a Contrarreforma estabelecera definitivamente a servidão.[509]

Croce recusou os argumentos apresentados pela historiografia italiana do século XIX, os quais criticava por sua tendência em avaliar negativamente todo o percurso histórico que ia do Renascimento à Contrarreforma, e procurou na historiogra-

---

508 Cf. *id.*, *Storia della età barocca in Italia* (Bari: Laterza, 1946).
509 *Ibid.*, p. 4.

fia europeia um olhar mais ponderado sobre esses processos. A característica mais importante das pesquisas levadas a cabo pelas correntes historiográficas às quais Croce recorreu estava em avaliar positivamente o legado de um ou de outro desses movimentos, vinculando-os à superação do mundo feudal e associando-os à emergência de novas formas de vida. A partir dos argumentos de tal literatura que via, ora no Renascimento ora na Reforma, o momento de nascimento da idade moderna,[510] e contra qualquer polarização que pudesse emanar da "politização" e "nacionalização" desse processo histórico (tal como entre os historiadores italianos), Croce buscou desenvolver uma solução de compromisso entre os momentos extremos do Renascimento e da Reforma:

> [...] o problema histórico se configura na representação das várias lutas e das várias harmonizações desses dois termos, não mais em sua nudez conceitual, mas enquanto se traduzem em atitudes concretas dos indivíduos, dos grupos sociais, das escolas, das seitas, dos povos, das gerações e, por isso, como

---

510 Esclarece-se que aquilo que na Europa se manifestou sob a forma de Renascimento e Reforma, na Itália, dada a hegemonia católica, foi Renascimento e Contrarreforma. Essa aparente diferença perde sentido, entretanto, se a Contrarreforma for concebida, ela própria, como reforma e atualização do papado. Croce oscilava em seu juízo a respeito da Contrarreforma, ora considerando-a um movimento que tinha o único propósito de defender uma instituição e, portanto, distinto do Renascimento e da Reforma, os quais expressavam duas atitudes ideais, ora considerando-a de modo mais amplo e positivo: "temos alguns motivos de histórica gratidão para com a Igreja católica e os jesuítas, que extinguiram as faíscas das divisões religiosas que foram acesas também em nossa terra e impediram que os outros contrastes e dissensos, mesmo aqueles religiosos, se difundissem entre os italianos [...], e entregaram a Itália aos novos tempos, toda católica e disposta a converter-se, reagindo aos clericalismos, em iluminista, racionalista e liberal" (*ibid.*, p. 14). O iluminismo, o racionalismo e o liberalismo eram, aqui, frutos tardios da Contrarreforma!

207

forças ou tendências por elas animadas, nelas dominantes ou predominantes e, ainda, conjugando-se sempre, em maior ou menor grau, com as tendências opostas e correlativas.[511]

O Renascimento próprio dos italianos e a Reforma característica dos europeus, especialmente das regiões germânicas, representavam para Croce "exigências universais da alma humana", e as soluções avançadas por um e por outra seriam sempre propostas e repropostas sob novas formas, sem que houvesse a supressão de um pela outra ou vice versa. O conflito entre as exigências universais poderia manifestar-se de modo dramático, e Croce reconhecia que este, de fato, algumas vezes assumira essa configuração. Porém, sempre seria possível recompor a harmonia ameaçada por meio de uma solução de compromisso, uma acomodação das diferenças no âmbito de cada sujeito, seja ele individual ou coletivo.[512]

A originalidade da análise croceana residia no fato de que Renascimento e Reforma apareciam associados ao problema da conformação dos grupos intelectuais dirigentes. Mais do que as obras produzidas ou as ideias difundidas, importava ao filósofo napolitano a emergência de sujeitos que personificavam esses produtos da cultura e organizavam movimentos e correntes culturais, científicos e políticos. Ao contrário do que ocorria em muitas das interpretações precedentes, o espírito da época aparecia encarnado nessa abordagem. O caráter humano e perpétuo, característico do Renascimento e da Reforma, era, entretanto, diverso: os sujeitos próprios de cada movimento eram diferentes, seus objetivos eram distintos e seu alcance díspar. Na distinção e separação daquilo que era próprio a cada um, a análise croceana alcançava seu ponto alto e assentava as bases para um posterior desenvolvimento. Segundo o filósofo:

---

511 *Ibid.*, p. 7.
512 *Ibid.*, p. 10.

O movimento do Renascimento permaneceu aristocrático, de círculos eleitos e na própria Itália, sua mãe e nutriz, não saiu dos círculos da corte, não penetrou até o povo, não se tornou costume ou "preconceito", ou seja, persuasão coletiva e fé. A Reforma, por sua vez, teve sim essa eficácia de penetração popular, mas a pagou com um retardo em seu próprio desenvolvimento intrínseco, com a lenta e frequentemente interrompida maturação de seu germe vital.[513]

A possibilidade de superar essa antinomia por meio da fusão entre pensamento e ação, tal como prefigurada na leitura desanctiana de Maquiavel, não era um caminho que Croce desejava trilhar. Para o filósofo napolitano, a verdadeira façanha do secretário florentino era convertida na fundação de uma "filosofia da política", não de um programa político.[514] Croce via Maquiavel como alguém que, depois de ter separado a política da religião e da moral, teria permitido o desenvolvimento ulterior de uma filosofia do espírito na qual o conhecimento, como pensamento "puro", distinguir-se-ia da política como "puro" poder e "pura" utilidade, o pensamento se encontraria separado da ação, o universal, separado do concreto.

Com base nessa separação, Croce criticava as leituras positivistas sobre o Renascimento, que tendiam a concluir, apressadamente, a existência da separação entre arte e ciência como resultado de uma diferença *natural* entre os homens, em vez de refletir sobre o desenvolvimento *histórico* como origem da distinção, da autonomia, entre ambas. Em seu *Breviario di estetica*, escrito em 1912, Croce já apresentara essa ideia:

> [...] as óbvias afirmações que, propositalmente ou acidentalmente, escutamos diariamente sobre a natureza da arte, são soluções de problemas lógicos, tais como se apresentam a este ou aque-

---

513 *Ibid.*, p. 12.
514 *Id.*, *Etica e politica:* a cura de Giuseppe Galasso (Milano: Adelphi, 1994), p. 292.

le indivíduo que não exerce a profissão de filósofo, mas que, como homem, é ele, em alguma medida, filósofo.[515]

Para Croce, todo homem era "em alguma medida, filósofo", "artista", "cientista", ainda que nem todos pudessem exercer a "profissão de filósofo", "artista" ou "cientista" etc. A principal crítica do filósofo às ciências positivas era o fato de estas se concentrarem nos estudos empíricos, ou seja, comprometerem-se com a investigação "quantitativa" (em grande escala) para buscar possíveis diferenças qualitativas entre os homens, e não cumprirem a tarefa essencial na visão de Croce: desenvolver "qualitativamente" a filosofia de poucos, promover a "ciência do espírito". A ciência do espírito, em toda sua história, fora e deveria ser uma atividade restrita a um grupo social; era necessária enquanto tal, dada sua função social diferenciada e seu caráter interno de rejeição ao "mecanismo" da vida moderna. Contrariamente ao que pensavam os filósofos positivistas, essa atividade não poderia ter como "objeto" as multidões sociais, mas sim a tradição intelectual, restrita, erudita, preferencialmente não nacional ou que pudesse ser "desnacionalizada". A democratização e nacionalização do objeto do pensar atrapalharam enormemente, na opinião de Croce, o desenvolvimento da filosofia e da crítica artística na Europa. Da mesma forma, para se realizar plenamente, a ciência da expressão deveria ser vista como atividade restrita a um sujeito "distinto": o filósofo profissional.

A filosofia da prática croceana exigia, assim, uma separação radical entre a filosofia e a prática. A pureza conceitual não poderia ser maculada pelos interesses imediatos característicos de toda atividade humana. Mesmo a compreensão da política era, para Croce, um problema teórico da alçada da filosofia. Os problemas decorrentes da fundação de um novo Estado, ou como preferia Maquiavel, da conquista e manutenção de um Estado, eram diferentes. Esses seriam problemas práticos e di-

---

515 *Id.*, *Breviario di estetica*: aesthetica in nuce (Milano: Adelphi, 2007), p. 16.

riam respeito ao político, e não ao filósofo. Assim, para Croce, o que havia de original e verdadeiramente revolucionário em Maquiavel era sua filosofia e não seu programa de unidade e independência da Itália; ou ainda a tentativa de construir um conhecimento da política voltado para a realização desse programa. O secretário florentino tornava-se, assim, um filósofo confinado ao puro pensamento. Sua incapacidade para transformar seus desejos políticos em realidade e o fracasso de seu projeto forneciam o álibi de uma filosofia desinteressada, incapaz de se verter em uma prática.

"Retornar a De Sanctis": Antonio Gramsci

Poucas semanas depois de preso, em 27 de dezembro de 1926, em carta a Tatiana, Gramsci pediu que lhe fosse enviado o "livro sobre Maquiavel de Francesco Ercole".[516] Quase um ano depois, em 14 de novembro de 1927, antes ainda de ter permissão para escrever em sua cela, Gramsci apresentou em uma carta um argumento que seria desenvolvido mais tarde: nenhum dos intérpretes de Maquiavel de sua época "estabeleceu a relação entre os livros de Maquiavel e o desenvolvimento dos Estados na Europa neste mesmo período", "não perceberam que Maquiavel foi o teórico dos Estados nacionais na forma das monarquias absolutas [...] que representavam o problema histórico da época e que Maquiavel teve a genialidade de intuir e expor sistematicamente".[517]

No início de 1930, Gramsci voltou a mencionar Ercole e algumas de suas obras sobre o Renascimento italiano.[518] Meses mais tarde, em uma carta de 17 de novembro de 1930, relatou ter sumarizado alguns argumentos de estudo sobre esse tema, em especial a "função cosmopolita dos intelectuais italianos até

---

516 LC, p. 24.
517 *Ibid.*, p. 133.
518 *Ibid.*, p. 311.

o século XVIII", que poderia ser dividida em muitos subtemas de pesquisa, sendo um deles "Renascimento e Maquiavel". Esses argumentos, por sua vez, poderiam servir para compor "um livro que não existe ainda". As notas que Gramsci compôs nesse período, além disso, o faziam lembrar "velhas leituras do passado", retomar reflexões do período anterior à prisão e enriquecê--las com novos estudos.[519]

A primeira vez que nos *Quaderni del carcere* apareceu a rubrica "Reforma e Renascimento", por meio da qual Gramsci coletou notas esparsas para escrever um ensaio, foi em junho de 1930:[520] "A Reforma [protestante] está para o Renascimento como a Revolução Francesa está para o *Risorgimento*".[521] Sua intenção era

---

519 *Ibid.*, p. 364. Entre as "velhas leituras", tanto De Sanctis como Croce ocupavam um lugar especial, e retornar a eles era uma exigência. "Retornar a De Sanctis" é o título do primeiro parágrafo do *Quaderno 23*, sobre Crítica Literária (Q 23, § 1). Essa expressão, porém, não é originalmente gramsciana. Em agosto de 1933, o filósofo neoidealista convertido ao fascismo Giovanni Gentile publicou um artigo intitulado "Torniamo a De Sanctis!" [Retornemos a De Sanctis!], comemorativo do cinquentenário da morte do crítico irpino (cf. GENTILE, Giovanni. *Memorie italiane e problemi della filosofia e della vita* [Firenze: Sansoni, 1936], p. 173ss). Interessante notar que Gramsci teve acesso a algumas das principais obras de De Sanctis já nos primeiros meses de prisão. Em maio de 1927, seis meses depois de ter sido preso em Roma pelo fascismo, Gramsci solicitou receber novas edições da *Storia della letteratura italiana* e dos *Saggi critici* de De Sanctis, "pois aquelas que eu tinha em Ustica deixei com os amigos de lá" (LC, p. 88). Gramsci ficou preso na ilha de Ustica entre dezembro de 1926 e fevereiro de 1927.
520 O *Quaderno 2* era um caderno de notas miscelâneas, preenchido por Gramsci entre 1930 e 1933. Nele, a rubrica "Reforma e Renascimento" aparece pela primeira vez no parágrafo § 40, escrito na primeira quinzena de junho de 1930 (cf. FRANCIONI, Gianni. *L'Officina gramsciana: ipottesi sulla sttrutura dei "Quaderni del carcere"* [Napoli: Bibliopolis, 1984], p. 141).
521 Q 2, § 40, p. 317.

estabelecer marcos comparativos para uma investigação da história italiana moderna, sendo que seu argumento principal passava pelo estudo da importância de pensar a força (ou debilidade) de um povo pelo fato de este ter sido tocado por uma "reforma religiosa". Posteriormente, em um parágrafo escrito em março de 1931[522] e conectado explicitamente ao mencionado, Gramsci afirmou não ser exata a oposição, feita por Benedetto Croce e seus seguidores (especificamente Edmondo Cione), entre Igreja e pensamento para compreensão do Renascimento, e que essa oposição levaria "a um modo errado de pensar e agir", incapaz de representar "um novo Renascimento":

> Para que o "Pensamento" seja uma força (e apenas como tal poderá constituir uma tradição), deve criar uma organização que não pode ser o Estado, por que o Estado renunciou, de um modo ou outro, esta função ética, ainda que a proclame em voz alta; esta organização deve, portanto, nascer da sociedade civil.[523]

Para Gramsci, a primeira coisa a ser retida para análise do Renascimento deveria ser o fato de que a atividade intelectual e o poder eclesiástico se mantiveram em unidade no Estado ao longo de todo o período, ainda que em condições de instabilidade. Justamente por isso afirmou, fazendo referência a uma ideia do historiador italianófilo Ernst Walser, que os intelectuais italianos do período do Renascimento

> [...] desenvolviam separadamente os dois fatores da capacidade humana de compreensão, o racional e o místico, de maneira que o racionalismo conduzido ao ceticismo absoluto [...] retomava, por um vínculo invisível, o misticismo mais primitivo, o fatalismo mais cego, o fetichismo e a superstição crassa.[524]

---

522 Ver FRANCIONI, *L'Officina gramsciana*, p. 141.
523 Q 2, § 140, p. 399.
524 Q 17, § 8, p. 1913.

Esse argumento foi retomado entre agosto e setembro de 1933, quando Gramsci tomou contato na prisão com uma resenha de Armínio Janner, publicada na revista *Nuova Antologia* (de agosto de 1933), do livro *Gesammelte Studien zur Geitesgeschichte der Reinaissance* [Estudos reunidos sobre a história da Renascença], publicado em 1932 pelo historiador alemão Ernst Walser. Nessa resenha, intitulada "Problemi del Rinascimento" [Problemas do Renascimento], Janner expunha o argumento de que o sentido geral com que a ideia Renascimento fora difundida na segunda metade do século XIX fora determinado pelas obras de Jacob Burckhardt (1818-1897) e Francesco De Sanctis. Para Burckhardt, o Renascimento tivera um sentido heroico, "de vida bela e livre expansão da personalidade sem restrições morais"; para os ressurgimentalistas italianos, por sua vez, era destacado o caráter anticlerical desse movimento.[525] Burckhardt via o Renascimento "como um ponto de partida de uma vida nova da civilização europeia progressiva, berço do homem moderno; De Sanctis o via do ponto de vista da história italiana, e para a Itália o Renascimento fora um ponto de partida para um regresso".[526]

---

525 *Ibid.*, § 3, p. 1908. *Die Kultur der Renaissance in Italien* [A cultura do Renascimento na Itália], obra de Burckhardt publicada em 1860, teve ressonância europeia, "suscitou toda uma literatura, especialmente nos países nórdicos, sobre os artistas e *condottieri* do Renascimento, literatura na qual se proclama o direito à vida bela e heroica, à livre expansão da personalidade sem preocupações com vínculos morais. [...] O livro de Burckhardt (traduzido por Valbusa em 1877) teve na Itália uma influência diferente: a tradução italiana destacava as tendências anticlericais que Burckhardt via no Renascimento e que coincidiam com as tendências da política e da cultura italiana do *Risorgimento*. Também outro elemento iluminado por Burckhardt no Renascimento, aquele do individualismo e da formação da mentalidade moderna, foi visto na Itália como oposição ao mundo medieval representado pelo papado" (*loc. cit.*). Ver BURCKHARDT Jacob. *A cultura do Renascimento na Itália* (São Paulo: Companhia das Letras, 2009).
526 Q 17, § 3, p. 1909. Ver DE SANCTIS, *Storia della letteratura italiana*, p. 526.

Entretanto, em seu "retorno" ao pensamento de De Sanctis, Gramsci considerava importante aprofundar a pesquisa sobre um ponto que era apresentado pelos intérpretes, na década de 1930, como comum com Burckhardt: o destaque do Renascimento como um "cânone" para compreensão histórica da "formação de uma *nova mentalidade* e da separação desta de todos os vínculos medievais", em especial com relação à Igreja.[527] Para explorar a veracidade dessa interpretação, Gramsci propôs investigar o Renascimento como "algo mais do que o momento literário e artístico", para pensá-lo criticamente como um contexto histórico-político nacional e internacional. Havia, de fato, uma "nova concepção de mundo que paulatinamente se formava entre os séculos XV e XVI" e que exaltava o homem como "criador de sua própria vida e de sua própria história", mas a análise crítica do período – de sua capacidade de converter-se em "nova mentalidade" – deveria considerar também o papel político dos intelectuais renascentistas.

Na *Storia* de De Sanctis, mas não na *Die Kultur* de Burckhardt, Gramsci viu realizada essa investigação crítica.[528] Nela, a má-

---

527 Q 17, § 3, p. 1909, grifo nosso. Essa observação de pesquisa Gramsci extrai da resenha de Janner mencionada. É interessante notar que Federico Chabod, em seu importante *Scriti sul Rinascimento*, de 1967, retoma essa hipótese de uma corrente de estudos que tendia à canonização do Renascimento dentro da história da arte comum à segunda metade do século XIX. Burckhardt, "para tranquilizar suas exigências morais pessoais [em relação ao Renascimento], tendia a virar-se em direção à Reforma; em um dualismo de mesmo tipo, somado ao amargor pela decadência política da Itália do século XVI até sua libertação, se inspirara para sua vigorosa figuração [do Renascimento] em Francesco De Sanctis" (CHABOD, Federico. *Escritos sobre el Renacimiento* [México: Fondo del Cultura Económica, 1990], p. 12).
528 Mais ou menos quinze anos antes de Gramsci iniciar a composição de seus *Quaderni* na prisão, Croce tentara, com sua *Storia dell'età barocca in Italia*, operar a fusão entre a interpretação desanctiana de Maquiavel e a historiografia do Renascimento de Burckhardt. Para tal, Croce tratava Maquiavel como um intelectual do Renascimento, ain-

215

xima expressão da "nova mentalidade" do Renascimento era Nicolau Maquiavel, justamente em oposição à posição cosmopolita dos intelectuais renascentistas. Para o marxista, a reflexão desanctiana sobre o Renascimento e Maquiavel era afinada com as necessidades do público italiano e especialmente por isso acentuava as "cores obscuras da corrupção política e moral; apesar de todos os méritos que se pudesse reconhecer ao Renascimento, esse desfez a Itália, e a tornou serva do estrangeiro".[529] Enquanto Burckhardt e boa parte da historiografia europeia do século XIX acreditavam que o humanismo cosmopolita renascentista fora dirigido contra o papado, Gramsci destacou na interpretação desanctiana "uma mentalidade" italiana, *risorgimentale*, disposta a ver que a Igreja favorecera a separação da cultura em relação ao povo, ou seja, que organizara hegemonicamente as condições nas quais o Renascimento se desenvolveu. Exatamente por isso, para muitos ressurgimentalistas, De Sanctis inclusive, Maquiavel se convertia, positivamente, em representante "do final do humanismo e do nascimento da heresia".[530] Entre toda a intelectualidade que resgatava Maquiavel como referência para a unificação da península, Gramsci via em De Sanctis o principal formulador da "exigência de uma nova atitude [pelos intelectuais] em face das classes populares, um novo conceito do que seria 'nacional', mais amplo, menos exclusivista, menos 'policial'".[531]

---

da que marginal, tal como Guicciardini, e apresentava o Renascimento como um movimento de ruptura intelectual e como início da modernidade. Gramsci retornou a De Sanctis contra essa interpretação.
529 Q 17, § 3, p. 1909.
530 Q 7, § 68, p. 905. Parágrafo do *Quaderno 7*, também de notas miscelâneas, escrito em outubro de 1930 e com clara entonação desanctiana: nele aparece Maquiavel como representante da "ciência que opera sobre um mundo já corrompido" (DE SANCTIS, La scienza e la vita, p. 1048).
531 Q 23, § 1, p. 2185. Esse parágrafo é bastante tardio, escrito em fevereiro de 1934, é o primeiro do *Quaderno 23*, especial, no qual Gramsci

Maquiavel buscara na unidade entre ciência e política a recuperação da unidade entre o mundo do espírito e o mundo da vida prática. Mas a busca dessa unidade, que era também uma união dos sábios com o povo, não foi um empreendimento de todos. Sobre isso, Gramsci apresentava a relação dos intelectuais renascentistas com a língua vulgar da época como sintomática. Para a maioria desses intelectuais, o uso do vulgar servia apenas para destacar as vantagens do latim e era, assim, um instrumento de afirmação aristocrática do universalismo medieval e eclesiástico, daqueles que se comportavam como membros de uma "casta cosmopolita" em território italiano.[532] Os intelectuais do Renascimento se mantinham, nas palavras de Gramsci, tão "anacionais e cosmopolitas como na Idade Média".[533] E concluía: a cultura renascentista permaneceu na órbita política do papado e do imperador e não produziu uma vida política e cultural verdadeiramente nova, nacional e popular.

Para Gramsci, foi de suma importância desenvolver e sistematizar explicitamente a distinção entre humanismo e Renascimento:

> O Renascimento é um movimento de grande porte, que se inicia depois do ano 1000, do qual o humanismo e o Renascimento (em sentido estrito) são dois momentos conclusivos, que tiveram na Itália seu desenvolvimento principal, enquanto o processo histórico mais geral é Europeu e não apenas italiano.[534]

---

buscou organizar notas sobre tema da "crítica literária", ao que parece, planejado para ser um ensaio com vistas a aproximar Francesco De Sanctis de uma história da tradição materialista histórica na Itália (cf. FRANCIONI, *L'Officina gramsciana*, p. 146). É possível que Gramsci desejasse desenvolver o antigo argumento croceano que afirmara De Sanctis como o primeiro representante, "espontâneo" e não doutrinário, do materialismo histórico na Itália.
532 Q 5, § 123, p. 652. Longo parágrafo intitulado "Renascimento", com redação de versão única, escrito entre novembro e dezembro de 1930.
533 *Ibid.*, § 123, p. 653.
534 Q 17, § 3, p. 1909.

Na Itália, o humanismo e o Renascimento foram a "expressão literária" de um desenvolvimento internacional que se tornou decadente na península, enquanto na Europa se converteu em um movimento geral que culminou na formação dos Estados nacionais e na expansão mundial de Espanha, Portugal, Inglaterra e, com caráter especial, França.

Indiferente e incapaz de afirmar uma cultura e uma política nacional-popular, o Renascimento fora um movimento reacionário e repressivo. Contra o senso comum, que o afirmava como momento de "reabilitação do espírito humano, como criador da vida e da história", o prisioneiro do fascismo via que essa reabilitação tinha lugar devido à habilidade das correntes aristocrático-feudais em neutralizar suas tendências progressistas, ao mesmo tempo que sufocava politicamente as forças revolucionárias da época. A revitalização da capacidade criativa do espírito humano não era, portanto, decorrente de uma vitória das forças pró-modernas, mas sim a expressão dramática das condições de sua derrota. O Renascimento era, portanto, expressão de uma restauração.

A partir dessas considerações, Gramsci considerava possível um novo olhar sobre o Renascimento, capaz de ver duas linhagens interpretativas que estavam em franco conflito. Uma delas expressava-se no vulgo e procurava no presente, nas forças burguesas e populares, as energias necessárias para a criação de uma nova vida política e cultural. A outra, aristocrático-feudal, era escrita em latim e reivindicava a antiguidade greco-romana como "modelo". O Renascimento não fora, segundo Gramsci, "a serena criação de uma cultura triunfante", e sim o resultado desse conflito.[535] O lugar de Maquiavel nesse conflito era claro: assim como De Sanctis, o marxista sardo não via no secretário florentino um filósofo, mas um sábio e político, partidário da corrente popular. O pensamento político de Maquiavel era,

---

535 Q 2, § 123, p. 645.

assim, "uma reação ao Renascimento e a reivindicação da necessidade política e nacional de aproximação ao povo".[536]

Gramsci concordava que Maquiavel escrevera contra seu tempo. Afinal, pensava, a maioria dos intelectuais de sua época não possuía um caráter nacional-popular, não era nem se sentia parte do povo, com relação ao qual era indiferente, além de incapaz de afirmar-se como referência nacional. As tendências aristocrático-feudais eram antinacionais e antipopulares por definição: vinculadas à Igreja ou ao Império, elas se opunham por princípio à instauração de uma nova ordem, tal como era proposta por Maquiavel em sua *Exortatio*. Gramsci via, ainda, que as tendências burguesas e populares também foram incapazes de realizar esse programa. A autolimitação da burguesia ao âmbito exclusivamente comunal e sua acomodação ao horizonte corporativo a tornavam inapta a assumir integralmente um credo nacional e popular, fundamental para "criar todas as superestruturas de uma sociedade integral"[537]. Faltara aos italianos, tal como previra Maquiavel, um príncipe, uma liderança capaz de nacionalizar suas demandas, convertê-las em um programa para construção de um Estado integral.

Assim como em De Sanctis, a análise levada a cabo por Gramsci da "função cosmopolita dos intelectuais italianos", da recusa ou incapacidade destes em constituir uma cultura nacional-popular, convertia-se em uma analogia para a interpretação do *Risorgimento* italiano e das correntes intelectuais nele presentes. Para o marxista sardo, o século XIX assistiu a essa mesma oscilação entre o cosmopolitismo e o localismo (corporativismo) das classes dirigentes. Nas correntes moderadas católicas, que encontraram expressão na obra de Vincenzo Gioberti, o universalismo romano era o próprio pressuposto da afirmação de uma nova ordem nacional. Para os liberais moderados do Piemonte, a particularidade da vida econômi-

---

536 *Loc. cit.*
537 *Ibid.*, § 123, p. 652.

ca e política de seu reino deveria ser um modelo para toda a península. Curiosamente, entre os radicais democráticos essas interpretações se faziam presentes por meio, por exemplo, do universalismo abstrato e medieval de Giuseppe Mazzini, do Partito d'Azione.[538]

Porém, o desenvolvimento do capitalismo e a consolidação dos Estados nacionais na Europa conspiravam contra essa oscilação interminável. Por um lado, o desenvolvimento de fortes identidades nacionais permitira que os intelectuais de outros países, particularmente da França dos jacobinos e da Revolução Francesa, passassem a se apresentar como portadores de novas ideias, de vigorosas culturas e de compactos blocos de forças nacionais. Os localismos, por sua vez, tornavam-se cada vez menos eficazes para a afirmação das identidades particulares.[539] Assim, Gramsci concluía, avançando em relação a De Sanctis, que o *Risorgimento* fora o último momento de vitalidade e efetividade das formas cosmopolitas e localistas, características da vida intelectual italiana, e marcava, ao mesmo tempo, o início de um novo ciclo da dramática e crítica vida estatal italiana.

Não é de surpreender que Gramsci visse, então, o *Risorgimento*, como um movimento de longa duração no qual o conjunto do sistema europeu se transformou e permitiu "à Italia reunir-se em uma nação e às forças internas nacionais desenvolver-se e expandir-se".[540] Mas o surpreendente é que o marxista sardo se mostrasse disposto a registrar o início desse processo na queda da península sob dominação estrangeira no século XVI, a qual provocou uma primeira reação: "aquela de orientação nacional-democrática de Maquiavel, que expressou em seu próprio tempo o lamento pela perda da independência em uma determinada forma [...] e a vontade inicial de lutar para readquiri-la em uma forma histórica superior".[541]

---

538 Q 5, § 150, p. 677-8.
539 Cf. Q 1, § 109, p. 225; Q 5, § 100, p. 629.
540 Q 19, § 2, p. 1963.
541 *Loc. cit.*

Essa perspectiva de longa duração adotada para a compreensão da vida social e política italiana permite, por sua vez, compreender o lugar do "enigma Maquiavel" no pensamento de Antonio Gramsci. O longo processo de formação de uma classe dirigente italiana recolocava constantemente a necessidade de fundir intelectuais e povo em um projeto nacional comum. O fracasso da burguesia renascentista foi, também, o fracasso da burguesia *risorgimentale*. Para construir uma nova nação, era necessária uma novíssima classe dirigente. Maquiavel via no príncipe e, particularmente, no duque Valentino, a força capaz de liderar esse processo. Gramsci procurou no partido, no "moderno príncipe" o *condottiero* de uma "forma histórica superior".

Considerações finais

Foi comum entre os comentadores da obra de Antonio Gramsci, principalmente nas décadas de 1960 e 1970, ler sua interpretação da obra de Maquiavel destacando a metáfora do "moderno príncipe". O ponto de partida dessas interpretações costumava ser aquele parágrafo do *Quaderno 13* no qual afirma que "o moderno príncipe, o mito-príncipe, não pode ser uma pessoa real, um indivíduo concreto, pode ser apenas um organismo [...]. Este organismo já é dado pelo desenvolvimento histórico, é o partido político".[542] A partir desse ponto, Maquiavel – juntamente com Gramsci – era circunscrito nos estreitos limites de uma teoria do partido.

Mas o argumento gramsciano ia muito além dessa metáfora. Nos *Quaderni del cárcere*, inscreve-se uma abrangente pesquisa sobre a obra e a vida do secretário florentino, orientada por um método histórico. Já na primeira nota que redigiu a respeito de Maquiavel, Gramsci apresentou uma observação de ordem metodológica, quase um alerta voltado contra as interpretações

---

542 Q 13, § 1, p. 1558.

que tentavam apresentar o secretário florentino como "o 'político em geral', bom para todos os tempos". Segundo o marxista sardo, o autor de *Il Principe* deveria ser considerado, principalmente, como "ligado a seu tempo".[543] Na segunda versão dessa nota, fica clara a intenção desse alerta. Tratava-se de contrarrestar os excessos da moderna maquiavelística, que, inspirada em Benedetto Croce, tendia a considerar Maquiavel como o "cientista da política" atual em qualquer tempo e circunstância.[544]

Compreender Maquiavel em seu contexto não deixava, entretanto, de ser um ato político. Por um lado, esse empreendimento permitia reconhecer os limites históricos do pensamento do secretário florentino e as respostas que ele procurava dar aos problemas de seu próprio tempo.[545] A revolução maquiaveliana não poderia, nessa ótica, ser encontrada nem em uma suposta teoria geral da política nem em uma investigação sobre a natureza conceitual dessa, como pretendeu Croce. Mas ela também não residia em uma redução da política a um repertório de enunciados particulares em busca de suas leis gerais, como muitos outros pretenderam. A pesquisa de Maquiavel sobre *la verità effettuale* unificava filosofia e ciência da política, ciência e arte da política, pensamento e ação.

Mas, por outro lado, uma contextualização efetiva da obra de Maquiavel permitia iluminar o campo de batalha de seus intérpretes, esclarecendo suas reais motivações. Analisando a recepção da obra do secretário florentino após sua morte, Gramsci notou que as intervenções dos "antimaquiavelistas", como Jean Bodin, quando valorizadas de modo histórico, revelavam a ação de políticos que expressavam "as exigências de seu tempo ou de condições diversas daquelas que operavam no

---

543 Q 1, § 10, p. 8-9.
544 Q 13, § 13, p. 1572.
545 Tais problemas eram de três ordens, segundo Gramsci: "1) lutas internas na república florentina; 2) lutas entre os estados italianos por um equilíbrio recíproco, 3) luta dos estados italianos por um equilíbrio europeu" (Q 1, § 10, p. 9).

tempo de Maquiavel; a forma polêmica é puro acidente literário".[546] O que dizer, então, da recepção e da apropriação da obra de Maquiavel nos contextos *risorgimentale* e *post-risorgimentale*? Tais movimentos intelectuais revelavam-se, à luz do método histórico, como um complexo jogo de espelhos que refletiam os impasses aos quais havia chegado a unificação italiana no final do século XIX, e a construção de um regime liberal-democrático no início do século XX.

O objetivo de Gramsci ia além de uma compreensão formal do fenômeno renascentista. Também no *Risorgimento* italiano as correntes radicais e populares foram derrotadas e uma cultura apolítica e anacional encontrou seu lugar sob uma direção antipopular. Mas o *Risorgimento* esteve aquém e sequer pôde exibir seu próprio Maquiavel. A crítica à cultura *risorgimentale*, à incapacidade das classes dirigentes nacionais conformarem uma verdadeira cultura nacional e à mediocridade da vida política italiana já se encontrava em De Sanctis. Fazendo seu o realismo popular de Maquiavel, o crítico irpino defendeu uma cultura nacional-popular necessária para a Itália adquirir uma identidade na qual sua história fosse a história de seu povo. O ponto de chegada de De Sanctis foi um ponto de partida para Gramsci.

---

546 Q 13, § 13, p. 1573.

6. CLASSE POLÍTICA
E CRISE DA DEMOCRACIA

No início dos anos 1880, a organização dos governos nacionais com base no princípio da representação política obtida por meio de eleições já havia se estendido por boa parte da Europa ocidental e das Américas e, para muitos, assemelhava-se à forma mais adequada, ou ao menos à mais desejada, de governo em todas as nações. O epicentro a partir do qual se espraiava esse movimento político era evidentemente a França, país onde a Revolução de 1789 parecia ter permitido finalmente a reconciliação dos princípios da soberania popular e da representação política na forma do regime parlamentar. Mas ao mesmo tempo que essa forma de governo se consolidava, um novo gênero de literatura política começava a ganhar vigor e a expandir-se: a análise crítica das democracias parlamentares existentes.[547]

Na Itália, esse gênero ganhou corpo no pensamento político *post-risorgimentale*, principalmente depois da expansão do cor-

---

[547] Apenas para a primeira metade dos anos 1880 e a título de exemplo destacam-se MAINE, Henry Sumner. *Popular Government* (London: John Murray, 1885); PRINS, Adolphe. *La démocratie et le regime parlementaire* (Bruxelles: Murquardt, 1884); SCHERER, Edmond. *La démocratie et la France:* études (Paris: Librairie Nouvelle, 1884); e SYME, David. *Representative Government in England:* its Faults and Failures (London: Kegan Paul & Trench, 1882).

225

po de votantes pela reforma eleitoral de 1882.[548] Emergiu então o descontentamento e tornou-se cada vez mais frequente a crítica ao afastamento que o regime parlamentar promoveria entre o "país legal", constituído pelo conjunto de cidadãos portadores de direitos políticos e pelas instituições nas quais esses direitos ganhavam sentido, e o "país real", a grande massa posta à margem da vida política. A crítica provinha de vários lugares do espectro político da época, mas, naqueles anos em que o movimento socialista dava ainda seus primeiros passos, era entre conservadores e liberais de diversos matizes que ela predominava.[549] Escrevendo no próprio ano daquela reforma eleitoral, um desses conservadores, o publicista Pasquale Turiello sintetizou em uma dedicatória a Giustino Fortunato aquela que era a consequência mais evidente do dissídio entre o país legal e o país real: a "discordância crescente entre governo e governados".[550]

Não foram poucos, inclusive o citado Turiello, aqueles que imputaram esse afastamento ao caráter artificial ou imitativo das instituições políticas da Itália unitária, que teriam se inspirado no modelo francês já implementado no reino subalpino. Acusavam-se recorrentemente essas instituições de serem obra de reformadores sem conhecimento da vida política real e de estarem apoiadas em princípios abstratos, como a liberdade e a igualdade. Tais instituições, afirmava-se, teriam sido construídas ignorando não só a nação realmente existente, como

---

548 A reforma eleitoral permitiu que o número de votantes passasse de 621.896 em 1879, cerca de 2,2% da população, para 2.049.461, 6,9% em 1882 (cf. CAMMARANO, Fulvio. *Storia política della Italia liberale* [Bari: Laterza, 1999], p. 163). Para a reação do pensamento conservador aos efeitos dessa mudança ver os comentários de D'ORSI, Angelo. *L'Italia delle idee. Il pensiero politico in un secolo e mezzo di storia* (Milano: Bruno Mondadori, 2011), cap. 2.
549 Apenas em 1892 foi fundado o Partito dei Lavoratori Italiani, antecessor do Partito Socialista Italiano.
550 TURIELLO, Pasquale. *Governo e governati in Italia* (Bologna: Nicola Zanichelli, 1882), p. 5.

também as tradições políticas da península. O resultado estaria muito longe das aspirações dos reformadores. O regime parlamentar, em vez de promover a desejada soberania popular, teria estimulado práticas políticas nocivas, clientelistas e autoritárias.

O diagnóstico pessimista que caracterizava essa literatura completava-se com um discurso político de caráter fortemente normativo. Frequentemente, os livros de seus protagonistas encerravam-se com uma proposta de reforma das instituições, como na obra de Marco Minghetti, *I partiti politici e la ingerenza loro nella giustizia e nell' amministrazione* [Partidos políticos e sua interferência na justiça e na administração], cujo capítulo final dedicava-se a inquirir a respeito "dei remedi" necessários para evitar a ingerência dos partidos políticos nos negócios públicos e no judiciário de modo a garantir a imparcialidade. De certo modo, essa literatura conservadora confluiu mais tarde no clamor por uma diminuição do poder do parlamento. A reivindicação de Sidney Sonnino, "Torniamo allo Statuto" [Voltemos ao Estatuto], anunciada em um conhecidíssimo artigo publicado na revista *Nuova Antologia*, sintetizava em alguma medida esse espírito conservador.[551]

Interpretações do *Risorgimento*

Na prisão, Gramsci mostrou-se atento a essa literatura *post-risorgimentale* de crítica à democracia parlamentar e àquilo que ela parecia indicar. Não era sua qualidade historiográfica o que julgava mais importante, uma vez que tinha valor predominantemente "de caráter político e ideológico".[552] Ainda assim, essa literatura conservadora teria sua relevância, que decorreria não apenas daquilo que trazia de informação, mas principalmente do que revelava do debate político na segunda e na ter-

---

551 Cf. UN DEPUTATO [Sidney Sonnino]. Torniamo allo Statuto. *Nuova Antologia*, v. LXVII, fasc. I, 1º gen. 1897, p. 9-28.
552 Q 9, § 89, p. 1153.

ceira décadas do século XX, o qual assumia a forma, também, de um debate historiográfico.

Foi nesse parágrafo que Gramsci fez sua primeira referência nos *Quaderni* ao livro *Teorica dei governi e governo parlamentare* [Teoria dos governos e governo parlamentar], escrito pelo jovem Mosca, recém-egresso da Facoltà di Giurisprudenzia de Roma. Publicado pela primeira vez em 1884 e republicado em 1925, o livro expressava de maneira fiel os argumentos antiparlamentaristas correntes no *millieu* conservador.[553] Apresentando-se como um empreendimento científico alicerçado no método histórico, a *Teorica* atribuía ao regime parlamentar a propriedade de estimular o monopólio da classe política pela burocracia administrativa, judiciária e militar produzindo "efeitos funestíssimos, pois pouco a pouco separa completamente os governantes dos governados, dá aos últimos indiferença e também o ódio pelos primeiros".[554]

De acordo com Gramsci, o livro de Mosca era "útil como documento", uma vez que seu autor "termina por trazer à vista muitos aspectos da vida italiana daquele tempo, que de outra maneira não teriam encontrado documentação".[555] Ainda assim, Gramsci reservou palavras ásperas para o livro de Mosca e o grupo com o qual o identificou. A crítica era duríssima contra

---

[553] Embora o livro não tenha sido encontrado entre aqueles que Gramsci deixou no cárcere, é muito provável que ele tenha lido a segunda edição na prisão e a tivesse em mãos quando escreveu a nota. Três indícios corroboram esta hipótese: a) várias referências bibliográficas citadas nos *Quaderni* coincidem com aquelas apontadas por Mosca em sua obra – comparar as referências citadas em Q 9, § 89, p. 1154 e em MOSCA, Gaetano. *Scritti politici*: a cura di Giorgio Sola (Torino: Utet, 1982 [1884]), p. 487; b) nos *Quaderni* é feita menção às mudanças no texto original que Mosca teria introduzido na segunda edição; c) em vez de datar a publicação da primeira edição em 1884, informação muito fácil de encontrar se a tivesse em mãos, afirma que ela é de 1883, seguindo a data que consta no prefácio republicado em 1925.
[554] MOSCA, *Scritti politici*, p. 349.
[555] Q 9, § 89, p. 1156.

o texto da *Teorica*: "O livro é grosseiro, incerto, escrito apressadamente por um jovem que quer se 'distinguir' em seu tempo com uma atitude extremista e com palavras grosseiras e muitas vezes triviais em um sentido reacionário".[556]

Ao lado do livro de Mosca, e representando um mesmo movimento cultural, Gramsci mencionou as obras de Pasquale Turiello, Leone Carpi, Luigi Zini, Giorgio Arcoleo, Marco Minghetti, além de artigos publicados por Pasquale Villari, Ruggero Bonghi e Luigi Palma.[557] Produzida por conservadores, essa literatura "irascível, biliosa, acrimoniosa, sem elementos construtivos" seria uma reação à "diminuída importância na vida estatal dos grandes proprietários de terra e da aristocracia" depois que a Sinistra liderada por Agostino Depretis chegou ao poder em 1876. O pensamento político desses autores seria, em grande medida, "uma consequência da queda da Destra, do advento ao poder da Sinistra e das inovações 'de fato' introduzidas no regime parlamentar. Em grande medida são lamentações, recriminações, juízos pessimistas e catastróficos sobre a situação italiana".[558]

As críticas de Gramsci tinham um sentido fortemente político. Aquilo que essa literatura documentava era múltiplo. Eram dois os movimentos político-intelectuais com os quais Gramsci estava lidando, ambos muito vinculados à história dos intelec-

---

556 *Ibid.*, § 89, p. 1135. As palavras de Mosca para a democracia parlamentar eram, de fato, duras e ásperas e o diagnóstico que desenhou extremamente desfavorável: "É também o sistema em que a covardia moral, a falta de qualquer sentimento de justiça, o mal, a intriga, que são precisamente as qualidades que levam os povos e Estados a se arruinarem, encontram o seu melhor jogo, mais levam adiante seus seguidores, e mais eles tendem a se destacar e desenvolver" (MOSCA, *Scritti politici*, p. 486-7).
557 Como visto, os livros de Turiello, Carpi, Zini, Arcoleo e Minghetti são citados a partir das referências do próprio Mosca, que os considera suas fontes de inspiração.
558 Q 9, § 89, p. 1154.

tuais e das ideias na Itália. O primeiro era daquela literatura do final do século XIX e do início do século XX em que os ressentimentos da Destra derrotada pareciam aflorar. Mas havia outro movimento, talvez mais importante: aquele no qual essa literatura era reapropriada e revalorizada no debate político a partir do imediato pré-guerra, quando a crise da democracia liberal assumia contornos mais fortes.

Sujeitos dessa reapropriação foram primeiro as correntes moderadas, nacionalistas e, mais tarde, aquelas fascistas. A difusão das ideias de Mosca convergia com o surgimento de um pensamento aristocrático, inspirado na livre leitura que Gabriele D'Annunzio promoveu de Friedrich Nieztsche no final do século XIX e início do século XX. Gramsci esteve atento a esses movimentos e comentou a revalorização da obra de Pasquale Turiello pela revista *La Voce*, dirigida por Giuseppe Prezzolini, provavelmente uma referência ao tardio e sóbrio comentário de Alberto Caroncini.[559] Por essa razão, considerava que a reedição da *Teorica* de Mosca em 1925 era "um dos tantos episódios da inconsciência e do diletantismo dos liberais".[560]

A acolhida dessas obras ia além e chegava até mesmo aos liberais, como Benedetto Croce, como se pode verificar nas referências a Mosca e Turiello em sua *Storia d'Italia*,[561] ou na elogiosa resenha que *La Critica* publicou da segunda edição de

---

[559] Ver CARONCINI, Alberto. Il libro di Pasquale Turiello. *La Voce*, ano IV, n. 12, 1912, p. 779-70. Acrescente-se que, já em 1903, nas páginas da revista *Il Regno*, o mesmo Prezzolini indicara Gaetano Mosca e Vilfredo Pareto como suas inspirações científicas e filosóficas: "podemos nos voltar para Gaetano Mosca e Vilfredo Pareto, que nos treinaram em suas obras para justificar cientificamente e filosoficamente nosso trabalho prático" (PREZZOLINI , Giuseppe. L'aristocrazia dei briganti. RIGESI, Delia. *La cultura italiana del '900 atravverso le riviste* [Torino: Giulio Einaudi, 1960], p. 454).
[560] Q 9, § 89, p. 1155.
[561] Ver CROCE, Benedetto. *Storia d'Italia*: dal 1871 al 1915 (Napoli: Blibiopolis, 2004 [1928]), p. 102; e GRAMSCI, Q 9, §89, p. 1154.

Elementi di scienza politica (1923). Acrescente-se a apropriação das ideias mosquianas por Piero Gobetti no jornal *La Rivoluzione Liberale* e a resenha favorável que ele publicou a respeito daquela mesma edição, referindo-se a Mosca de maneira insuperável como "Un conservatore galantuomo" [Um cavalheiro conservador].[562]

Gramsci demonstrava estar vigilante, acompanhando esse movimento político-intelectual e seus efeitos na luta política da época. Prestava, desse modo, atenção à apropriação que certo pensamento oligárquico promovia da crítica elitista – liberal ou conservadora – da democracia. Essa apropriação encerrava um perigo ao qual era necessário estar atento: a dissolução do liberalismo e do conservadorismo no interior de uma crítica meramente reacionária ou mesmo despótica do regime parlamentar.[563]

Classe política e intelectuais

O movimento que Gramsci promoveu nos *Quaderni* ia em direção oposta à dessa crítica oligárquica, reacionária e despótica, e procurava traduzir a historiografia e a ciência política dos elitistas na filosofia da práxis. Notável, nesse sentido, foi o uso cauteloso que promoveu da noção de classe política, presente na obra de Gaetano Mosca. Em sua *Teorica dei governi e governo parlamentare*, o jovem palermitano, contrariando definição universalmente aceita à época, escrevera que "Os governantes, isto é, aqueles que têm em mãos e exercitam os poderes públicos, são sempre

---

562 GOBETTI, Piero. Un conservatore galantuomo. *La Rivoluzione Liberale*, n. 18, 1924, p. 3. A influência das ideias de Gaetano Mosca sobre *La Rivoluzione Liberale* era notável. No próprio manifesto do jornal, afirma-se como um dos objetivos do jornal a pesquisa histórica "da falta de uma classe dirigente como classe política" (*id.*, Manifesto. *La Rivoluzione Liberale*, n. 1, 1922, p. 1).

563 Gramsci estabeleceu rapidamente e sem aprofundar essa distinção entre crítica de "origine oligarchica" ao regime parlamentar e a crítica dos elitistas (Q 13, § 30, p. 1625).

uma minoria, e que, abaixo deles, há uma grande classe de pessoas que nunca participam de modo algum no governo, apenas fazem subi-lo, as quais podem ser chamadas de governados".[564]

Essa distinção entre governantes e governados, comum na literatura daqueles anos, era assim radicalizada e apreendida como fato "muito constante e geral" por meio da observação da sociedade, constituindo-se em chave de abóbada de uma nascente ciência política. Em Mosca, essa distinção tornava-se estável no tempo, apresentando-se como característica essencial de toda forma de governo. O conceito que permitiria explicar essa característica e organizar o estudo das formas de governo, em particular da forma atual do governo italiano, era o conceito de *classe política*. De acordo com Mosca,

> Em todos os tempos e em todos os lugares, tudo o que no governo é uma parte dispositiva, um exercício de autoridade e implica comando e responsabilidade é sempre a atribuição de uma classe especial, cujos elementos de formação, de acordo com o século e o país, podem variar muito, é verdade, mas também, de qualquer modo que seja composta, sempre se forma diante da massa dos governados, à qual se impõe uma pequena minoria. Esta classe especial nós, de agora em diante, chamaremos de classe política.[565]

Gramsci tinha suas ressalvas a esse enunciado do conceito de classe política e procurou explicitá-las em seu texto. Sobre a exposição do conceito na *Teorica*, escreveu: "[o conceito de] 'classe política', cuja afirmação se tornará centro de todos os escritos de ciência política de Mosca, é de extrema fragilidade e não é fundamentado nem justificado teoricamente".[566] O juízo

---

564 MOSCA, *Scritti politici*, p. 203.
565 Ibid., p. 207. Sobre o conceito de classe política na *Teorica* ver, em especial, ALBERTONI, Ettore. *Dottrina della clase política e teoria delle elites* (Milano: Giuffrè, 1985), caps. III e IV.
566 Q 9, § 89, p. 1156. Mosca oscilou na denominação e utilizou como

negativo a respeito desse conceito se estendeu nos comentários dirigidos aos *Elementi di scienza politica*, de Gaetano Mosca, obra escrita em "dois momentos típicos da histórica político-social italiana, em 1895 e 1923, enquanto a classe política se desintegra e não consegue encontrar um terreno sólido de organização".[567] De acordo com Gramsci,

> [...] nem sequer se compreende exatamente o que Mosca entende precisamente por classe política, tão ondulada e elástica é a noção. Parece abraçar todas as classes possuidoras, toda a classe média; mas qual então a função da classe alta? Em outros momentos parece referir-se apenas a uma aristocracia política, ao "pessoal político" de um Estado e, ainda, àquela parte que opera "livremente" no sistema representativo, isto é, excluindo a burocracia mesmo em sua camada superior, a qual para Mosca deve ser controlada e liderada pela classe política.[568]

---

sinônimos de classe política expressões como "classe governante", "classe dirigente", "classe dominatrice", "classe superiore", "classe elevate", "governanti", "elementi dominatori" e "minoranzza organizata". Conferir o levantamento feito por Giorgio Sola no texto da *Teorica* (MOSCA, *Scritti politici*, p. 207). Sobre essas oscilações e as possíveis diferenças entre os termos ver também FILIPPINI, Michele. *Una politica di massa*: Antonio Gramsci e la rivoluzione della società (Roma: Carocci, 2015), p. 199-200.
567 Q 8, § 52, p. 972. A primeira edição de *Elementi di scienza politica* foi publicada por Gaetano Mosca em 1896. Uma nova edição apareceu em 1923, com o acréscimo de uma segunda parte completamente inédita. Embora o livro não esteja entre aqueles que Gramsci deixou na prisão, é provável que tivesse em mãos essa segunda edição, como se infere da longa citação que faz de um texto de Guglielmo Ferrero a partir da obra de Mosca (Q 8, § 36, p. 963). Os momentos típicos aos quais Gramsci faz referência são marcados pela derrota italiana na batalha de Adua, que revelou a crise do regime liberal (1896), e a marcha fascista sobre Roma (1922), quando essa crise encontrou uma solução reacionária.
568 *Loc. cit.*

A principal lacuna da reflexão moschiana nesse livro estaria em que ela "não enfrenta, em seu conjunto, o problema do 'partido'".[569] A ausência de uma reflexão desenvolvida sobre os partidos políticos impediria Mosca de compreender os processos de formação da classe política e de mudança social, ou seja, da criação de "um novo nível de civilização". As observações sobre o conceito de classe política de Mosca eram fortemente vinculadas, nesse parágrafo gramsciano, à noção de moderno príncipe e ao caráter de educador da classe política que esse teria. Mas o texto é desordenado e as observações desconexas sobre o moderno príncipe; a revolução permanente, a guerra de posição, a guerra de movimento e as ideologias aparecem justapostas.[570]

Apesar de suas ressalvas, Gramsci considerou que o conceito de classe política poderia ser útil para aquela análise histórica dos intelectuais italianos em que estava trabalhando. Com esse propósito, registrou uma rápida, mas importante, observação em uma nota dedicada a essa análise histórica, intitulada, justamente, "Note sparse e appunti per una storia degli intellettuali italiani" [Notas dispersas e apontamentos para uma história dos intelectuais italianos]: "A assim denominada 'classe política' de Mosca não é outra coisa que a categoria intelectual do grupo social dominante".[571] Nessa mesma nota, considerou que o conceito de classe política poderia ser entendido como análogo ao conceito de *élite* de Pareto, o qual também seria uma tentativa de interpretar o fenômeno histórico dos intelectuais e sua função na vida social e estatal.

---

569 *Loc. cit.*
570 Na segunda versão, o texto foi depurado, concentrando-se no argumento mosquiano. Mas a crítica à ausência de uma reflexão sobre os partidos políticos foi mantida como ponto principal (Q 13, § 16, p. 1565).
571 Q 8, § 24, p. 956. Essa observação inseria-se no contexto da pesquisa anunciada já na carta a Tatiana de 19 de março de 1927 (LC, p. 55-6).

Como visto, Gramsci lera tanto a *Teorica* como os *Elementi* de Mosca e provavelmente teve esses livros na prisão. Seu conhecimento das ideias de Vilfredo Pareto era, entretanto, menor, apesar de haver alguns indícios em seus artigos juvenis de que conhecia o *Tratatto di sociologia*, obra à qual se referiu de maneira indireta, mas precisa, em um artigo publicado no jornal *Avanti!* no ano seguinte ao lançamento do livro.[572] As ideias de Mosca e Pareto, entretanto, eram correntes nos meios intelectuais da Turim do início do século XX, cidade por onde ambos passaram e cuja cultura marcaram de modo notável.[573] Mas sua influência ia muito além da cidade e, pode-se se dizer sem medo de errar que, nos primeiros anos do século XX, a teoria elitista desses autores encontrara forte difusão, consolidando-se no léxico político da época.

Embora Gramsci tenha procurado aproximar os conceitos de classe política e de elites, estes não são idênticos entre si. Ettore Albertoni destacou que, enquanto o conceito mosquiano de classe política remetia a um âmbito político-estatal, o conceito paretiano de elites era apresentado em termos essencialmente sociais.[574] Gramsci parecia estar ciente disso quando afirmou que o conceito mosquiano de classe política dizia respeito exclusivamente aos grupos dominantes.[575] Os usos que Gramsci fez nos *Quaderni*

---

572 "Os sociológicos dividem os eventos em duas grandes categorias: eventos lógicos, eventos não lógicos. Eventos lógicos: aqueles que podem ser previstos; não lógicos: aqueles imprevisíveis" (CF, p. 51).
573 Sobre a presença e influência de Mosca e Pareto em Turim ver D'ORSI, *Allievi e maestri:* l'Università di Torino nell'Otto-Novecento (Torino: Celid, 2002), caps. II e III.
574 ALBERTONI, Dottrina della clase política e teoria delle elites, p. 267.
575 O conceito mosquiano de classe política corresponderia não ao conceito de *élite tout court* tal como aparece na obra de Pareto, e sim àquilo que o professor de Lausanne chamava de "classe eleita de governo" (PARETO, Vilfredo. *Trattato di sociologia generale:* edizione critica a cura di Giovanni Busino [Torino: Utet, 1988], § 2056, p. 1955).

235

dos conceitos de elites e classe política é revelador dessas diferenças. Gramsci utilizou o conceito de elites em um sentido quase neutro, muitas vezes adjetivando-o para torná-lo mais delimitado. Escreveu assim a respeito de uma "elite intelectual, mas especialmente moral", "elite de intelectuais" ou, simplesmente, "elite intelectual";[576] de "elite de ricos e de moças";[577] de "elites de jovens escolhidos por concurso ou indicados por instituições privadas idôneas sob a sua responsabilidade";[578] de "elite internacional";[579] e de uma "elite-aristocracia-vanguarda".[580] A ambiguidade do conceito permitia a Gramsci utilizá-lo, ainda, para referir-se obliquamente aos grupos intelectuais das classes subalternas, como no § 79 do *Quaderno 6*, com a rubrica "Riviste tipo" [Revistas-tipo].

Por sua vez, apesar das reiteradas ressalvas, "classe política", com ou sem aspas, aparece como uma importante, embora infrequente, noção nos *Quaderni*. O uso das aspas remete geralmente ao conceito no interior da obra de Mosca, e desse modo ele aparecia na maioria das notas nas quais Gramsci se dedicou a comentar a *Teorica* e os *Elementi*. Predomina o uso sem aspas quando esta é uma noção incorporada por Gramsci a seu próprio léxico e utilizada para designar os grupos intelectuais e dirigentes das classes dominantes. É nesse último sentido, certamente mais rico em termos analíticos, que Gramsci refere-se, por exemplo, à "elaboração que tem lugar na classe política piemontesa durante o império napoleônico"[581] ou à "classe política italiana".[582] Ou ainda o sugestivo § 48 do *Quaderno 8*, no qual distingue a grande política, voltada em termos maquiavelianos para a conquista e manutenção do Estado, e a "pequena política as questões parciais e diárias que são coloca-

---

576 Q 4, § 49, p. 480; Q 12, § 1, p. 1525; Q 14, § 18, p. 1676; Q 19, § 24, p. 2027.
577 Q 4, § 49, p. 483.
578 *Ibid.*, § 49, p. 485.
579 Q 6, § 62, p. 731.
580 *Ibid.*, § 79, p. 750.
581 Q 6, § 70, p. 737.
582 Q 9, § 108, p. 1172.

das dentro de uma estrutura já estabelecida para as lutas de proeminência entre as diferentes frações da mesma classe política".[583]

Pode-se dizer, assim, que, enquanto Gramsci circunscreve o conceito de classe política ao aparelho governativo, à sociedade política, utiliza a noção de elites para nomear grupos que se encontram, predominantemente, no âmbito da sociedade civil, nos aparelhos privados de hegemonia. Talvez por essa razão prefira utilizar a noção de classe dirigente, que permite identificar grupos que têm lugar nessas duas dimensões, ou seja, no "Estado em seu sentido orgânico e mais amplo (Estado propriamente dito e sociedade civil)".[584] O uso da noção de classe dirigente pode ser encontrado já nos escritos pré-carcerários e culminava nas Teses de Lyon e na densa análise das classes dirigentes italianas que ali tinha lugar.[585] A expressão reaparecia no § 44 do *Primo quaderno*, aquela nota destinada à análise do *Risorgimento* italiano em que é apresentada uma teoria da hegemonia. Essa primeira aparição já indica fortemente que a noção de classe dirigente só adquiria pleno sentido no texto gramsciano mais maduro quando inserida no âmbito de uma teorização sobre as formas de dominação e direção na vida estatal.[586]

---

583 Q 8, § 48, p. 970.
584 Q 6, § 87, p. 763.
585 Por exemplo: "O primeiro período de vida do Estado italiano (1870-90) é o da sua maior debilidade. As duas partes das quais a classe dominante é composta, os intelectuais burgueses de um lado e os capitalistas de outro, estão unidas no propósito de manter a unidade, mas divididas na forma a ser dada ao Estado unitário. Falta entre elas uma homogeneidade positiva. Os problemas que o Estado propõe são limitados; ao contrário, dizem respeito à forma da substância da dominação política da burguesia; acima de tudo, ao problema do equilíbrio, que é um problema de pura preservação. A consciência da necessidade de alargar a base das classes que governam o Estado ocorre apenas com o início do 'transformismo'" (CPC, p. 493).
586 Ver, por exemplo: "O critério histórico-político sobre o qual se deve fundar a própria pesquisa é o seguinte: que uma classe é dominante de duas maneiras, quer dizer, é 'dirigente' e 'dominante'. É dirigente das clas-

Partidos políticos e crise da democracia

A noção de classe dirigente é central para compreender a análise gramsciana da crise do regime parlamentar. O diálogo com as teorias elitistas era intenso nesse ponto. Ao analisar, no *Quaderno 9*, o conjunto daquelas "Interpretazioni del *Risorgimento* italiano" [Interpretações do *Risorgimento* italiano], em particular as do "grupo Mosca-Turiello", Gramsci considerou que aquele tipo de literatura prosperava em situações de crise, uma crise que essa literatura não era capaz de compreender. Sua observação a respeito é importante para um melhor entendimento do modo como ele via a crise:

Percebe-se que essas interpretações florescem nos períodos mais característicos da crise político-social e são tentativas para provocar uma reorganização das forças políticas existentes, estimular novas correntes intelectuais em antigos organismos partidários ou exalar suspiros e gemidos de desespero e negro pessimismo.[587]	Nota-se que tal literatura floresce nos períodos mais característicos da crise político social, quando a separação entre governantes e governados se torna mais grave e parece anunciar eventos catastróficos para a vida nacional; o pânico se difunde entre certos grupos intelectuais mais sensíveis e se multiplicam as tentativas para provocar uma reorganização das forças políticas existentes, estimular novas correntes intelectuais nos extenuados e pouco consistentes organismos partidários ou exalar suspiros e gemidos de desespero e negro pessimismo.[588]

---

ses aliadas, é dominante das classes adversárias. Por isso uma classe antes mesmo de chegar ao poder pode ser 'dirigente' (e deve sê-lo): quando está no poder torna-se dominante, mas continua a ser, também, 'dirigente'. Pode e deve ser uma 'hegemonia política' mesmo antes de ir ao governo, e não se precisa contar somente com o poder e a força material que este poder dá para exercer a direção ou hegemonia política" (Q 1, § 44, p. 41).
587 Q 9, § 89, p. 1153-4.
588 Q 19, § 5, p. 1975.

A segunda versão desse texto permite iluminar um ponto importante e persistente da reflexão gramsciana sobre a "crise político-social". Essa é interpretada como o resultado do agravamento da separação entre "governantes e governados". As palavras destacadas ainda organizavam o léxico dos elitistas. Gramsci criticava aquela literatura que insistia na tese segundo a qual "o marasmo no qual se encontra o país" teria sido provocado exclusivamente pelo "regime parlamentar (que talvez só torne público aquilo que antes permanecia escondido)".[589] A explicação que ele próprio construía estava fortemente marcada não apenas pelo léxico, como também por uma ideia que é possível encontrar na *Teorica* de Mosca: a crise teria sido uma consequência da "debilidade geral da classe dirigente" e da "grande miséria do país".[590]

Essa maneira de conceber a crise foi exposta de forma mais detalhada, como era de se esperar, no *Quaderno 13*. Primeiro no § 23, intitulado "Osservazioni su alcuni aspetti dela struttura dei partiti politici nei periodi di crisi organica" [Observações sobre alguns aspectos da estrutura dos partidos políticos em tempos de

---

[589] Embora essa crítica não fosse completamente justa no caso de Mosca, que via a crise como resultado da estreiteza do processo de seleção da classe política, ela era pertinente para boa parte da literatura *post-risorgimentale* produzida pela Destra, e em particular para o livro de Pasquale Turiello também citado por Gramsci como representante dessa corrente. Na carta de apresentação que Turiello endereçou a Fortunato, afirmou que seu livro "pode se tornar o conteúdo de qualquer um dos partidos políticos presentes, embora eu ache que aquele que caiu em 1876 poderia revivê-lo mais facilmente" (TURIELLO, *Governo e governati in Italia*, p. 8). Esse autor era bastante explícito a respeito do caráter artificial e imitativo das instituições políticas italianas. Sobre a importação das instituições, afirmou: "nossa legislação, tanto em tempos de plenos poderes ministeriais, como por meio de discussão parlamentar, foi quase completa e sumariamente imitada dos modelos belgas e franceses, alguns deles já adotados anteriormente pelo reino subalpino" (*ibid.*, p. 13-4).
[590] Q 9, § 89, p. 1154-5.

crise orgânica], uma nota que julgou pertinente conectar explicitamente com o importantíssimo § 17, "Analisi delle situazioni: rapporti di forza" [Análise das situações: relações de força]. Nessa nova sede, foram reagrupados textos presentes anteriormente nos cadernos 4 (§§ 66 e 69, redigidos em novembro de 1930), 7 (§ 77, escrito em dezembro de 1931) e 9 (§ 22, de maio de 1932, e § 40, de junho de 1932), dedicados originalmente ao estudo do "elemento militar na política", dos "partidos políticos" e da "burocracia". Espalhadas no tempo, com diversos conteúdos e carentes de fontes explícitas, essas notas inscritas nos cadernos miscelâneos não formam originalmente um todo orgânico. Foi apenas no *Quaderno 13* e no processo de reelaboração que ganharam uma unidade temática mais forte.

Como o próprio título anuncia, o § 23 do *Quaderno 13* tinha por objeto a análise da crise dos partidos políticos. Colocava, assim, no centro da reflexão aquilo que Gramsci identificara como uma lacuna no conceito de "classe política" de Gaetano Mosca. O texto, entretanto, não reproduz uma análise formal da estrutura interna das agremiações políticas. Seu objeto de estudo era aquilo que hoje chamaríamos de sistema partidário, o conjunto articulado das agremiações políticas em uma dada unidade nacional. O parágrafo iniciava com uma afirmação generalizante a respeito da relação entre representantes e representados, a qual, de certo modo, sintetizava a trajetória dos partidos parlamentares europeus no imediato pós-guerra:

> Em certo ponto de sua vida histórica, os grupos sociais se separam de seus partidos tradicionais, isto é, os partidos tradicionais, na forma organizacional dada, com aqueles certos homens que os constituem, os representam e os dirigem, não são mais reconhecidos como expressão de sua classe ou fração de classe.[591]

Gramsci retomava aqui uma ideia já presente na literatura do final do século XIX: o que caracterizava a crise política era o

---

[591] Q 13, § 23, p. 1602.

afastamento entre representantes e representados, dirigentes e dirigidos, governantes e governados.[592] A crise subverteria o funcionamento normal do regime parlamentar, no qual a "democracia política tende a fazer coincidir governantes e governados (no sentido de governo com o consenso dos governados)".[593] Nessas situações, em que a coincidência deixava de existir, reforçava-se "a posição relativa do poder da burocracia (civil e militar), da alta finança, da Igreja e em geral de todos os organismos relativamente independentes das flutuações da opinião pública".[594] Descrevia-se, assim, o processo de autonomização da sociedade política em relação à sociedade civil.

Essa crise, que se manifestava primeiro, no interior dos partidos políticos, no esgarçamento da relação entre dirigentes e dirigidos, expressar-se-ia também "em todo o organismo estatal", contaminando toda a vida política nacional. O conteúdo dessa crise, segundo Gramsci, "é a crise de hegemonia da classe dirigente". Na literatura da época, principalmente naquela de corte elitista, em que se destacava Gaetano Mosca, esse fenômeno recebia o nome de "crise de autoridade".[595] O próprio Gramsci, escrevendo em 1921, afirmou que a "crise geral italiana é crise das classes médias, é crise do princípio de autoridade nos comandos sociais subalternos, que precisamente constituem o máximo da estrutura burguesa do Estado".[596] Nos *Quaderni*,

---

592 Cf. Q 19, § 15, p. 1975.
593 Q 12, § 12, p. 1547. Ver as observações a respeito dessa passagem de VACCA, Giuseppe. *Modernità alternative:* il Novecento di Antonio Gramsci (Torino: Einaudi, 2017), p. 190.
594 Q 13, § 23, p. 1603.
595 Comentando a elevação da prosperidade material, da cultura e dos recursos intelectuais da sociedade italiana na Itália liberal, Mosca escreveu, por exemplo, que essa era acompanhada por "uma lenta decomposição do princípio da ordem e da autoridade" (MOSCA, *Scritti politici*, p. 514).
596 GRAMSCI, Antonio. *Socialismo e fascismo:* L'Ordine Nuovo, 1921-1922 (Torino: Giulio Einaudi, 1966), p. 146. Trata-se de artigo

entretanto, aquilo que antes recebia o nome de "crise do princípio de autoridade" passou a ser compreendido de maneira mais abrangente e precisa como uma "crise de hegemonia, ou crise do Estado em seu conjunto".[597]

O texto de Gramsci demonstra preocupação com os rumos que uma crise política poderia tomar. A situação imediata criada pela crise poderia tornar-se "delicada e perigosa", alertava no § 23. O aviso tinha em mente a solução particular que a crise de hegemonia encontrara na Itália com a ascensão do fascismo. Na crise, "a situação imediata se torna delicada e perigosa, porque o campo se abre às soluções de força, à atividade de potências obscuras representadas pelos homens providenciais ou carismáticos".[598] A solução "normal" da crise era outra, do ponto de vista da "classe dirigente tradicional". Ela possuía recursos maiores do que aqueles disponíveis pelas as classes subalternas. O pessoal dirigente dessas classes tradicionais era numeroso e treinado e, mesmo que fosse necessário fazer sacrifícios para manter o poder, poderia com um custo menor "esmagar o adversário e dispersar o pessoal de direção".[599] Desse modo, poderia passar-se rapidamente à direção de muitos partidos "sob a bandeira de um único partido que melhor representa e resume as necessidades de toda a classe".[600]

Essa solução em que ocorre "a fusão de todo um grupo social sob uma única direção, que é considerada a única capaz de resolver um problema existencial dominante e afastar um perigo mortal" era considerada "um fenômeno orgânico e normal", mas teria lugar apenas quando existisse uma relação de forças francamente favorável às classes dirigentes tradicionais. A crise encontraria outro desfecho quando essa relação de forças não existisse, quando predominasse um "equilíbrio estático" entre

---

não assinado, publicado em *L'Ordine Nuovo*, a. I, n. 113, 23 apr. 1921.
597 Q 13, § 23, p. 1603.
598 *Loc. cit.*
599 *Loc. cit.*
600 *Ibid.*, § 23, p. 1604.

as classes, ou seja, quando "nenhum grupo, nem o conservador nem o progressivo, tem a força necessária para a vitória, e até mesmo o grupo conservador também precisa de um mestre". Nessa situação, na qual o "fenômeno orgânico e normal" não é possível, surgem as condições para a afirmação de um "chefe carismático".[601]

Gramsci já havia escrito a respeito da noção de chefe carismático em uma nota do *Quaderno 2*, um parágrafo destinado a discutir a obra de outro importante expoente do pensamento elitista, Robert Michels. O parágrafo é revelador do método de trabalho de Gramsci. A primeira parte do texto, escrita provavelmente em fevereiro de 1929, consiste de uma longa paráfrase de um artigo publicado por Michels na revista *Mercure de France*, com algumas observações de Gramsci interpoladas entre parênteses.[602] A redação desse parágrafo foi retomada mais tarde, entre agosto e setembro de 1930, e no final dela o autor expôs um juízo geral sobre a obra do sociólogo alemão.[603]

De modo geral, nesse texto, as ideias de Michels sobre os partidos políticos eram consideradas "bastante confusas e es-

---

601 *Loc. cit.*
602 Ver MICHELS, Robert. Les partis politiques et la contraite sociale. *Mercure de France*, a. 39, n. 717, 1º mai. 1928, p. 513-5. A maioria das referências citadas nesses parágrafos encontravam-se no texto do próprio Michels. As exceções estão na segunda parte da nota, redigida mais de um ano depois: uma carta de Sorel a Croce, publicada na revista *La Critica* de 20 de setembro de 1929, na qual uma brochura do sociólogo alemão era criticada, e um conjunto de cartas de Sorel a Michels, publicadas pela revista *Nuovi studi di Diritto, Economia e Politica*, de setembro-outubro de 1929.
603 Sobre a composição do *Quaderno 2* e dessa nota em particular, ver FRANCIONI, Gianni. Nota introdutiva al Quaderno 8 (1930-1932). In: GRAMSCI, Antonio. *Quaderni del carcere*: edizione anastatica dei manoscritti. Roma/Cagliari: Istituto della Enciclopedia Italiana/L'Unione Sarda, 2009). As datas de composição das duas partes foram sugeridas por Giuseppe Cospito (Verso l'edizione critica e integrale dei "Quaderni del carcere". *Studi Storici*, v. 52, n. 4, p. 881-904, 2011).

quemáticas, mas elas são interessantes como uma coleção de material bruto e observações empíricas e díspares",[604] um juízo similar àquele que expressou a respeito de Mosca. Há alguns indícios de que Gramsci planejara aprofundar seus estudos sobre Michels, mas isso não ocorreu, visto que as referências são apenas ocasionais e esse parágrafo não recebeu uma segunda redação.[605] As observações do sociólogo alemão sobre o chefe carismático forneceram, entretanto, um pretexto para que Gramsci refletisse sobre o tema. Benito Mussolini era citado explicitamente no texto de Michels e, embora Gramsci considerasse que suas observações sobre o caso italiano fossem inexatas, elas lhe permitiram mobilizar diretamente a noção de carisma para a análise do fascismo.[606]

Gramsci suspeitava, no entanto, que o sociólogo alemão radicado na Itália não fosse o portador de uma reflexão original e que o conceito de chefe carismático já estivesse presente na obra de Max Weber, planejando cotejar a obra deste com o livro de sociologia política publicado por Michels em 1927.[607]

---

[604] Q 2, § 75, p. 237.
[605] Nesse mesmo parágrafo, por exemplo, Gramsci escreveu: "A bibliografia dos escritos de Michels pode ser sempre reconstruida a partir de seus próprios escritos porque ele se cita abundamentemente. A pesquisa pode começar com os livros que já tenho" (Q 2, § 75, p. 237). Sobre as fontes disponíveis por Gramsci para esse estudo ver a minuciosa pesquisa de Fabio Bettoni (Gramsci e Michels: Un itinerario critico. In: FURIOZZI, Gian Biagio (org.). *Roberto Michels tra politica e sociologia* [Firenze: Centro Editoriale Toscano, 1984], p. 212-8).
[606] Cf. SGAMBATTI, Valeria. Per un'analisi del rapporto tra Gramsci e gli èlitisti. In: FERRI, Franco (org.). *Politica e storia in Gramsci* (v. II. Roma: Riuniti, 1977), p. 611.
[607] Q 2, § 75, p. 231. Trata-se do *Corso di sociologia politica*, publicado em Milão em 1927. Gramsci possuia na prisão o livro de Michels sobre os partidos políticos e conhecia o *Corso di sociolgia politica*, embora seja improvável que o tenha lido. De Weber citou repetidamente *Parlamento e governo nel nuovo ordinamento della Germania*, publicada em 1919 pela editora Laterza. Mas o planejado estudo com-

No sentido atribuído por Michels, escreveu Gramsci, o carisma coincidiria sempre com "uma fase primitiva dos partidos de massa", na qual "a doutrina se apresenta às massas como algo nebuloso e incoerente, que precisa de um papa infalível para ser interpretada e adaptada às circunstâncias".[608] Os partidos "carismáticos", por sua vez, seriam "agrupamentos em torno de certas personalidades, com programas rudimentares; a base desses partidos é a fé e autoridade de apenas um".[609] Gramsci considerava, entretanto, que essa categoria de classificação não corresponderia a nenhum partido realmente existente. Criticava a ideia de Michels segundo a qual os partidos carismáticos não teriam um programa definido. De acordo com o sardo, personalidades "mais ou menos excepcionais" seriam sempre a expressão de interesses. O que permitiria a emergência de um chefe carismático não seria o caráter rudimentar do partido, e sim uma particular relação de forças entre as classes:

> [...] em certos momentos de "anarquia permanente" devido ao equilíbrio estático das forças em luta, um homem representa a "ordem", isto é a ruptura com meios excepcionais do equilíbrio mortal e em torno dele se reagrupam os amedrontados, as "ovelhas hidrofóbicas" da pequena burguesia.[610]

Gramsci parece diferenciar aqui uma crise decorrente do "equilíbrio estático das forças em luta", a qual se expressaria na difi-

---

parativo teria sido possível apenas a partir de 1934, quando recebeu no cárcere uma antologia de textos organizados por Michels, entre os quais estava a seção V do capítulo VIII de *Wirtschaft und Gesellschaft*, de Max Weber, publicada com o título "Il potere carismatico e la sua trasformazione" [Poder carismático e sua transformação] (cf. FILIPPINI, Max Weber. In: PASSOS, Rodrigo Duarte Fernandes dos; ARECO, Sabrina. *Gramsci e seus contemporâneos*. [Marília/São Paulo: Oficina Universitária/Cultura Acadêmica, 2017], p. 117).
608 Q 2, § 75, p. 233.
609 *Ibid.*, § 75, p. 234.
610 *Loc. cit.*

culdade de formar um governo, de uma crise da forma Estado, aquilo que nesse parágrafo chama de "crises constitucionais". Essa distinção é importante. Nem toda crise política ou parlamentar é ou se torna uma crise do *regime* ou do Estado. A crise pode ser "devido ao grande número de descontentes, difíceis de domar pela sua mera quantidade e pela simultânea, mas mecanicamente simultânea, manifestação de descontentamento em toda a área da nação". Nesses casos, a solução "tende apenas a refazer a cobertura política externa de um conteúdo social que não passa por uma crise constitucional real".[611]

O laboratório francês

Essa distinção entre crise parlamentar e crise do Estado é importante para o desenvolvimento da reflexão no interior dos *Quaderni*. As formulações apresentadas no § 75 do *Quaderno 2* e no § 23 do *Quaderno 13* ganharam maior concretude nas anotações de Gramsci a respeito da vida nacional francesa, culminando no § 37 do *Quaderno 13*. Gramsci já havia indicado que o caso francês era de grande importância devido a seu caráter exemplar, e que os "partidos franceses" eram um campo muito rico para a pesquisa sobre a crise de hegemonia: "todos eles são documentos mumificados e anacrônicos, documentos histórico-políticos das diferentes fases da história passada francesa, dos quais repetem a terminologia antiga".[612] A França apresentava-se, assim, como o laboratório escolhido por Gramsci para testar suas hipóteses.

O § 37 do *Quaderno 13* é um texto mais orgânico do que aquele do § 23. Ele reúne anotações presentes todas no *Primo quaderno*, escritas entre julho de 1929 e março de 1930 e organizadas em torno de um conjunto bastante preciso de temas: a Action Française de Charles Maurras, suas relações com o Va-

---

611 *Loc. cit.*
612 Q 13, § 23, p. 1604.

ticano e a crise parlamentar de 1925-1926.[613] Em sua segunda redação, essas notas foram reagrupadas com o título "Note sulla vita nazionale francese" [Notas sobre a vida nacional francesa], indicando que a análise do dissídio entre os monarquistas católicos e o papado receberia um enquadramento mais amplo.

Nesse estudo, Gramsci adotou uma periodização de longa duração, apresentada no § 17 do *Quaderno 13*, que, partindo da

---

[613] Nesse conjunto de notas, as fontes que Gramsci tinha em mãos são poucas e conhecidas. A ruptura do Vaticano com a Action Française chamou-lhe a atenção muito cedo na prisão. Em 3 de outubro de 1927, solicitou a Tatiana o livro de Charles Maurras e Leon Daudet, *L'Action Française et le Vatican* (LC, p. 124) e, no dia 14 de novembro, informou que o livro havia chegado (LC, p. 132). Mais tarde, em carta a Giuseppe Berti, sintetizou as ideias presentes nesse livro e apontou outras fontes. Com relação ao livro citado, revelou seu interesse na iniciativa de formação de um "partido católico democrático" por parte do Vaticano, um tema com evidentes repercussões na Italia, onde, após a concordata, os católicos entraram oficialmente na arena política (L, p. 153). As outras fontes comentadas nessa carta são a *Storia dela terza repubblica: La Francia dal settembre 1870 al 1926*, de Alessandro Zévaès, considerado "superficialíssimo mas divertido", e *La Francia contemporanea*, de Robert Michels, "um golpe de livreiro" (LC, p. 153-4). Além do livro de Maurras e Daudet, Gramsci citou, no § 48 do *Primo quaderno*, dois artigos presentes em uma edição do *Alamanach de L'Action Française* que possuía na prisão, um de Leon Daudet (L'Action Française quotidienne a vingt anes. *Almanach de L'Action Française*, v. 21, 1929, p. 51-8) e outro de Jacques Bainville (Comment finissent les régimes parlementaires. *Almanach de L'Action Française*, v. 21, 1929, p. 51-8). Deve-se destacar, entretanto, que, no cárcere de Turim, Gramsci tinha acesso muito restrito à imprensa e, somente entre outubro de 1931 e a primavera de 1932, pôde ter acesso ao *Corriere della Sera*. A maior parte das informações que recebia da França eram de segunda mão e provinham de revistas como *Nuova Antologia*, *L'Italia Letteraria* e *Critica Fascista*. Sobre as fontes francesas de Gramsci, ver GERVASONI, Marco. *Antonio Gramsci e la Francia*: dal mito della modernità alla "scienza della politica" (Milano: Unicolpi, 1998).

Revolução Francesa, via nos acontecimentos da Comuna de Paris de 1871 a exaustão histórica de todos os germes nascidos em 1789.[614] A periodização que organizava a pesquisa gramsciana questionava aquela adotada por Benedetto Croce em sua *Storia d'Europa nel secolo decimonono*, que começava sua narrativa com a derrota de Napoleão Bonaparte e a restauração.[615] Em um conjunto de notas inscritas no *Quaderno 8* e depois transcritas para o *Quaderno 10*, Gramsci questionou a narrativa croceana e evidenciou seu caráter político:

> Mas o "século XIX" existe sem a Revolução Francesa e as guerras napoleônicas? Os eventos tratados por Croce podem ser organicamente concebidos sem esses precedentes? O livro de Croce é um tratado de revoluções passivas, para usar a expressão de Cuoco, que não podem ser justificadas e compreendidas sem a Revolução Francesa, que foi um evento europeu e mundial, não apenas francês.[616]

Essa nota foi escrita em maio de 1932, quase ao mesmo tempo que Gramsci redigia a citada nota do *Quaderno 9*, na qual se discutiam as interpretações do *Risorgimento*. Nesse último parágrafo, era feita uma referência implícita à *Storia d'Europa*. Segundo Gramsci, embora o crítico abruzês superasse Adolfo Omodeo, que circunscrevia a história do liberalismo exclusivamente na península e parecia afirmar a primazia de um "li-

---

614 "Realmente as contradições internas da estrutura social francesa que se desenvolvem depois de 1789 encontram sua relativa composição apenas com a terceira república, e a França tem sessenta anos de vida política equilibrada depois de oitenta anos de reviravoltas em ondas sempre mais longas: 89-94-99-1804-1815-1830-1848-1870" (Q 13, § 17, p. 1582).
615 CROCE, *Storia d'Europa nel secolo decimonono*: a cura de Giuseppe Galasso (Milano: Adelphi, 1999 [1932]).
616 Q 8, § 236, p. 1088. Sobre o caráter político da crítica gramsciana a Croce, ver FROSINI, Fabio. Sulle "spie" dei "Quaderni del carcere". *International Gramsci Journal*, v. 1, n. 4, 2015, p. 43-65.

beralismo italiano", a *Storia* croceana suprimia da narrativa o momento da revolução e das guerras, ou seja, o jacobinismo e o próprio ato de nascimento e difusão da democracia parlamentar na Europa continental.[617] Por fim, a exclusão da Revolução Francesa da narrativa histórica croceana foi criticada no *Quaderno 10*, em um parágrafo coetâneo àqueles dois já citados. Segundo Gramsci, a periodização levada a cabo por Croce era o resultado de um "hegelianismo degenerado e mutilado, porque sua preocupação fundamental é um pavor dos movimentos jacobinos, de toda intervenção ativa das grandes massas populares como fator de progresso histórico".[618]

Contrariando essa periodização croceana, que tinha por objetivo expurgar o momento da revolução da narrativa e resumir a história da França ao período da restauração, a parábola da crise descrita por Gramsci tinha início "na fase ativa da Revolução Francesa", na qual o desenvolvimento do "jacobinismo (de conteúdo) e da fórmula da revolução permanente"

> [...] encontrou seu "aperfeiçoamento" jurídico-constitucional no regime parlamentar, que realiza, no período mais rico das energias "privadas" na sociedade, a permanente hegemonia da classe urbana sobre toda a população, na forma hegeliana de governo com o consentimento permanentemente organizado (mas a organização do consentimento é deixada para a iniciativa privada, é, portanto, de natureza moral ou ética, porque o consentimento é dado "voluntariamente" de uma forma ou de outra).[619]

As formas institucionais e políticas que esse processo assumiu foram variadas. Em um arco de tempo que se prolongou entre 1789-1893 e 1871-1914, ocorreram ondas de revolução e repressão, expansão e retração do sufrágio, constitucionaliza-

---

617 Q 9, § 89, p. 1153.
618 Q 10/I, § 6, p. 1220.
619 Q 13, § 37, p. 1636.

ção e desconstitucionalização da política, distribuição e redistribuição dos poderes no interior do aparelho estatal. As diferentes formas político-institucionais francesas foram descritas de modo sumário por Gramsci, mas dada a escassez de fontes adequadas é surpreendentemente precisa. Tal descrição tinha por objetivo ilustrar uma tese fundamental: a hegemonia não é própria de uma única forma institucional. Ela pode se realizar por meio de várias formas. As recorrentes mudanças constitucionais ocorridas nesse período não abalaram o "exercício 'normal' da hegemonia no terreno que se tornou o clássico do regime parlamentar".[620] Este permaneceu de pé,

> [...] caracterizado pela combinação de força e consenso que são equilibrados de várias maneiras, sem que a força supere muito o consenso, mesmo tentando obter que essa força apareça apoiada pelo consentimento da maioria, expressa pelos chamados órgãos da opinião pública – jornais e associações – que, portanto, em certas situações, são multiplicados artificialmente.[621]

Embora as instituições parlamentares continuassem funcionando no período do pós-guerra, "o aparato hegemônico se fissura e o exercício da hegemonia se torna permanentemente difícil e aleatório". Percebida por meio de seus efeitos mais superficiais, essa dificuldade de exercer de modo "normal" a hegemonia por meio do regime parlamentar, era denominada pela opinião pública da época, como visto, de "crise do princípio de autoridade" ou de "dissolução do regime parlamentar".[622] Os efeitos mais notáveis dessa crise eram a

> [...] dificuldade crescente na formação de governos e na crescente instabilidade dos próprios governos, a qual tem sua origem imediata na multiplicação dos partidos parlamentares e

---

620 Q 13, § 37, p. 1638.
621 *Loc. cit.*
622 *Ibid.*, § 37, p. 1639.

nas crises internas permanentes de cada uma desses partidos (ou seja, dentro de cada partido verifica-se aquilo que se verifica em todo o parlamento: dificuldade de governo e instabilidade da direção).[623]

Gramsci parece dar grande importância à multiplicação dos partidos políticos e à emergência de um grande número de soluções. No interior dos partidos, cada fração acredita ter em mãos a receita que pode deter o enfraquecimento da agremiação. No parlamento, cada partido está convencido de que pode formar sob sua direção uma nova e estável maioria. As formas mais mórbidas da política manifestam-se agudamente – "negociações capciosas e minuciosas", "escandalosas", "insídia e perfídia".[624] Mas para a opinião pública prevaleceriam as ações vistas como "personalistas". A crise parece ser o momento no qual as personalidades políticas individuais, frequentemente demagógicas, emergem ou, pelo menos, tornam-se mais visíveis. Embora o sardo não fizesse menção ao fascismo nesse parágrafo, é bastante evidente que a situação italiana reverberava nos temas de sua análise.

Em certo ponto do texto, Gramsci escreveu "La crisi in Francia" [A crise na França] e, a partir de então, seu discurso político ganhou novos tons. Nas páginas seguintes, em vez de uma análise generalizante da crise política no pós-guerra, é possível encontrar uma sutil análise das relações de forças na França. Gramsci passou, então, a destacar a lentidão do desenvolvimento da crise nesse país, tornando o argumento precedentemente apresentado mais matizado e sutil. A multiplicidade de partidos existentes, em vez ser um indicativo da crise, passou a ser vista como "muito útil" para a formação e seleção de um "um número grande de hábeis homens de governo".[625] O grande número de políticos experientes, a concentração de intelec-

---

[623] *Loc. cit.*
[624] *Loc.cit.*
[625] *Ibid.*, § 37, p. 1640.

251

tuais em instituições e revistas, a tradição e a homogeneidade da burocracia militar e civil, tudo isso contribuía para tornar a hegemonia burguesa "muito forte" e com "muitas reservas".[626]

A conclusão de Gramsci era a de que "a guerra não debilitou, mas reforçou a hegemonia" e mesmo depois da guerra as "lutas internas [...] não tiveram, por isso, grande aspereza".[627] O argumento reforçava a distinção entre a crise de hegemonia e a crise parlamentar. Essa última, apesar de ser endêmica na França, "não teve até agora um caráter radical, nem colocou em jogo questões intangíveis".[628] Embora ocorressem deslocamentos políticos importantes, os representados encontravam rapidamente novos representantes, e novos equilíbrios entre os partidos eram formados. A crise parlamentar não se traduzia, desse modo, em uma separação radical entre governantes e governados.

Na análise gramsciana, até mesmo a crise parlamentar de 1925 e 1926, quando a Action Française achou que era chegada sua hora de assumir o poder e anunciou seu futuro governo, esteve muito longe de representar uma crise de hegemonia. A ruptura que o Vaticano promoveu com Maurras implicou em um afastamento das grandes massas nacionais dos monarquistas clericais por ele liderados. O sonho reacionário de que o regime republicano pudesse cair durante uma crise parlamentar era, segundo Gramsci, uma "estupidez". Em meio à crise, o sistema partidário continuou a funcionar como de costume:

> No momento decisivo, vemos que as grandes massas de energia que entraram na crise não são despejadas em reservatórios criados artificialmente, mas seguem os caminhos realmente traçados pela política real anterior, movem-se de acordo com os partidos que sempre estiveram ativos, ou mesmo que nasceram como cogumelos no próprio chão da crise.[629]

---

626 *Loc. cit.*
627 *Ibid.*, § 37, p. 1640-1.
628 *Ibid.*, § 37, p. 1641.
629 *Ibid.*, § 37, p. 1647.

Considerações finais

Ao enfatizar o caráter superficial das crises parlamentares, em especial daquela francesa de 1925-1926, Gramsci destacou a distinção entre esta e a crise de hegemonia. Desse modo, afastou-se da literatura conservadora e fascista que considerava a crise um fenômeno inerente às instituições políticas representativas em geral e, em particular, àquela combinação específica de sufrágio ampliado e parlamentarismo que caracterizava as democracias modernas. Concebendo a crise política em seu sentido mais forte como crise de hegemonia, sua análise se deslocou da pequena política, ou seja, daquela caracterizada pelas "lutas de predomínio entre as diversas frações de uma mesma classe política", para a grande política.[630] Com isso a investigação era transferida da arena parlamentar para a sociedade civil.

Gramsci acertava as contas com as interpretações fascistas. Comentando no *Quaderno 15* um artigo de Sergio Panunzio publicado na revista *Gerarchia*, no qual era discutido o fim do parlamentarismo, Gramsci criticou o caráter formalista do argumento de Panunzio, típico "dos velhos constitucionalistas", mas reteve o tema: a dificuldade de construir uma direção política permanente em um regime parlamentar. Para tratar o tema de modo apropriado, escreveu nos *Quaderni*, seria necessário estudar a multiplicação dos partidos políticos, as razões da dificuldade para formar uma maioria parlamentar e a decadência dos grandes partidos tradicionais. Do ponto de vista de Panunzio, a análise desses fenômenos e da crise seria "puramente parlamentar" e, nesse sentido, retomava muitos dos argumentos da Destra "storica" acima apresentados. O autor dos *Quaderni* apontava, entretanto, para outra direção, em que seria possível identificar "mutações radicais que ocorreram na própria sociedade".[631]

---

630 *Ibid.*, § 5, p. 1564.
631 Q 15, § 47, 1807.

253

Para compreender a crise real e "a origem da decadência dos regimes parlamentares", seria necessário concentrar-se nas transformações que teriam ocorrido na sociedade civil. Gramsci considerava que a pesquisa deveria dar importância ao "fenômeno sindical". Não ao sindicalismo corporativo de Panunzio e do fascismo, ou seja, não o "associativismo de todos os grupos e por qualquer fim", e sim "dos elementos sociais recém-formados, que anteriormente não tinham 'nada a dizer' e que simplesmente unindo-se mudavam a estrutura política da sociedade".[632] Era na emergência de novos grupos sociais, das classes trabalhadoras, na vida política nacional e na incapacidade das classes dirigentes tradicionais de absorvê-las nessa vida, que poderia ser desvendado o segredo da crise.

Se a crise não era decorrência das instituições parlamentares, sua solução não poderia ocorrer por meio da supressão dessas instituições, como imaginava o fascismo. O "desaparecimento dos partidos políticos" e o "esvaziamento do Parlamento" promovido pelo regime de Mussolini era uma "solução 'burocrática', a qual mascarava que os partidos são substituídos por camarilhas e influências pessoais não confessáveis". A eliminação dos partidos implicava a supressão daqueles órgãos responsáveis não apenas pela elaboração das "orientações políticas" tão desejadas por Panunzio, como também dos meios capazes de formar e educar "os homens capazes de aplicá-las", as classes dirigentes.[633]

A resposta à qual o fascismo não conseguia chegar fora apresentada por Gramsci no § 49 do *Quaderno 14*.[634] Comentando a oposição da burocracia estatal ao regime parlamentar, considerada um obstáculo ao bom funcionamento da administração, Gramsci destacou que uma coisa era reconhecer a ineficiência e a inadequação do parlamentarismo e outra, bem diferente, era

---

632 *Ibid.*, § 47, p. 1808.
633 *Ibid.*, § 48, p. 1809
634 Os § 47 e 48 do *Quaderno 15* foram escritos em maio de 1933, enquanto o § 49 do *Quaderno 14* é de fevereiro do mesmo ano.

desejar o restabelecimento de um poder burocrático que operasse sem nenhum contrapeso ou controle. A solução apresentada por Gramsci, como uma hipótese de trabalho, questionava a identificação entre regime parlamentar e regime representativo, ponto de convergência entre liberais, conservadores e fascistas. A maneira de apresentar a questão era cuidadosa: "É preciso ver se o parlamentarismo e o regime representativo se identificam e se uma solução diferente do parlamentarismo e do regime burocrático não é possível, com um novo tipo de regime".[635]

A ideia de um novo tipo de regime representativo não foi desenvolvida nos *Quaderni* e permaneceu como hipótese. Mas se a crise era uma crise de hegemonia, caracterizada pela separação entre governantes e governados, dirigentes e dirigidos, compreende-se o sentido da solução. Ela não poderia resumir-se à exposição de uma reforma institucional, como aquelas que a literatura da Destra "storica" apresentara tantas vezes no final do século XIX. A solução só poderia estar em uma nova relação entre representantes e representados. Uma relação que superasse os limites que a teoria elitista impusera.

---

635 Q 14, § 49, p. 1708.

7. AMÉRICA, AMÉRICA LATINA

América e *América Latina* não são verbetes no *Dicionário gramsciano*, *Americanismo* é.[636] O estudo do americanismo e do fordismo esteve presente desde o início do projeto de redação dos *Quaderni del carcere* e foi anunciado por Gramsci no elenco de temas para a pesquisa que inscreveu no início destes, com data de 8 de fevereiro de 1929.[637] A redação das notas que compõem o corpo principal dos *Quaderni* ainda demoraria para começar, mas imediatamente Gramsci iniciou o trabalho de tradução de textos. No dia 9 de fevereiro, um dia depois de inaugurar o *Primo quaderno*, Gramsci relatou a sua cunhada Tatiana Schucht que "já escrevia na cadeia"[638] e, no dia 11 de março, informou sua esposa Giulia Schucht que estava "empenhado em traduções do alemão".[639]

As primeiras traduções de Gramsci correspondem à edição especial de 14 de outubro de 1927 da revista alemã *Die Literarische Welt*, dedicada à literatura norte-americana. A revista

---

636 Cf. LIGUORI, Guido; VOZA, Pasquale. *Dicionário gramsciano (1926-1937)* (São Paulo: Boitempo, 2017).
637 Q 1, p. 5. Para a datação dos parágrafos dos *Quaderni*, conferir FRANCIONI, Gianni. *L'Officina gramsciana*: ipottesi sulla sttrutura dei "Quaderni del carcere" (Napoli: Bibliopolis, 1984).
638 LC, p. 236.
639 *Ibid.*, p. 244.

fazia referência à obra de autores como Franck Norris, Theodor Dreiser, Jack London, Upton Sinclair e Sinclair Lewis, ao cinema de Charles Chaplin e à crítica cultural de H. L. Mencken. Com a exceção de Sinclair Lewis, cujo romance *Babbit* foi lido por Gramsci no cárcere, os demais autores não são citados nos *Quaderni*. Ainda assim, a tradução da revista cumpre um papel importante na pesquisa sobre o americanismo.

O retrato que surge das resenhas e comentários publicados na *Die Literarische Welt* e traduzidos por Gramsci é o de uma América pujante, cheia de contradições e energias. A I Guerra permitira o amadurecimento da sociedade norte-americana e, desse modo, o surgimento de uma literatura própria, que se alimentava daquela europeia, mas era capaz de imprimir características especificamente nacionais. Destaque especial recebia a obra de Sinclair Lewis, cujos personagens, segundo um resenhista, encarnavam "um tipo nacional", contribuindo, desse modo, à criação de uma "história da civilização americana em forma de romance".[640] Sobre o romance *Oil*, de Upton Sinclair, outro resenhista registrou:

> Certamente não se trata de técnica artística, de um virtuosismo na arte da palavra, de uma pintura lírica de sensibilidade desperdiçada, mas da representação da brutal realidade econômica, da luta sem trégua, a pintura incorruptível da eterna luta entre os exploradores e os escravos do trabalho.[641]

Gramsci não tinha em alta conta essa literatura norte-americana. Sobre *Michaël, cane di circo* (*Michael, Brother of Jerry*, 1917), livro de Jack London, afirmou que era artisticamente "insignificante", embora gostasse de *Jerry dele isole* (*Jerry of the Islands*,

---

640 QT, p. 47 e 73.
641 *Ibid.*, p. 81. Não há referência nos *Quaderni* a esse romance de Upton Sinclair, mas Gramsci informou a Tatiana em carta do dia 16 de abril de 1928 que recebera uma edição francesa desse livro, embora provavelmente não o tenha lido (LC, p. 183).

1917), *Zanna bianca* (*White Fang*, 1906) e *Il richiamo dela foresta* (*The Call of the Wild*, 1903).[642] Quando mais tarde sua cunhada Tatiana comentou ter lido o romance *Elmer Gantry* (1927), de Sinclair Lewis, e alguns volumes de Upton Sinclair, Gramsci respondeu, relembrando provavelmente a resenha que traduzira da revista alemã:

> Suas leituras me interessam e eu ficaria feliz em ler Elmer Gantry de Sinclair Lewis, embora não esteja disposto a acreditar que seja um ótimo livro. Acho que me lembro que Lewis faz um retrato, neste livro, da decomposição moral das seitas protestantes dos Estados Unidos. Mas esses livros americanos parecem-me, em geral, mecânicos, estereotipados, de verismo exagerado, um verismo de repórteres de jornais de grande porte. A grande falha de Lewis e do grupo de escritores a que ele pertence parece-me consistir em que lhes falta um forte interesse ético-político ou nacional-popular. Upton Sinclair é ainda mais baixo: é um sacristão medíocre da cultura.[643]

O juízo que Gramsci registrou nos *Quaderni* a respeito do romance *Babbit*, também de Sinclair Lewis, permite esclarecer essa opinião, bem como a importância atribuída por Gramsci a essa literatura: "Não se trata de um grande livro: ele é construído esquematicamente e o mecanismo é óbvio demais. Tem importância cultural e não artística: a crítica de costumes prevalece sobre a arte".[644]

Não era, pois, a estética literária norte-americana que despertava a atenção de Gramsci, e sim a capacidade de a literatura desse país expressar certas características particulares da sociedade, em especial o contraste com a Europa e sua cultura. Como destacou Giorgio Baratta, embora a edição de *Die Literarische Welt* não fosse excepcional, era suficientemente bem documen-

---

642 *Ibid.*, p. 412.
643 *Ibid.*, p. 708-9
644 Q 5, § 105, p. 633-4.

259

tada para permitir a Gramsci compreender a "'modernidade' dos novos meios de expressão nela difundidos, as ferramentas hegemônicas do americanismo: de um certo modo de entender do jornalismo à fotografia, ao cinema, à música (o jazz)".[645]

Essa edição da revista alemã e suas leituras dos romances não foram as únicas fontes de Gramsci para o estudo da sociedade e da cultura norte-americanas. Na carta que escreveu para Tatiana em 25 de março 1929, Gramsci anunciou que já possuía duas traduções de Henry Ford para o francês – *Ma vie et mon oeuvre* (Paris: Payot, 1926) e *Aujourd'hui et demain* (Paris: Payot, 1926) –, além dos livros de André Siegfried – *Les États-Unis d'aujourd'hui* (Paris: Colin, 1928) – e Lucien Romier – *Qui sera le Maître: Europe ou Amérique?* (Paris: Hachette, 1927). A esse conjunto é importante acrescentar o livro de André Philip, várias vezes citado nos *Quaderni: Le problème ouvriere aux États-Unis* (Paris: Alcan, 1927).

Americanismo

Nessa carta de 25 de março, na qual informou a respeito dos livros que já possuía, Gramsci sintetizou seus planos de estudos destacando três pontos: "1° história italiana no século XIX, com especial atenção à formação e ao desenvolvimento de grupos intelectuais; 2° a teoria da história e historiografia; 3° americanismo e fordismo".[646] O interesse de Gramsci sobre o americanismo foi registrado ainda na lista de "ensaios principais" para uma história dos intelectuais italianos, que se encontra na abertura do *Quaderno 8*, redigida provavelmente entre novembro e dezembro de 1930. A rubrica "Americanismo e fordismo" aparece ali como um apêndice, um tema que não podia ser reme-

---

645 BARATTA, Giorgio. *Le rose e i quaderni:* il pensiero dialogico do Antonio Gramsci (Roma: Carocci, 2003), p. 142n.
646 LC, p. 248.

tido ao interior de uma pesquisa sobre os intelectuais italianos, mas que certamente dialogava com ela.

Franco de Felice destacou, mais de uma vez, que a pesquisa sintetizada nessa rubrica articulava duas dimensões distintas, que só poderiam ser plenamente compreendidas na unidade orgânica que mantinham:

> Em "Americanismo e fordismo", diferentes planos estão interligados, cuja combinação confere a este escrito um timbre particular e o torna um exemplo de análise histórica e política do presente. O ponto central é certamente constituído por uma série de considerações sobre o fordismo – como uma forma particular de organização do trabalho fabril e da ideologia associada a ele, em conexão com questões mais gerais relacionadas ao processo de reorganização do capitalismo [...] e sobre o americanismo como forma de organização das relações e humanas.[647]

As dificuldades para a realização desses planos de pesquisa são conhecidas. Gramsci julgava não ter à disposição os materiais necessários para empreendê-la, e sua saúde precária impedia que desenvolvesse o trabalho como desejava. Entre março e abril de 1932, reorganizou sua pesquisa em um conjunto de dez temas, inscritos no verso da primeira página do *Quaderno 8*, com o título "Raggruppamenti di materia" [Reagrupamentos de materiais]. O objetivo era produzir um conjunto de cadernos monográficos.[648] Mas americanismo e fordismo não constavam desse longo elenco.

A ausência desse tema nessa última lista revela o seu caráter incompleto. Quando a redigiu, a pesquisa sobre o americanis-

---

647 DE FELICE, Franco. Una chiave di lettura in Americanismo e fordismo (1972). In: *Il presente come storia:* a cura di Gregorio Sorgonà e Ermano Taviani (Roma: Carocci, 2016), p. 246. Conferir também *id.*, Rivoluzione passiva, fascismo, americanismo in Gramsci (1977). In: *op. cit.*, p. 360.
648 Q 8, p. 936.

261

mo já estava concluída. Gramsci havia começado já no *Primo quaderno* a estudar o tema e fazer anotações a respeito. As primeiras menções à América são ocasionais. Mas já no § 61 a rubrica "Americanismo" aparecia pela primeira vez. O modo como o texto começa indica que o objetivo de Gramsci não era um estudo sobre a América, e sim uma pesquisa sobre a capacidade do americanismo, como modo de organização da produção capitalista e modo de vida adequado a essa forma, difundir-se na Europa:

> Americanismo. O americanismo pode ser uma fase intermediária da atual crise histórica? Pode a concentração plutocrática levar a uma nova fase do industrialismo europeu a partir do modelo da indústria americana? Provavelmente, a tentativa será feita (racionalização, sistema Bedaux, taylorismo etc.). Mas pode ter sucesso? A Europa reage contrastando suas tradições de cultura à América "virgem". Essa reação é interessante não porque a chamada tradição cultural possa impedir uma revolução na organização industrial, mas porque ela é a reação da "situação" europeia à "situação" americana.[649]

A redação avançava cuidadosamente e expressava ceticismo. Gramsci era pessimista a respeito do desenvolvimento do americanismo na Europa. Acreditava que a persistência de estratos sociais próprios de sociedades pré-capitalistas, em particular de uma classe de "produtores de poupança", "uma classe numerosa de 'usurários'", que vivia ainda da exploração do trabalho primitivo dos camponeses, dificultava o desenvolvimento de uma sociedade plenamente industrial. A América do Norte, por sua vez, não possuía essas "tradições", estava livre dessa "camada de chumbo" demográfica e era essa "uma das razões da formidável acumulação de capital".[650]

---

649 Q 1, § 61, p. 70.
650 *Ibid.*, § 61, p. 71.

Esse ceticismo manifestou-se, também, no § 135, em que discutiu a possibilidade do corporativismo preconizado por Massimo Fovel ser o responsável pela introdução na Itália dos "sistemas industriais americanos", uma hipótese perante a qual Gramsci expressou grandes reservas. A razão para tal estaria na incapacidade do Estado italiano assumir a função de direção econômica no sentido necessário para a realização da revolução econômico-financeira indispensável para o desaparecimento dos rentistas e a americanização da península – "amortização do débito público, títulos da dívida nominais, taxação direta e não indireta dos títulos".[651] Ou seja, faltariam à Itália tanto as condições sociais (demográficas) como as condições políticas para o americanismo.[652]

Embora Gramsci dedicasse alguns parágrafos em seus *Quaderni* à filosofia norte-americana, em particular ao pragmatismo,[653] à formação da potência dos Estados Unidos[654] e ao Rotary Club,[655] predominava na investigação o estudo do americanismo como um modo de organização da vida econômica ou como a ideologia própria desse modo. Dessa maneira, o americanismo, frequentemente, aparece no texto gramsciano inseparável do fordismo. A América não era, predominantemente, um objeto independente de investigação. Ela era a sede do americanismo.

---

651 *Ibid.*, § 135, p. 125.
652 Giuseppe Vacca (*Modernità alternative:* il Novecento di Antonio Gramsci [Torino: Einaudi, 2017], p. 138) destaca que, embora as observações de Gramsci digam respeito à Itália, "a necessidade de reconduzir o capital financeiro à função do capital industrial diz respeito a toda a Europa, onde o predomínio do capital financeiro é uma herança do compromisso entre a burguesia liberal e os velhos estratos".
653 Q 1, §§ 34 e 105; Q 4, § 76; e Q 17, § 22.
654 Q 2, § 16.
655 Q 1, §§ 51 e 61; Q 4, § 38; Q 5, §§ 52 e 61.

América

Ainda assim, em algumas notas, é possível perceber uma preocupação com uma definição mais precisa a respeito da América e da civilização que ali tinha lugar. A reflexão de Gramsci oscila. Em uma nota do *Quaderno 3*, escrita em maio de 1930, a respeito de um entrevista de Luigi Pirandello publicada na *Italia Letteraria*, a pesquisa parece ganhar uma nova direção: "O problema não é se na América há uma nova civilização, uma nova cultura, e se estas novas civilizações e cultura estão invadindo a Europa". De acordo com Gramsci, essa questão teria uma fácil resposta: "não, não existe etc., e de fato na América, a velha cultura europeia está sendo reformulada".[656] A questão que precisaria ser respondida seria outra: se a força econômica da América constrangeria a Europa a mudar sua direção econômica, isto é,

[...] se está criando uma transformação das bases materiais da civilização, o que no longo prazo (e não muito longo, porque tudo é mais rápido no período atual do que em períodos anteriores) levará a uma superação da própria civilizaçao existente e ao nascimento de uma nova.[657]	[...] se está criando uma transformação das bases materiais da civilização *europeia*, o que no longo prazo (e não muito longo, porque tudo é mais rápido no período atual do que em períodos anteriores) levará a uma superação da forma de civilização existente e ao forçado nascimento de uma nova civilização.[658]

A questão era posta de um ponto de vista econômico. Gramsci interrogava-se sobre a capacidade das mudanças econômicas que tinham lugar na América, com a organização fordista do trabalho e o advento da grande corporação capitalista, provocarem mudanças perceptíveis na economia e na cultura europeia. Na segunda versão da nota, escrita no *Quaderno 22* entre

---
656 Q 3, § 11, p. 296.
657 *Loc. cit.*
658 Q 22, § 15, p. 2179, grifos nossos.

fevereiro e março de 1934, Gramsci parece deslocar sua atenção da América para a Europa, mas o argumento permanecia circunscrito ao mundo da economia. Se uma mudança na base material ocorresse, não levaria muito tempo para dar origem a uma "nova civilização", porém, o texto esclarecia a seguir que uma nova civilização não estava surgindo. Uma nova forma de civilização não se verificava porque a relação entre as classes sociais na vida econômica permaneceria a mesma; as mudanças provocadas pelo americanismo e pelo fordismo seriam ainda superficiais:[659]

> Outra questão é que não se trata de uma nova civilização, porque muda o caráter das classes fundamentais, mas um prolongamento e uma intensificação da civilização europeia, que entretanto assumiu certas características no ambiente americano.[660]

> Que não se trata, no caso do americanismo, entendido não apenas como uma vida dos cafés, mas também como uma ideologia do Rotary Club, de um novo tipo de civilização, se vê em que nada mudou no caráter e nas relações dos grupos fundamentais: trata-se de uma extensão orgânica e uma intensificação da civilização europeia, que apenas assumiu uma nova epiderme no clima americano.[661]

Essa maneira de colocar o problema parece enfatizar que o americanismo, como "ideologia do Rotary Club", não expressava uma forma social diferente da forma social capitalista, nem uma hegemonia diferente da hegemonia burguesa. Mas o argumento vai além dessa afirmação, destacando a inexistência de mudanças profundas na própria relação entre as classes e na ordem capitalista dos Estados Unidos, que não passaria de uma extensão geográfica daquela civilização europeia, distinguindo-

---

659 Ver a respeito as observações de VACCA, *Modernità alternative*, p. 139.
660 Q 3, § 11, p. 297.
661 Q 22, § 15, p. 2180.

-se dessa apenas na forma. O argumento repete ideias que apareciam em algumas resenhas publicadas na *Literarische Welt*, as quais destacavam que a literatura realista norte-americana com seus personagens – "capitalistas americanos, saqueadores modernos em uma inexorável luta de classes" –[662] não passava de uma tradução do naturalismo europeu.

Gramsci parece contestar aquelas leituras do americanismo, em voga na Europa, que afirmavam a emergência de uma forma civilizacional que teria superado o capitalismo. Mas, destacando exclusivamente a dimensão econômica do processo, terminava por contrariar as notas precedentes, em particular o § 61 do *Primo quaderno*, nas quais destacara as importantes diferenças sociais e demográficas existentes entre a Europa e os Estados Unidos.

Essa passagem do *Primo quaderno* não foi a única vez que Gramsci se interrogou a respeito da emergência de uma nova civilização na América do Norte. No § 105 do *Quaderno 5*, em uma nota escrita entre novembro e dezembro de 1930, a questão recebeu uma resposta muito diferente. Trata-se de um parágrafo que toma como ponto de partida o artigo de Carlo Linati sobre *Babbit*. O artigo de Linati reproduzia alguns argumentos de um livro de Edgar Ansel Mowrer (1928), a que Gramsci não teve acesso direto. Mowrer afirmava que os problemas da Europa não precediam aqueles dos Estados Unidos, e sim o contrário:

> Se há algum amanhã para uma sociedade enraizada na democracia intelectual e na plutocracia industrial, os Estados Unidos verão ele primeiro. Se não houver nenhum, então as esperanças do mundo deverão repousar insatisfeitas até que o período do americanismo chegue a seu final.[663]

---

662 QT, p. 72.
663 MOWRER, Edgar Ansel. *This American World* (London: Faber & Gwyer 1928), p. 3.

Gramsci sintetizou a partir de Linati o tema do livro do escritor norte-americano: "Mowrer reconstrói a história cultural dos Estados Unidos até a ruptura do cordão umbilical com a Europa e o advento do americanismo".[664]

Nesse parágrafo, o americanismo era visto não a partir da ótica da produção industrial, e sim a partir da análise dos grupos intelectuais. *Babbit*, de Lewis Sinclair, e a corrente literária da qual era a manifestação mais importante expressariam a emergência de um novo grupo de intelectuais e de uma nova civilização. O argumento de Mowrer, ao qual Gramsci não se opôs, ressaltava uma descontinuidade entre as formas civilizacionais americana e europeia:

> Que na América há um movimento literário realista que começa por ser crítico dos costumes é um fato cultural muito importante: significa que a autocrítica se estende, ou seja, que nasce uma nova civilização americana consciente de suas forças e fraquezas; os intelectuais se separam da classe dominante para se juntarem a ela mais intimamente, para ser uma superestrutura verdadeira, e não apenas um elemento inorgânico e indistinto da estrutura-corporação.[665]

A questão dos intelectuais era central na reflexão gramsciana sobre os Estados Unidos e foi retomada no § 49 do *Quaderno 4*, redigido em novembro de 1930, ou seja, de modo quase simultâneo àquele anteriormente indicado. Depois de expor a relação existente entre os intelectuais tradicionais e orgânicos em diferentes países da Europa, anunciou uma importante diferença entre a América e o velho continente, a quase inexistência de intelectuais tradicionais. Segundo Gramsci:

> Nos Estados Unidos, deve ser notada a ausência de intelectuais tradicionais e, portanto, o diferente equilíbrio dos intelectuais

---

664 Q 5, § 105, p. 633.
665 *Ibid.*, § 105, p. 633-4.

em geral; formação maciça na base industrial de todas as superestruturas modernas. A necessidade de um equilíbrio não se deve ao fato de que é necessário mesclar intelectuais orgânicos com os tradicionais que não existem como uma categoria, mas sim mesclar diferentes tipos de culturas trazidas por imigrantes de várias origens nacionais em um único caldeirão nacional.[666]

Na segunda versão da nota, presente no *Quaderno 12* e redigida provavelmente entre maio e junho de 1932, foi acrescentada uma pequena ressalva: "a ausência, *em uma certa medida*, dos intelectuais tradicionais".[667] Mas o sentido da nota foi mantido destacando uma ideia que já havia aparecido no *Primo quaderno* e que foi retomada literalmente no *Quaderno 22* com uma significativa modificação. Nos Estados Unidos,

| A hegemonia surge da fábrica e não precisa de muitos intermediários políticos e ideológicos. As "massas" de Romier são a expressão deste novo tipo de sociedade, em que a "estrutura" imediatamente domina as superestruturas, e estas são racionalizadas (simplificadas e diminuídas em número).[668] | A hegemonia surge da fábrica e não precisa para exercer-se mais do que uma quantidade mínima de intermediários profissionais da política e da ideologia. O fenômeno das "massas" que tanto preocupou Romier não é senão a forma deste tipo de sociedade racionalizada, em que a "estrutura" imediatamente domina as superestruturas, e estas são "racionalizadas" (simplificadas e diminuídas em número).[669] |

Embora Gramsci oscilasse a respeito da emergência de uma nova forma civilizacional, capaz de imprimir um novo sentido ao modo de produção capitalista na América, não tinha dúvidas a respeito do caráter da hegemonia nos Estados Unidos. Ela

---

[666] Q 4, § 49, p. 481.
[667] Q 12, § 11, p. 1527, grifos nossos.
[668] Q 1, § 62, p. 72.
[669] Q 22, § 22, p. 2146

diferia substancialmente daquela que tinha lugar na Europa e se distinguia pelo fato de que na América suas superestruturas se formavam no interior do próprio mundo industrial, seus intelectuais encontravam-se enraizados no mundo da produção e, consequentemente, a hegemonia organizava-se a partir da fábrica. Se algo distinguia a hegemonia burguesa nos Estados Unidos era esta fusão entre estrutura e superestruturas que ocorria na indústria e se difundia por toda a sociedade.

O renitente economicismo presente no *Quaderno 3* foi subvertido na análise da questão dos intelectuais. Se por bloco histórico entendermos a unidade entre estrutura e superestrutura, ou seja, como as superestruturas "são o reflexo do conjunto de relações sociais de produção",[670] então os Estados Unidos constituíam um novo bloco histórico, que não era mera extensão, prolongamento ou atualização daquelas formas sociais existentes na Europa.

América Latina

A América Latina não recebe a mesma atenção que os Estados Unidos nos *Quaderni*. As fontes citadas são escassas, apenas algumas resenhas publicadas em revistas italianas, e não há indícios de que Gramsci tenha lido algum livro sobre a história da América Latina.[671] O número de notas produzidas a partir

---

670 Q 8, § 182, p. 1051.
671 Sobre a questão da imigração, em especial a italiana, na América Latina, Gramsci cita o discurso do deputado Enrico Ferri na Câmara dos Deputados, sintetizado no *Avanti!* (12 de março de 1911). Na discussão sobre a *Kulturkampf* no continente, fez referência à biografia do presidente ultracatólico do Equador García Moreno, mas pensou, equivocadamente, que ele era venezuelano. A fonte era uma pequena resenha publicada na *Rivista d'Italia* (anno XXX, fasc. I, 15 gen. 1927). Gramsci fez ainda referência às missões jesuíticas no Paraguai e à obra de Ludovico Antonio Muratori, *Il Cristianesimo felice nelle missioni de' padri della Compagnia di Gesù* (1752), mas sua fonte é

dessas parcas informações é reduzido, mas ainda assim encerram um conjunto de observações interessantes que podem estimular pesquisas.

O tema principal que emerge dessas notas é o da formação do Estado nacional e dos grupos intelectuais adequados à vida moderna. A questão foi colocada por Gramsci já no *Primo quaderno*, em uma nota que se iniciava com uma observação sobre os estadistas católicos, mas abruptamente mudava de rumo para anunciar uma tese que seria repetida outras vezes. De acordo com Gramsci, na "América espanhola e portuguesa [...] ainda se atravessa um período de *Kulturkampf* primitivo, isto é, no qual o Estado moderno ainda deve lutar contra o passado clerical e feudal".[672]

A existência de uma *Kulturkampf* ainda inconclusa na América Latina aparecerá registrada em outras notas escritas entre 1929 e 1930. É o caso, por exemplo, do § 5 do *Quaderno 3*: "Pode-se dizer que todos os estados da América Central e do Sul (exceto a Argentina, talvez) devem passar pela fase de *Kulturkampf* e pelo advento do Estado laico moderno (a luta do México contra o clericalismo dá um exemplo dessa fase)".[673] E, mais uma vez, na longa nota sobre os intelectuais presente no *Quaderno 4*:

---

provavelmente *La Civiltà Cattolica* (anno LXXX, v. III, 7 set. 1929). Também cita o protestantismo na América Latina (*La Civiltà Cattolica*, anno LXXXI, v. I-III, 1º mar., 15 mar. e 5 apr.). Uma das fontes mais importantes na reflexão gramsciana sobre a América Latina é o artigo de Lamberti Sorrentino, "Latinità dell'America" [Latinidade da América], publicado em *L'Italia Letteraria* (anno I, n. 38, 22 dic. 1929). Boa parte do § 5 do *Quaderno 3*, intitulado "América", é uma transcrição desse artigo na qual as observações de Gramsci estão entre parênteses. Pontos importantes desse texto foram retomados no § 49 do *Quaderno 4*, dedicado ao tema dos intelectuais.
672 Q 1, § 107, p. 98.
673 Q 3, § 5, p. 290.

> Em geral, pode-se dizer que na América do Sul e Central ainda existe uma situação do *Kulturkampf* e de processo Dreyfus, isto é, uma situação em que o elemento laico e civil não passou da fase de subordinação à política laica do clero e da casta militar.[674]

O retrato da América Latina que emerge dessas notas é o de uma sociedade de desenvolvimento desigual e combinado, no qual o velho convivia com o novo, o moderno com o arcaico, de modo contraditório: "É interessante notar essa contradição que existe na América do Sul entre o mundo moderno das grandes cidades comerciais do litoral e o primitivismo do interior".[675] Esse modo contraditório expressava-se na formação dos grupos intelectuais e dirigentes, tema tratado na já citada nota do *Quaderno 4*. Nessa anotação, dizia-se que na América meridional e Central o clero e a casta militar herdadas da colonização espanhola e portuguesa encontravam-se cristalizados, fornecendo os quadros intelectuais necessários. Por sua vez, ao contrário dos Estados Unidos, a indústria e as superestruturas correspondentes eram pouco desenvolvidas na América Latina, predominando, assim, os intelectuais de tipo rural, vinculados ao latifúndio.[676]

A nota do *Quaderno 4* continha aspectos dúbios e imprecisões que Gramsci procurou corrigir nas pequenas alterações que fez em sua segunda versão, publicada no *Quaderno 12*. A mais importante diz respeito à caracterização dos intelectuais vinculados à Igreja e ao Exército. Em sua primeira versão, o sardo afirmava que na América do Sul e Central "não existe uma categoria de intelectuais tradicionais", reproduzindo de modo literal o que afirmara com relação aos Estados Unidos.[677] Em sua segunda versão, escreveu que essa categoria de intelectuais tradicionais existia, embora não fosse vasta, e que era compos-

---

674 Q 4, § 49, p. 482.
675 Q 1, § 107, p. 98.
676 Q 4, § 48, p. 481-2.
677 *Ibid.*, § 48, p. 481.

271

ta, justamente, pelo clero e pelos militares, "duas categorias de intelectuais tradicionais fossilizadas nas formas da pátria mãe europeia" dos séculos XVI e XVII, caracterizadas pela contrarreforma e pelo parasitismo militar.[678]

Gramsci via um duplo movimento histórico. Por um lado, identificava um confronto na América meridional entre a cultura europeia e as culturas pré-capitalistas marcadas pela presença de indígenas, chamados em outra nota de "peles vermelhas".[679] A maneira de colocar o problema e o léxico utilizado indicam um olhar ainda eurocêntrico. Nesse confronto, até mesmo o jesuitismo poderia ser considerado "um progresso em confronto da idolatria" "de grandes massas de aborígens", embora nas grandes cidades costeiras esse catolicismo radical representasse um "obstáculo para o desenvolvimento da civilização moderna [...]: serve como um meio de governo para manter as pequenas oligarquias tradicionais no poder, que, portanto, só fazem uma luta suave e branda".[680] Por outro lado, haveria uma oposição entre a cultura clerical e militar, herdada de Portugal e Espanha, e uma cultura mais moderna que se expressava na Igreja positivista e na maçonaria, as quais seriam "as ideologias e as religiões laicas da pequena burguesia urbana".[681] Essas últimas formas, entretanto, somente poderiam ser consideradas como formas intelectuais de transição, incapazes de desenvolver em seu interior uma nova cultura integral, mas, ao mesmo tempo, sinais da emergência de uma necessária *Kulturkampf*.[682]

---

[678] Q 12, § 11, p. 1528-9.
[679] Q 3, § 5, p. 290.
[680] Q 1, § 107, p. 98.
[681] *Loc. cit.*
[682] Talvez a fonte de Gramsci sobre esse assunto seja direta e decorrente de sua participação nas discussões realizadas no 4º Congresso da Internacional Comunista sobre o reconhecimento do Partido Comunista do Brasil como membro. Essa discussão terminou com o conhecido caso Canellas. O partido brasileiro enviara a Moscou como representante Antonio Canellas, um militante influenciado pelo anar-

Os temas eram anunciados, mas não desenvolvidos. Ainda assim, Gramsci identificou alguns fenômenos significativos, como a influência da colonização portuguesa e espanhola primeiro, o caráter fragmentado e subalterno do continente e a influência cultural da França como reação a esse passado colonial na América Latina independente, bem como a presença anglo-saxã na cultura Argentina, considerado "o país mais europeu e latino da América".[683]

Iberismo

As hipóteses de Gramsci a respeito dos intelectuais na América Latina integravam uma reflexão sobre a formação dos Estados nacionais e o lugar dos intelectuais nesse processo. Nessas notas, intuiu, mas não desenvolveu, a contraposição entre americanismo e iberismo. As notas sobre a América Latina, embora escassas, são notáveis porque oferecem um contraponto ao desenvolvimento do americanismo e dos grupos intelectuais próprios a essa nova forma. Um novo tipo intelectual havia nascido no interior do aparelho produtivo nos Estados Unidos. Enquanto isso, na América Latina, os intelectuais provinham majoritariamente dos aparelhos eclesiástico e militar. As formas da hegemonia nessas duas situações não poderiam ser iguais. Enquanto no americanismo a hegemonia nascia vigorosamente da fábrica e se difundia pelo tecido social, nas nações

---

quismo e membro da maçonaria. A missão foi um desastre completo, Canellas foi vítima do sarcasmo de Trotsky e o partido brasileiro não foi reconhecido. Gramsci participou da discussão sobre este assunto no Congresso. Em seu relatório para a liderança do partido brasileiro, Canellas fez referência rápida à participação de "Gramschi" no comitê que discutiu o caso. Essa é a primeira vez que o nome do marxista sardo aparece no Brasil (CANELLAS, Antonio. Relatório Canellas (1922). In: VINHAS, Moisés. *O partidão*: a luta por um partido de massas (1922-1974) [São Paulo: Hucitec, 1982], p. 43)
683 Q 3, § 5, p. 291.

latino-americanas a dominação pareceria ter lugar sem uma hegemonia, uma ideia que Ranajit Guha utilizaria em seus estudos sobre a Índia colonial.[684]

A contraposição entre americanismo e iberismo tem longo curso no estudo da sociedade brasileira. Tais noções organizavam, por exemplo, o argumento de *Raízes do Brasil* (1936), de Sérgio Buarque de Holanda, obra que inaugurou um filão interpretativo que está muito longe de ter demonstrado esgotamento. Segundo Buarque de Holanda:

> Ainda testemunhamos presentemente, e por certo continuaremos a testemunhar durante largo tempo, as ressonâncias últimas do lento cataclismo, cujo sentido parece ser o do aniquilamento das raízes ibéricas de nossa cultura para a inauguração de um estilo novo, que crismamos talvez ilusoriamente de americano, porque seus traços se acentuam com maior rapidez em nosso hemisfério.[685]

Esse autor oscilou em sua relação com o americanismo. De uma recusa frontal na juventude, como no ensaio "A quimera do monroísmo" (1920), passou a uma aceitação comedida em "Considerações sobre o americanismo" (1941) e nos ensaios que publicou no mesmo ano sobre a literatura americana[686]

---

684 GUHA, Ranajit. *Dominance without hegemony:* history and power in colonial India (Cambridge, MA: 1997).
685 HOLANDA, Sérgio Buarque de. *Raízes do Brasil* (21 ed. Rio de Janeiro: José Olympio, 1989 [1936]), p. 127.
686 Ver *id.*, HOLANDA, Sérgio Buarque de. A quimera do monroísmo. In: COSTA, Marcos. *Sérgio Buarque de Holanda:* escritos coligidos (v. I. São Paulo: Fundação Perseu Abramo, 2011 [1920]). p. 8-11; *id.*, Considerações sobre o americanismo. In: *Cobra de vidro* (2 ed. São Paulo: Perspectiva, 1978 [1941]. p. 23-7); *id.*, Letras norte-americanas I. In: COSTA, *op. cit.*, p. 232-24; e *id.*, Letras norte-americanas II. In: COSTA, *op. cit.*, p. 235-8. Essa mudança foi argutamente percebida por MONTEIRO, Pedro Meira. As raízes do Brasil no espelho de próspero. *Novos Estudos,* n. 83, mar. 2009, p. 169n.

Seguindo essa trilha, Richard Morse procurou revalorizar as raízes ibéricas da cultura brasileira, as quais não apenas explicariam o fracasso dos projetos modernizantes e liberalizantes, como poderiam servir de guia para o mundo anglo-saxão reencontrar seu destino, superando sua profunda crise moral e existencial.[687]

A reconciliação entre o americanismo e o iberismo veio por meio de Luiz Werneck Vianna, segundo o qual haveria dois tipos de americanismos. Aquele das elites estaria "condenado a carregar em si o lastro histórico da Ibéria" e a ser "mais uma ideologia para uso instrumental dos novos interesses econômicos, que uma reforma intelectual, moral e prática da sociedade". O americanismo dos subalternos, por sua vez, ao mesmo tempo que "impôs uma 'revolução dos interesses' como uma nova realidade no mercado de trabalho [...], adere à compreensão tipicamente ibérica da primazia do público sobre o privado, visando democratizar aquela primeira dimensão".[688]

Embora a abordagem de Vianna permita compreender as múltiplas modalidades de manifestação do americanismo na América Latina, não reserva muito espaço para as culturas subalternas autóctones. Entre a Ibéria e a América haveria pouco lugar para uma cultura que não fosse a simples acomodação dessas duas forças. Gramsci parece ter intuído os problemas decorrentes de uma visão excessivamente europeizante e nos *Quaderni* interrogou-se: "seria útil ter informações sobre a posição social destes peles vermelhas [sic], sobre sua importância econômica, sobre a participação na propriedade territorial e na produção industrial".[689] Essa questão é análoga àquela observação que fez no *Quaderno 4* a respeito dos intelectuais negros na América:

---

687 MORSE, Richard M. *O espelho de Próspero*: cultura e idéias nas Américas (São Paulo: Companhia das Letras, 1988).
688 VIANNA, Luiz Werneck. Americanistas e iberistas: a polêmica de Oliveira Vianna com Tavares Bastos. *Dados*, Rio de Janeiro, v. 34, n. 2, 1991, p. 181.
689 Q 3, § 5, p. 290.

"Uma manifestação interessante que está ainda para ser estudada na América é a formação de um surpreendente número de intelectuais negros que absorvem a cultura e a técnica americana".[690]

A presença na América e na América Latina de grupos subalternos – negros e indígenas – cujas culturas não poderiam ser reduzidas de modo simples à cultura europeia tornavam mais complexa a investigação sobre a questão política dos intelectuais e a formação dos modernos Estados nacionais no extremo Ocidente. Nos *Quaderni* foi tematizada, embora não aprofundada, a emergência de culturas híbridas que pavimentam um caminho diferente para uma modernidade sempre incompleta, também ela híbrida.[691] Esses aspectos não foram até hoje objeto de muita atenção nos estudos gramscianos, predominando uma leitura eurocêntrica do americanismo. Mas a possibilidade de uma abordagem mais matizada, embora ainda contaminada por esse eurocentrismo, já se encontrava nos *Quaderni* e permanece como uma referência importante para novas pesquisas.

---

[690] Q 4, § 49, p. 481.
[691] GARCÍA-CANCLINI, Néstor. *Culturas híbridas:* estrategias para entrar y salir de la modernidad (México, D.F.: 1990).

8. UMA AVENTURA NO *MEZZOGIORNO* TROPICAL

Já é lugar-comum falar a respeito da difusão do pensamento gramsciano no Brasil. Algumas das noções que Antonio Gramsci cunhou em seus *Quaderni del carcere*, como hegemonia, transformismo, revolução passiva, bloco histórico e intelectuais orgânicos, fazem parte do debate político corrente no país e são frequentemente integradas a abrangentes interpretações de sua realidade social e política. Além de fazer parte do léxico político brasileiro, essas noções foram mobilizadas em diferentes disciplinas acadêmicas, orientando pesquisas críticas e inovadoras em um vasto campo do conhecimento científico.[692]

Embora as ideias de Gramsci tenham servido como um importante estímulo para a análise e a crítica social e política, é preciso notar que apenas em menor medida seu pensamento tem sido objeto de estudo atento e minucioso no Brasil. Há, entretanto, razões para otimismo. A publicação de uma edição mais apurada dos escritos do cárcere no final dos anos 1990 e no início dos 2000, aquela editada por Carlos Nelson Coutinho, Luiz Sérgio Henriques e Marco Aurélio Nogueira, permitiu que os

---

692 No primeiro Seminário da International Gramsci Society – Brasil, realizado no Rio de Janeiro em maio de 2015, estiveram presentes pesquisadores brasileiros das áreas de pedagogia, serviço social, filosofia, sociologia, história, geografia, ciência política, relações internacionais e letras.

pesquisadores brasileiros tivessem ao alcance de suas mãos uma ferramenta mais adequada para seu trabalho.[693] O impacto dessa publicação não deixou de se notar tanto no renovado interesse que despertou entre jovens pesquisadores, quanto na maior consistência que os estudos gramscianos brasileiros adquiriram.

Ainda assim, é possível observar nos seminários e congressos acadêmicos, bem como nos livros e artigos dedicados ao pensamento do sardo, a dificuldade existente para dar o passo seguinte: o uso das edições *standard* publicadas na Itália é pouco frequente e percebe-se que raramente é realizada uma contextualização eficaz de um pensamento produzido em outro ambiente político e cultural. A distância cultural entre os dois países é a principal causa dessas dificuldades. Apesar do grande número de imigrantes italianos no Brasil, seus descendentes já se encontram completamente integrados à vida social brasileira e poucos aprenderam o italiano em sua infância ou estudaram a história desse país.

A distância entre a cultura brasileira e a italiana é, literalmente, oceânica. Autores, eventos e referências que, para um leitor da península, podem ser parte de um senso comum ilustrado e conhecidos de alunos do ensino médio, para os latino-americanos são estranhos e de difícil compreensão. Fortemente inscrito em um ambiente literário europeu, mas ao mesmo tempo profundamente nacional, os escritos de Gramsci não deixam de ser um diálogo crítico com contemporâneos e antepassados, muito difícil de reconstruir em outro ambiente cultural. Lugares-comuns da vida intelectual italiana só são compreendidos nos trópicos após muito esforço e dedicação nos estudos.

A dificuldade parece ter aumentado nos últimos anos, quando os estudos gramscianos na Itália se afastaram conscientemente das exigências da política imediata e se voltaram para o refinamento dos instrumentos de pesquisa, o trabalho intenso com as

---

693 GRAMSCI, Antonio. *Cadernos do cárcere* (Rio de Janeiro: Civilização Brasileira, 1999ss); *id.*, *Cartas do cárcere* (Rio de Janeiro: Civilização Brasileira, 2005).

fontes históricas, a promoção de novas investigações filológicas e a hercúlea tarefa de publicar uma nova edição nacional de suas obras. O resultado foi um desenvolvimento notável das pesquisas e um conhecimento muito mais preciso. Há, evidentemente, exageros, e a filologia histórica às vezes acaba produzindo resultados que se parecem muito com a ficção, como na recente discussão sobre o *Quaderno scomparso*.[694] Mas, exageros à parte, um novo programa de investigação teve lugar, salvando o pensamento crítico da debacle na Itália em meio à conjuntura política adversa e relançando um novo ciclo de estudos.

Para brasileiros, entretanto, não era fácil realizar o mesmo movimento. O novo programa de pesquisa levado a cabo na Itália tinha um caráter fortemente histórico e exigia um conhecimento minucioso do contexto particular no qual Gramsci produziu sua obra e um uso intensivo das melhores edições. As dificuldades tornaram-se ainda maiores para os pesquisadores e, num primeiro momento, a distância para com os italianos aumentou ainda mais. Aos poucos, contudo, algumas pontes foram construídas. A iniciativa coube toda aos latino-americanos. A crescente internacionalização das universidades brasileiras permitiu que um número cada vez maior de pesquisadores realizasse estágios de pesquisa na Itália, ao mesmo tempo que investigadores europeus, financiados por agências de fomento nacionais, se fizeram cada vez mais presentes em seminários e congressos científicos realizados deste lado do Atlântico.

---

694 Em uma série de intervenções que culminaram em um livro, Franco Lo Piparo afirmou, com base em evidências muito frágeis e uma enorme dose de imaginação, que um dos cadernos escritos por Gramsci na prisão teria sido sequestrado pelos editores e estaria desaparecido até agora. A acusação motivou um enorme debate, sintetizado em LO PIPARO, *L'enigma del quaderno:* la caccia ai manoscritti dopo la morte di Gramsci (Roma: Donzelli, 2013'2013) e D'ORSI, Angelo. *Inchiesta su Gramsci:* quaderni scomparsi, abiure, conversioni, tradimenti: leggende o verità? (Torino: Accademia University Press, 2014).

A tradutibilidade do pensamento gramsciano

A dificuldade referida acima e as possibilidades existentes para estudar e ensinar um autor estrangeiro podem ser melhor compreendidas recorrendo à noção gramsciana de tradutibilidade das línguas e linguagens científicas. Entre as várias facetas dessa questão, uma é aquela que diz respeito à possibilidade de tradução entre duas "culturas nacionais" diversas. No *Quaderno 11*, Gramsci anunciou assim o problema:

> [...] duas culturas nacionais, expressão de civilizações fundamentalmente semelhantes, acreditam serem diferentes, opostas, antagônicas, uma superior à outra, pelo fato de empregarem linguagens de tradição diferente, formadas com base em atividades características e particulares a cada uma delas: linguagem político-jurídica na França, linguagem filosófica, doutrinária, teórica na Alemanha. Para o historiador, na realidade, estas civilizações são traduzíveis reciprocamente, redutíveis uma à outra. Essa tradutibilidade, por certo, não é "perfeita" em todos os detalhes, até mesmo importantes (mas que língua é exatamente traduzível em outra? Que palavra singular é exatamente traduzível em outra língua?), mas o é em seu fundo essencial.[695]

Desse ponto de vista, é possível afirmar que no Brasil existem as condições "objetivas" para a tradução do pensamento gramsciano. O autor dos *Quaderni* considerava que, na medida em que cada linguagem contém os elementos de uma concepção de mundo e de uma cultura, estas serão mais complexas quanto mais complexa for a linguagem nas quais se expressam. Assim, um dialeto expressa uma visão de mundo muito restrita e provinciana, incapaz de traduzir de modo adequado as "grandes correntes de pensamento que dominam a história mundial":

---

[695] Q 11, § 48, p. 1470.

> Uma grande cultura pode traduzir-se na língua de outra grande cultura, isto é, uma grande língua nacional historicamente rica e complexa pode traduzir qualquer outra grande cultura, ou seja, ser uma expressão mundial. Mas com um dialeto não é possível fazer a mesma coisa.[696]

Ora, o português não é um "dialeto", nos termos gramscianos, e sim uma "língua natural" completamente desenvolvida, suporte para uma literatura de alcance universal que se expressou na obra de autores como Machado de Assis, Lima Barreto e Graciliano Ramos. Possui, assim, todos os recursos semânticos e sintáticos necessários para uma tradução adequada do italiano, outra língua natural. O mesmo se pode dizer do pensamento político-social brasileiro. Ele expressa uma cultura complexa e desenvolvida, que possui a riqueza e sofisticação que tornam possível a tradução no *Mezzogiorno* tropical da linguagem gramsciana da filosofia da práxis.

 A tradução não é, entretanto, como argumenta o próprio Gramsci naquele § 48 do *Quaderno 11*, uma simples transposição linguística ou deslocamento espacial. Assim como uma palavra não pode ser traduzida "exatamente" para outra língua, uma cultura também não pode. Quando tratamos de uma obra política ou literária, a tradução é, também, uma releitura do texto original em que este exerce um efeito sobre um leitor inesperado, o qual, a partir de suas referências, imputa a essa obra um sentido que não era possível de perceber no contexto linguístico anterior. Não se trata de uma imputação arbitrária, uma vez que o efeito do texto também não o é; ele não pode nunca ser independente daquilo que o autor primeiramente escreveu. Mas o importante a destacar é o caráter histórico da leitura, o que recomenda evitar a ideia de simples apropriação. Mais do que assimilação do texto, trata-se de pensar a respeito de sua recepção, naquele sentido que Hans Robert Jauss definiu.[697]

---

696 *Ibid.*, § 12, p. 1377.
697 JAUSS, Hans Robert. *Pour une esthétique de la réception* (Paris: Gallimard, 1978).

Não é de se estranhar, portanto, que o Gramsci dos brasileiros não seja igual àquele dos italianos. Ele diz coisas diferentes para pessoas diferentes. Essa diferença pode ser ilustrada com dois casos distintos. Já há várias décadas os italianos têm prestado atenção aos estudos linguísticos de Gramsci. Desde as intervenções originais de Franco Lo Piparo (1979),[698] passando pela redescoberta do tema por Derek Boothman[699] até os recentes e instigantes estudos de Giancarlo Schirrù[700] e Alessandro Carlucci,[701] este é um *topos* de destaque. Não foram apenas os italianos que o destacaram. Também no mundo anglo-saxão os estudos linguísticos gramscianos receberam uma importante acolhida, que pode ser ilustrada pela obra de Peter Ives[702] e pelo fato de Carlucci ter realizado seus estudos e publicado seu livro primeiramente na Inglaterra. Mas no Brasil, esse *topos* permanece quase ignorado. Esse fenômeno não pode ser explicado por uma rejeição ao marxismo nesse campo de estudos, uma vez que as referências a autores como Valentin Voloshinov[703] e Michel Pêcheux[704] são muito frequentes e inspiram algumas das principais correntes dos estudos linguísticos brasileiros. Até o momento, Gramsci teve pouco a dizer a linguistas no Brasil, que não encontraram motivos para traduzir suas ideias.

---

698 LO PIPARO, *Lingua, intellettuali, egemonia in Gramsci* (Roma Bari: Laterza, 1979).
699 BOOTHMAN, Derek. *Traducibilità e processi traduttivi.* Un caso: A. Gramsci linguista (Perugia: Guerra, 2004).
700 SCHIRRU, Giancarlo. Antonio Gramsci studente di linguistica. *Studi storici*, v. 52, n. 4, 2011, p. 925-73.
701 CARLUCCI, Alessandro. *Gramsci and Languages:* Unification, Diversity, Hegemony (Leiden: Brill, 2013).
702 IVES, Peter. *Language and Hegemony in Gramsci* (London/Ann Arbor, MI: Pluto Press, 2004).
703 VOLOSHINOV, Valentin N. *Marxism and the Philosophy of Language* (Cambridge, MA: Harvard University Press, 1986).
704 PÊCHEUX, Michel. *Analyse du discours langue et idéologies* (Paris: Didier-Larousse, 1975).

Um segundo caso é o da fortuna da noção de revolução passiva no Brasil. Mobilizada para o estudo da formação social e política brasileira, esse conceito se constituiu em uma poderosa ferramenta interpretativa e tem estimulado importantes estudos.[705] Menos conhecido é o fato de que, desde meados dos anos 1990, o estudo levado a cabo no Brasil do *Quaderno 22*, dedicado à análise dos fenômenos simultâneos do americanismo e do fordismo, permitiu uma compreensão mais apurada do pensamento gramsciano e sustentou a projeção de uma sofisticada sociologia do trabalho atenta às novas transformações no universo produtivo que implicaram no chamado pós-fordismo ou toyotismo. Coube principalmente a Edmundo Fernandes Dias[706] e Angela Tude de Souza[707] essa leitura inovadora. Desenvolvida por Ruy Braga, essa abordagem culminou e em uma sociologia pública fortemente conectada com os movimentos sociais e em suas estimulantes pesquisas sobre as novas formas capitalistas de organização da produção.[708] Mas esse filão de estudos permaneceu praticamente inexplorado na Itália, país no qual a noção de revolução passiva apenas recentemente voltou a receber a atenção de alguns pesquisadores e onde sua aplicação permanece estranha às sociologias contemporâneas.[709]

---

705 Cf. BIANCHI, Alvaro. Gramsci interprète du Brésil. *Actuel Marx*, n. 57, avr. 2015, p. 96-111.
706 DIAS, Edmundo Fernandes. Hegemonia: racionalidade que se faz história. In: DIAS, Edmundo Fernandes; SECCO, Lincoln; COGGIOLA, Osvaldo et al. *O outro Gramsci* (São Paulo: Xamã, 1996).
707 SOUZA, Angela Tude de. *Sobre o americanismo e fordismo de Antonio Gramsci* (Campinas: IFCH/Unicamp, 1992).
708 BRAGA, Ruy. Risorgimento, fascismo e americanismo: a dialética da passivização. In: DIAS et al., *op. cit.*; id., *Por uma sociologia pública* (São Paulo: Alameda, 2009); id., *A política do precariado*: do populismo à hegemonia lulista (São Paulo: Boitempo, 2012); id., *A rebeldia do precariado:* trabalho e neoliberalismo no Sul global (São Paulo: Boitempo, 2017).
709 É importante lembrar as pesquisas pioneiras de Franco de Felice, datadas da década de 1970 e recentemente republicadas em uma co-

Os exemplos poderiam ser multiplicados, mas esses dois já permitem ilustrar como as ênfases, os recortes temáticos e mesmo as interpretações podem ser muito diversas em diferentes contextos culturais. Do mesmo modo, assim como estudar Gramsci é diferente aqui, também ensinar e difundir suas ideias não pode ser igual ao que é na Itália ou em outros países. A experiência pedagógica deve levar em consideração o fato de que ela é preponderantemente "nacional", ou seja, tem lugar em uma cultura nacional particular.

Primeira experiência: estranhamento e descoberta

A primeira experiência de ensinar o pensamento de Antonio Gramsci que será descrita aqui teve lugar na Universidade Estadual de Campinas (Unicamp), no Programa de Pós-Graduação em Ciência Política no segundo semestre de 2005 e no curso de graduação em Ciências Sociais no primeiro semestre de 2006. O objetivo do curso era "apresentar o pensamento político de Antonio Gramsci enfatizando o estudo de seus *Cadernos do cárcere*". A ênfase recaía sobre as noções de "superestrutura e estrutura, Estado e sociedade civil, hegemonia e revolução passiva", e imaginava-se que isso seria possível por meio "da análise

---

letânea de seus escritos (Una chiave di lettura in Americanismo e fordismo (1972). In: *Il presente como storia*: a cura di Gregorio Sorgonà e Ermano Taviani [Roma: Carocci, 2016]; Rivoluzione passiva, fascismo, americanismo in Gramsci (1977). In: *op. cit.*). Dentre os novos estudos destacam-se Fabio Frosini (Sulle "spie" dei "Quaderni del carcere". *International Gramsci Journal*, v. 1, n. 4, 2015, p. 43-65) e Giuseppe Vacca (*Modernità alternative:* il Novecento di Antonio Gramsci [Torino: Einaudi, 2017]). Massimo Modonesi (*Revoluciones pasivas en América* [Ciudad de México: Universidad Autónoma Metropolitana, 2017]) tem procurado aplicar o conceito de revolução passiva na análise política contemporânea, mas neste caso a exceção confirma a regra, uma vez que seu objeto de estudos é a América Latina.

do processo de construção desses conceitos no interior dos *Cadernos*". O curso pretendia "discutir a crítica da política levada a cabo pelo autor e sua análise das formas contemporâneas da luta de classes e da revolução". O programa da disciplina era bastante abrangente e percorria um segmento importante da obra do sardo:

1. Como ler Gramsci?
2. A filosofia como política
2.1. Filosofia, senso comum e bom senso
2.2. Filosofia da práxis, materialismo e dialética
2.3. Hegemonia, intelectuais e frente filosófica
3. Elementos para a crítica da política
3.1. Estado e sociedade civil
3.2. Oriente e Ocidente
3.3. Guerra de movimento e guerra de posição
3.4. Revolução permanente e hegemonia
4. A história como política
4.1. *Risorgimento*: a revolução passiva como passado
4.2. Americanismo e fascismo: a revolução passiva como presente
5. Aquém e além dos *Cadernos*: outro Gramsci

O estudo começava com uma discussão a respeitos dos diferentes planos de trabalho dos *Quaderni* (seção 1 do programa), fortemente inspirada nas leituras de Giorgio Baratta[710] e Frosini[711] e, a seguir, passava-se à leitura integral e discussão dos cadernos 11 e 10 (seção 2), 13 (seção 3) e 19 e 22 (seção 4). Em sala de aula, os alunos utilizavam a edição brasileira, publicada pela Civilização Brasileira partir do final dos anos 1990, mas frequentemente recorria-se ao texto da edição crítica italiana.[712]

---

710 BARATTA, Giorgio. *As rosas e os Cadernos:* o pensamento dialógico de Antonio Gramsci (Rio de Janeiro: DP&A, 2004).
711 FROSINI, *Gramsci e la filosofia:* saggio sui Quaderni del cárcere (Roma: Carocci, 2003).
712 GRAMSCI, *Quaderni del carcere:* edizione a cura di Valentino

O curso estava bastante marcado pela leitura recente dos novos estudos gramscianos que começavam a ser produzidos na Itália e pelas conquistas analíticas atingidas pelo Seminario sul Lessico dei "Quaderni del cárcere" organizado pela International Gramsci Society – Italia (IGS-I) a partir do final dos anos 1990 e publicadas havia pouco.[713]

Olhando retrospectivamente, percebe-se o caráter ousado da proposta e sua tentativa de traduzir no Brasil uma corrente intelectual de estudos gramscianos que mesmo na Itália estava dando seus primeiros passos e não poderia se considerar consolidada. O empreendimento estava assim atualizado e conforme as discussões que eram levadas a cabo no país natal de Gramsci, particularmente aquelas que tinham lugar na IGS-I. Mas não há como negar, e o tempo permite o distanciamento necessário para isso, que sob vários aspectos a proposta do curso, particularmente para a graduação em Ciências Sociais, era presunçosa e inadequada. O conhecimento do contexto cultural italiano era ainda rudimentar e a informação que os jovens estudantes tinham dele era praticamente nula, dificultando enormemente o empreendimento pedagógico e, em vários momentos, inviabilizando-o.

O texto dos *Quaderni* acrescentou sua cota de dificuldade. As advertências metodológicas sobre o caráter fragmentado do texto gramsciano e a necessidade de se estar atento ao "ritmo" de seu pensamento, advertências essas enfatizadas por Baratta e reproduzidas diligentemente, não tornaram a leitura mais fácil. A opção pela leitura integral de alguns cadernos revelou-se equivocada para um curso de graduação no Brasil. Mas, além dos obstáculos impostos pelo texto, estava aquele colocado pela difusão entre os estudantes das ideias do último Georg Lukács, da *Ontologia do ser social*, e de Louis Althusser, e a dificuldade

---

Gerratana (Torino: Enaudi, 1977).
713 FROSINI, Fabio; LIGUORI, Guido. *Le parole di Gramsci:* per un lessico dei Quaderni del carcere (Roma: Carocci, 2004).

de passar dos quadros cognitivos próprios dessas leituras para outro radicalmente diferente, aquele dos *Quaderni*.

A título de ilustração, pode-se recordar que particularmente difícil foi a discussão sobre a "objetividade do conhecimento", exposta nos cadernos 10 e 11, um debate já presente na leitura que Carlos Nelson Coutinho fez sob a inspiração do mesmo Lukács. Foi a partir do estímulo intelectual dessa atividade pedagógica que se insistiu, a partir de Michele Martelli,[714] na necessária distinção entre os níveis epistemológico e ontológico da objetividade, ou seja, uma coisa era afirmar que o conhecimento era sempre um conhecimento histórico e subjetivo, outra bem diferente era afirmar o caráter ontologicamente objetivo do "mundo exterior". Percebeu-se, assim, que o fato de Gramsci passar muitas vezes de um discurso epistemológico para um discurso ontológico, sem fazer a explícita distinção, era muitas vezes motivo de confusão.

Embora extenuante para todos os envolvidos, o resultado do curso foi desigual. A primeira e mais duradoura reação dos estudantes foi a de estranhamento perante um marxismo que contrariava certos dogmas fortemente estabelecidos e defronte a um texto que se recusava a aceitar uma ordem de leitura convencional. A recorrência de referências a fontes e autores simplesmente desconhecidos não fizeram senão aumentar essa exterioridade dos jovens leitores com relação ao texto que liam. Mas, surpreendentemente, no final do curso, na seção dedicada ao tema da revolução passiva, a leitura do *Quaderno 19* capturou a imaginação de vários dos estudantes de graduação. O desfecho foi inesperado, uma vez que o *Quaderno 19* não era o encerramento evidente do curso e se encontrava ao final simplesmente porque se optou por seguir a ordem numérica.[715]

---

[714] MARTELLI, Michele. *Etica e storia:* Croce e Gramsci a confronto (Napoli: La Città del Sole, 2001); *id.*, *Gramsci filosofo della politica* (Milano: Unicolpi, 1996).
[715] Com a exceção da leitura dos cadernos 10 e 11, que foi invertida seguindo a sugestão do próprio Carlos Nelson Coutinho em sua edição.

Era por meio da análise histórica do *Risorgimento* italiano que Gramsci se tornava brasileiro, de um modo inadvertido previamente e quase espontâneo. No fim do semestre, vários trabalhos de conclusão versaram sobre o *Quaderno 19* e o conceito de revolução passiva.

Se o curso teve um efeito positivo, esse foi o de estimular alguns estudantes a empenhar mais esforços no estudo do pensamento de Antonio Gramsci. A partir desses primeiros cursos, vários deles começaram a desenvolver investigações em nível de iniciação científica, mestrado ou doutorado sobre aspectos particulares de seu pensamento, e um seminário de estudos sobre Gramsci foi constituído, envolvendo, além do professor, estudantes de vários níveis de formação.

Segunda experiência: a pesquisa como um processo pedagógico

Uma segunda experiência foi a do Seminário de Estudos sobre Gramsci promovido a partir de 2005 no âmbito do então denominado Grupo de Pesquisa Marxismo e Teoria Política, sediado no Centro de Estudos Marxistas (Cemarx) da Unicamp. O Seminário foi organizado, novamente, em torno da leitura e discussão integral dos cadernos 10, 11, 12, 13, 19 e 22. Os encontros eram mensais e a apresentação do texto ficava sempre a cargo de um dos participantes, que produzia uma ficha de leitura mapeando os principais temas tratados no caderno em discussão. O número de encontros dedicados a cada *Quaderno* variava, mas nunca foi superior a três. Outras edições desse Seminário, reunindo novos participantes, tiveram início em 2007 e 2009. Boa parte dos estudantes envolvidos também realizavam pesquisas de vários níveis sob a orientação do professor.

Além dos *Quaderni*, também foram discutidas algumas fontes do pensamento gramsciano, como *Materialismo storico ed economia marxistica*, de Benedetto Croce, bem como certos capítulos de *Cultura e vita morale* e *Etica e politica*[716] do mesmo autor, além dos *Saggi sul materialismo storico*, de Antonio Labriola.[717] Essa leitura adicional se tornou cada vez mais necessária e motivou um programa de investigação que passou a enfatizar continuamente a importância das fontes do pensamento gramsciano, uma necessidade que chegou até mesmo a orientar algumas pesquisas sobre a relação deste com Georges Sorel, Vilfredo Pareto, Robert Michels e Francesco De Sanctis. O seminário também se debruçou sobre algumas leituras muito difundidas de Gramsci no Brasil, como as de Norberto Bobbio,[718] Palmiro Togliatti,[719] Carlos Nelson Coutinho[720] e Massimo L. Salvadori,[721] e estavam planejadas pesquisas sobre essas leituras e os usos de Gramsci.

O trabalho mais intenso sobre os textos, a leitura de bibliografia de apoio, a atenção dada às fontes e aos comentadores permitiu enfrentar de modo satisfatório os obstáculos postos tanto pela tradução do texto gramsciano para um diverso contexto nacional quanto aqueles decorrentes da leitura integral de alguns cadernos. Aquele estranhamento verificado na primeira experiência não se manifestou de modo tão intenso dessa vez. A partir do trabalho com um número menor de jovens pesquisadores, que estavam fortemente engajados em suas próprias in-

---

716 CROCE, Benedetto. *Materialismo storico ed economia marxistica* (Bari: Laterza, 1927); id., *Cultura e vita morale* (Napoli: Bibliopolis, 1993 [1914]0; id., *Etica e politica:* a cura de Giuseppe Galasso (Milano: Adelphi, 1994).
717 LABRIOLA, Antonio. *Saggi sul materialismo storico:* introduzioni e cura di Antonio A. Santucci (Roma: Riuniti, 2000).
718 BOBBIO, Norberto. *Ensaios sobre Gramsci e o conceito de sociedade civil* (2 ed. Rio de Janeiro: Paz e Terra, 2002).
719 TOGLIATTI, Palmiro. *Scritti sur Gramsci*: a cura di Guido Liguori (Roma: Riuniti, 2001).
720 COUTINHO, Carlos Nelson. *Gramsci*: um estudo sobre seu pensamento político (Rio de Janeiro: Civilização Brasileira, 1999).
721 SALVADORI, Massimo L. *Gramsci e il problema storico della democrazia* (Roma: Viella, 2007).

vestigações e se encontravam motivados para um estudo detido do pensamento de Gramsci, foram obtidos bons resultados. A existência de um explícito programa coletivo de investigação que acolhia diferentes pesquisas individuais foi o que permitiu a esse Seminário atingir seus propósitos.

Foi principalmente a partir desse Seminário que nasceu um livro que, em certa medida, sintetiza essa experiência pedagógica e consolida um programa de investigação atento ao ambiente político intelectual no qual Gramsci escreveu, além de voltar-se para uma reconstrução do ritmo do pensamento desse autor.[722] Foi também dessa iniciativa que se alimentaram várias pesquisas individuais que representaram avanços significativos nos estudos gramscianos brasileiros.[723] A partir da publicação desse livro e dos trabalhos dos participantes nesse seminário, pode-se dizer que essa experiência pedagógica ganhou autonomia, sendo recebida e difundida em outros contextos acadêmicos e políticos.

Ainda assim persistiam dificuldades. Muito embora os obstáculos colocados pelo texto gramsciano tenham sido enfrentados de modo satisfatório, o mesmo não aconteceu com sua contextualização em um ambiente político e cultural particular.

---

[722] BIANCHI, Alvaro. *O laboratório de Gramsci:* filosofia, história, politica. 2 ed. Porto Alegre: Zouk, 2018.

[723] Um dos resultados dessas pesquisas é a obra coletiva sobre Antonio Gramsci e intelectuais de sua época (PASSOS, Rodrigo Duarte Fernandes; ARECO, Sabrina (orgs.). *Gramsci e seus contemporâneos* [Marilia/São Paulo: Oficina Universitária/Cultura Acadêmica, 2017]). Ver também ALIAGA, Luciana. *Gramsci e Pareto:* ciência, história e revolução (Curitiba: Appris, 2017); ARECO, Sabrina. *Passado presente*: a Revolução Freancesa no pensamento de Gramsci(Curitiba: Appris, 2018); FERNANDES, Renato César Ferreira. O partido revolucionário e sua degeneração: a crítica de Gramsci a Michels. *Outubro*, n. 21, 2013, p. 191-217; GALASTRI, Leandro de Oliveira. *Gramsci, marxismo e revisionismo* (Campinas: Autores Associados, 2015); MUSSI, Daniela. *Política e literatura:* Antonio Gramsci e a crítica italiana (São Paulo: Alameda, 2014); e id., *Socialismo e liberalismo antes do fascismo*: Antonio Gramsci e Piero Gobetti (Porto Alegre: Zouk, 2020).

O estudo das fontes desse pensamento, embora permitisse reconstruir em certa medida o "ambiente literário", na expressão de Labriola, no qual os *Quaderni* foram produzidos, não era suficiente para estabelecer de modo adequado a motivação e a intenção do autor, nascidas de impulsos políticos que só adquiriam sentido quando compreendidos a partir da conjuntura na qual nasceram. Esse obstáculo só pode ser transposto com enormes dificuldades por jovens pesquisadores que devem, em um curto espaço de tempo, familiarizar-se com a história política e social de outro país. De certo modo, esse obstáculo é partilhado por todos os estudiosos de Gramsci no Brasil e permanece como uma barreira a ser ultrapassada por meio de um paciente trabalho coletivo de investigação.

Terceira experiência: a educação de quem educa

Embora extremamente bem-sucedida, a experiência do Seminário só poderia ser replicada para grupos pequenos e muito homogêneos. Ela pressupunha, como visto, um programa de pesquisa coletivo que aglutinasse diferentes investigações. Permanecia ainda o desafio de ensinar Gramsci para um número maior de pessoas por meio de um curso semestral regular. A primeira experiência desaconselhava o estudo integral dos *Quaderni* e colocava dúvidas sobre a viabilidade de um curso desse tipo. Mesmo assim, uma nova tentativa ocorreu em 2008, como uma disciplina do curso de graduação.

Dessa vez, os princípios metodológicos que aconselhavam a reconstrução do ritmo do pensamento no interior dos *Quaderni* foram matizados, combinando-se com um programa propriamente pedagógico. Assim, o estudo foi organizado por temas e um conjunto circunscrito de parágrafos selecionado para cada um deles. Os temas selecionados e a forma de apresentá-los por meio de pares conceituais refletia a estrutura de *O laboratório de Gramsci* (2008), cujo texto já se encontrava na editora para publicação. O curso ainda recorreu a outros materiais didáticos, como a exibição do filme de Lino del Fra, *I giorni del carcere* (1977), com legendas em espanhol, e uma bibliografia complementar para cada um dos temas, que se beneficiava da recente publicação de novos artigos e livros sobre o pensamento gramsciano em português e espanhol. O plano geral do curso foi apresentado desta maneira:

1. Questões de método: Q 11, §§ 27, Q 16, § 2
2. Materialismo/Idealismo
2.1. Filosofia e senso comum: Q 8 § 29, Q 10/II, §§ 17, 44, 48, 52, Q 11, §§ 12, 13, 59, 67, Q 15, § 22
2.2. Filosofia da práxis: Q 7 §§ 18, 35, Q 10/II, §§ 2, 13, 41(I) Q 11 §§ 14, 25, 26, 28, 33, 59, 62, 66, 70, Q 15, § 31, 16 § 9, Q 17 § 12
2.3. Ciência e objetividade: Q 11, §§ 15, 17, 20, 21, 30, 34, 36, 37, 38, 39, 60, 64
3. Estrutura/Superestrutura
3.1. Política e economia: Q 8, 195, Q 11, §§ 22, 29, Q 13 §§ 17, 18
3.2. Ideologia: Q 7 § 24, Q 8 § 182, Q 10/II, §§ 12, 41(XII), Q 11, § 63
3.3. Bloco histórico: Q 7 § 21, Q 8, § 182, Q13, § 10
4. Estado/Sociedade civil
4.1. Sociedade política e sociedade civil: Q 1 § 47, 133, 134, Q 6 § 24, 81, 88, 137, Q 7 § 28, 90, Q 8 § 2, 179, Q 13 § 14, Q 14 § 9, 13, Q 15 § 10
4.2. Crise do Estado parlamentar Q 7 § 103, Q 13 § 30, Q 14 § 49, 74, 76, Q 15 § 48
4.3. Guerra e luta política: Q 1 § 134, Q 6 § 138, Q 7 § 16, 25, Q 10/II, § 41(V), Q 13, § 24
5. Revolução/Restauração
5.1. Hegemonia Q 6, § 87, Q 7 § 83, Q 10/I, § 12, Q 10/II, § 13, 41(III, X), Q 13 § 7, 15, 23, 26, 37
5.2. *Risorgimento*: Q 4, §§ 57, Q 6 § 78, Q 8 §§ 5, 10, 36, Q 10/I, §§ 6, 9, 10, 13, Q 10/II, § 41 (XIV, XVI), 61, Q 19 §§ 2, 5, 24, 26, 27, Q 15 §§ 8, 15, 17, 25, 56, 19, 62
5.3. Fascismo e americanismo: Q 13 § 27, Q 14, § 23

Os resultados dessa nova experiência foram muito satisfatórios e comprovaram que a organização temática da exposição era um recurso didático de grande eficácia. A tensão entre o programa de pesquisa subjacente e o programa pedagógico mobilizado era evidente. O programa de investigação que organizava as investigações sobre Gramsci no citado grupo de pesquisa havia sempre enfatizado o caráter fragmentário e inconcluso da reflexão gramsciana, a necessidade de trabalhar com as melhores edições e de reconstruir o ritmo de pensamento inscrito nos *Quaderni*, respeitando o tempo de sua *poiésis*, do ato de sua produção. Esse programa nascia, assim, com uma forte crítica às edições temáticas precedentes dos escritos gramscianos, inclusive aquela última que Carlos Nelson Coutinho chamava de "crítico-temática". Mas as experiências anteriores demonstraram que esse programa de investigação não poderia ser transposto mecanicamente na atividade de ensino. Assim, tornou-se imperativo retornar a uma exposição temática diferenciando-a do próprio programa de investigação, que passava a funcionar como mecanismo de controle da exposição.

Para os alunos mais interessados em aprofundar seus estudos sobre o pensamento de Antonio Gramsci, o Seminário continuava sendo o espaço privilegiado para reencontrar aquele programa de pesquisa filológico que organizava as investigações. Foram os jovens pesquisadores que participavam desse Seminário os que se encarregaram de replicar essa experiência em um novo curso oferecido aos alunos de graduação no segundo semestre de 2012. Com base nesse programa exposto, um grupo de seis estudantes de graduação, mestrado e doutorado preparou uma nova versão, mais próxima de suas próprias investigações:

1. Como e por que ler Antonio Gramsci?
2. A filosofia como política
2.1 Filosofia, senso comum e bom senso
2.2 Filosofia da práxis, materialismo e dialética
2.3 Hegemonia, intelectuais e frente filosófica

295

2.4 Mito e bloco histórico – Gramsci e Sorel
2.5 Estrutura e superestrutura
3. Elementos para crítica da política
3.1. Estado e sociedade civil
3.2. Oriente e Ocidente
3.3 Guerra de movimento e guerra de posição
3.4. Partido político em Gramsci
3.5. Revolução permanente e hegemonia
4. História como política
4.1 *Risorgimento*: revolução passiva como passado
4.2 Americanismo e fascismo: a revolução passiva como presente
5. Difusão do pensamento de Antonio Gramsci

Com um propósito pedagogicamente orientado, utilizou-se em algumas seções a então recém-publicada coletânea *O leitor de Gramsci*, organizada por Carlos Nelson Coutinho.[724] Ao contrário de algumas coletâneas publicadas na Itália,[725] essa não possuía nenhuma preocupação filológica notável. A vantagem dessa edição, que de certo modo justificava sua escolha, era a de que os *Quaderni* se encontravam resumidos em um único volume, facilitando a aquisição e o trabalho dos jovens estudantes de graduação. Essa opção, entretanto, exigia uma vigilância metodológica estrita e um grande cuidado na exposição.

Esta última versão pode ser considerada o ponto de culminância de uma experiência pedagógica extremamente rica. O que permite fazer essa afirmação não é o conteúdo do programa didático desenvolvido, sua coerência interna ou os recursos mobilizados para sua execução. Foi um ponto de culminância porque nela o ato de ensinar Gramsci tinha como atores principais aqueles que estavam, ao mesmo tempo, estudando seu

---

724 GRAMSCI; COUTINHO, *O leitor de Gramsci* (Rio de Janeiro: Civilização Brasileira, 2011).
725 Cf. GRAMSCI, Antonio; FROSINI, Fabio; CONSIGLIO, Franco. *Filosofia e politica:* antologia dei "Quaderni del cárcere" (Firenze: La Nuova Italia, 1997).

pensamento. O ato de ensinar foi, dessa maneira, também um importante momento da aprendizagem.

Considerações finais

A aventura de estudar e ensinar Gramsci no Brasil não chegou ao seu final. As conclusões só podem ser provisórias. O desafio continua a ser o da tradução de seu pensamento em um contexto cultural muito diferente daquele no qual foi produzido. É preciso lembrar que na tradução sempre se perde algo. Como visto, Gramsci alertou que não é possível verter de maneira exata o significado das palavras, muito menos o das culturas. Mas a tradução também pode acrescentar novos sentidos que não poderiam ser percebidos originalmente. Os melhores resultados obtidos nesse processo de tradução ocorreram quando um programa de pesquisa e um programa pedagógico foram articulados de modo adequado. Assim, o ato pedagógico pode ser, também, um momento da educação do educador.

Nesse processo em que o ato de estudar se funde com o de ensinar, a obra do marxista sardo recebe novos e ricos significados. Este parece ser um dos caminhos para um novo ciclo de estudos gramscianos no Brasil, no qual a imaginação científica na aplicação de suas noções seja estimulada por um conhecimento rigoroso de sua obra. A seleção de textos, os temas escolhidos, as ênfases, tudo isso pode mudar e adaptar-se às circunstâncias e aos públicos. O mais importante é sempre essa identidade entre ensino e pesquisa. É ela que permite ir além da apresentação das noções fundamentais e da primeira leitura.

Mas trilhar esse caminho exige uma consciência mais aguda da distância que precisa ser percorrida. Se a pesquisa deve estimular uma prática pedagógica renovada, essa prática deve, por sua vez, servir para relançar uma prática científica que seja capaz de alcançar novas posições. Aí está a força que pode permitir superar a distância entre Itália e Brasil, pois deste lado do Atlântico o pensamento de Gramsci nunca foi apenas um objeto de pesquisa. Foi principalmente, uma ferramenta para compreender nosso *Mezzogiorno* tropical.

9. O BRASIL DOS GRAMSCIANOS

Antonio Gramsci dedicou ao Brasil apenas três notas em seus *Quaderni del carcere*. A primeira delas, o § 134 do *Quaderno 3*, não permitia estimular uma interpretação do Brasil e tinha apenas uma função instrumental: a de criticar algumas correntes políticas italianas, particularmente aquelas inspiradas em Corradini e sua imagem da Itália como uma "nação proletária". Uma segunda nota é mais importante e fornece algumas ideias para uma interpretação do Brasil e dos intelectuais brasileiros. Essa nota está presente originalmente no *Quaderno 4*, em meio aos "Appunti di filosofia. Materialismo e idealismo. Prima serie" [Notas sobre filosofia. Materialismo e idealismo. Primeira série].

Nessa anotação, dizia-se que nos Estados Unidos era praticamente inexistente uma camada de intelectuais tradicionais, predominando aqueles vinculados diretamente ao aparelho industrial. Mas a situação seria diferente na América meridional e Central, onde o clero e a casta militar herdados da colonização espanhola e portuguesa encontravam-se cristalizados nesses países, fornecendo quadros intelectuais. Por sua vez, ao contrário dos Estados Unidos, a indústria e as superestruturas correspondentes se encontrariam pouco desenvolvidas na América Latina, prevalecendo os intelectuais de tipo rural, vinculados ao latifúndio.[726]

---

[726] Q 4, § 48, p. 481-2.

Escrevendo em novembro de 1930, Gramsci já possuía informações sobre os "movimentos populares-militares" que haviam ocorrido recentemente na Argentina, Brasil, Peru e Bolívia. Para o sardo, esses movimentos seriam manifestações de uma *Kulturkampf*, na qual "o elemento laico e civil não superou a fase da subordinação à política laica do clero e da casta militar".[727] A oposição à influência dos jesuítas na vida desses países ocorreria ainda nos quadros de uma cultura que não se destacava nitidamente da Igreja e do Exército, colocando-se sob sua hegemonia e assumindo formas híbridas, como a maçonaria e a Igreja positivista.

A nota do *Quaderno 4* continha aspectos dúbios e imprecisões que Gramsci procurou corrigir nas pequenas alterações que fez na segunda versão dessa nota, publicada no *Quaderno 12*. A mais importante diz respeito à caracterização dos intelectuais vinculados à Igreja e ao Exército. Em sua primeira versão, o sardo afirmava que na América do Sul e Central "não existe uma categoria de intelectuais tradicionais".[728] Em sua segunda versão, escreveu que essa categoria existiria, embora não fosse vasta, e que era composta, justamente, pelo clero e pelos militares, "duas categorias de intelectuais tradicionais fossilizadas nas formas da pátria mãe europeia" dos séculos XVI e XVII, caracterizadas pela contrarreforma e o parasitismo militar.[729]

A historiografia brasileira mais recente tem corroborado várias das hipóteses apresentadas por Gramsci. A vida cultural nacional no final do século XIX e início do século XX encontrava-se ainda fortemente centralizada nos aparelhos eclesiástico e militar. Embora interpretações mais antigas enfatizassem a perda de influência da Igreja católica após a proclamação da República em 1889 e a separação entre Igreja e Estado daí decorrente, novos estudos têm demonstrado que, ao contrário do imaginado, essa instituição expandiu sua influência no sistema educacional brasileiro nas primeiras décadas do século XX, quando os co-

---

727 *Ibid.*, § 48, p. 482.
728 *Ibid.*, § 48, p. 481.
729 Q 12, § 1, p. 1528-9.

légios católicos viveram sua fase áurea e assumiram o papel de formadores das elites políticas brasileiras.[730] No que diz respeito à instituição militar, por sua vez, o advento da República tornou evidente a agitação política e intelectual nos quartéis. Desde o Império (1822-1889), o Exército foi um importante centro de formação de quadros técnicos e políticos, fornecendo para o Estado não apenas os administradores das principais instituições verdadeiramente nacionais, como também os engenheiros, geógrafos, geólogos, cartógrafos e até mesmo professores necessários à preservação da unidade política e territorial.[731]

Por outro lado, há nessas anotações algumas imprecisões e equívocos contestados pelas pesquisas atuais. Embora os estudos tenham corroborado a hipótese de que existia uma forte associação entre o clero e o mundo rural, como afirma Gramsci, o mesmo não ocorria no Exército. Durante o Império, o recrutamento dos cadetes ocorreu preponderantemente na nobreza, mas se tornou cada vez mais endógeno. Mesmo no topo da carreira militar, entre os generais, essa endogenia prevaleceu. Segundo John Schulz, 31 de 39 generais do período de 1834 a 1864 eram filhos de generais ou oficiais superiores e apenas um de fazendeiro. Nos cincos primeiros anos do período republicano (1889-1895), dos 21 generais recenseados, onze eram filhos de generais ou oficiais superiores e somente dois de fazendeiros.[732]

Gramsci também minimizou o desenvolvimento da indústria no Brasil e o surgimento de intelectuais orgânicos associa-

---

730 Cf. MICELI, Sérgio. *A elite eclesiástica brasileira* (São Paulo, Difel, 1988).
731 Cf. ALVES, Cláudia Maria Costa. *Cultura e política no século XIX*: o exército como campo de constituição de sujeitos políticos no Império (Bragança Paulista: Edusf, 2002), p. 29.
732 SCHULZ, John. *O exército na política*: origens da intervenção militar (1850-1894) (São Paulo: Edusp, 1994), p. 207. O recrutamento endógeno continuará preponderante nas décadas posteriores (STEPAN, Alfred. *Os militares na política*: as mudanças de padrões na vida brasileira [Rio de Janeiro: Artenova, 1975]).

dos a ela. No início do século XX, o processo de industrialização brasileiro estava dando seus primeiros passos e surgiam grupos de intelectuais orgânicos da grande indústria, empresários e engenheiros que organizavam associações empresariais e centros industriais. A historiografia contemporânea sobre o empresariado brasileiro tem destacado a emergência de sindicatos de industriais e associações civis que impactaram de maneira importante nas esferas governamentais.[733]

As hipóteses aventadas por Gramsci a respeito dos intelectuais no Brasil encontravam-se claramente articuladas a uma teoria da formação do Estado nacional e eram extremamente férteis. Particularmente notável foi sua intuição sobre o predomínio dos intelectuais da Igreja e do Exército na vida política da jovem República. Sem dúvida, eram pistas importantes que poderiam ter orientado uma agenda de pesquisa. Não foi isso, entretanto, o que ocorreu. Apesar da grande influência que a obra do sardo teve e tem no país, sua "interpretação do Brasil" foi completamente ignorada até o momento. Paradoxalmente teve aqui lugar uma vigorosa "tradução" do pensamento de Antonio Gramsci à realidade brasileira, o que permitiu aos gramscianos brasileiros a produção de interpretações potentes e originais.

1960 – 1980

Nos anos 1960, teve início a publicação da obra de Gramsci em português, mas foi apenas a partir da crise da ditadura militar,

---

[733] Sobre a industrialização brasileira, ver DEAN, Warren. *A industrialização de São Paulo*: 1880-1945 (2. ed. São Paulo: Difel, 1971); e SUZIGAN, Wilson. *Indústria brasileira*: origem e desenvolvimento (São Paulo: Brasiliense, 1986). Sobre os industriais e as associações empresariais durante a Primeira República, conferir LEOPOLDI, Maria Antonieta Parahyba. *Política e interesses na industrialização brasileira*: as associações industriais, a política econômica e o estado (São Paulo: Paz e Terra, 2000), seção I.

na década seguinte, que suas ideias ganharam força.[734] As notas sobre o Brasil acima destacadas foram solenemente ignoradas pelo primeiro autor a utilizar os conceitos gramscianos para apresentar uma interpretação da nacional brasileira, João Carlos Brum Torres, um exilado que publicou em 1974, sob o pseudônimo de José Meireles, um artigo na revista trimestral *Critiques de l'Economie Politique* analisando o papel do Estado na industrializção brasileira. Para descrever tanto o papel do Estado como o caráter molecular das transformações econômicas que teriam ocorrido ao longo do século XX no Brasil, Meireles lançou mão do conceito de revolução passiva, concluindo que "todo o período Vargas deve ser visto como uma sequência histórica unificada, constituindo um exemplo daquilo que Gramsci chamou de revolução passiva".[735]

Embora tenha feito um uso rigoroso e criativo do conceito de revolução passiva, o artigo de Meireles encontrou pouca repercussão no Brasil e foi raras vezes citado. A publicação em francês em uma revista que poucos conheciam deste lado do Atlântico e os vínculos dessa revista com o movimento trotskista internacional podem ter contribuído para que esse surpreendente artigo tenha sido ignorado pelos gramscianos brasileiros, em sua maioria vinculados ao Partido Comunista Brasileiro.[736]

---

[734] A ditadura militar brasileira prolongou-se de 1964 a 1985. Embora os militares controlassem a vida política nacional, o Congresso nacional funcionou de maneira controlada durante boa parte da ditadura. Em 1974, o Movimento Democrático Brasileiro (MDB), um dos dois partidos reconhecidos pelos militares, venceu a eleição em importantes estados do país. Para a maioria dos intérpretes, a crise da ditadura tem início em 1974 e se agudiza com as manifestações sindicais e estudantis de 1977.
[735] MEIRELES, José. Notes sur le rôle de l'Etat dans le développement du capitalisme industriel au Brésil. *Critiques de l'Economie Politique*, n. 16-17, abr.-set. 1974, p. 98. Foi Armando Boito Jr. quem primeiro me chamou a atenção para esse artigo.
[736] Editada em Paris pela editora François Maspero, a revista tinha entre seus protagonistas os jovens economistas Jean-Luc Dallemag-

305

Destino diferente teve o livro de Luiz Werneck Vianna, *Liberalismo e sindicato no Brasil*, publicado em 1976, que encontrou rapidamente grande repercussão.[737] Embora o foco dessa obra estivesse nas formas jurídicas de regulação do mercado de trabalho, é nítido na pesquisa de Vianna que seu objetivo maior era compreender o processo de modernização da sociedade brasileira, ou seja, a maneira não clássica segundo a qual se desenvolveu o capitalismo no país e as instituições políticas a ele adequadas.

De acordo com Vianna, o caso brasileiro não era igual ao europeu, no qual o desenvolvimento capitalista teria forjado uma complexa trama de instituições culturais e políticas no âmbito da superestrutura, nem idêntico ao norte-americano, em que a hegemonia nasceria diretamente da fábrica, na expressão de Gramsci. O Brasil estaria mais próximo da Itália, país onde a "reprodução da americanização" em uma sociedade com "sedimentações passivas" teria exigido "um Estado autoritário e uma ordem institucional que force seu aparecimento".[738]

Segundo Vianna, com a revolução de 1930 no Brasil foram criadas "as bases para promover 'de cima' o desenvolvimento das atividades do conjunto das classes dominantes, em moldes especificamente burgueses".[739] O modelo conceitual que per-

---

ne, Jacques Valier e Pierre Salama. A maioria de seus colaboradores tinham vínculos políticos com a Ligue Communiste Révolutionnaire (LCR). Sobre a revista, ver o depoimento de Pierre Salama (Publier une revue marxiste en économie. Entretien avec Pierre Salama. *Contretemps: revue de critique communiste*, 13 jun. 2017. Disponível em: https://www.contretemps.eu/publier-une-revue-marxiste-en-economie-entretien-avec-pierre-salama/. Acesso em: 19 jul. 2020.).
737 Nos anos 1990, Angela Maria Carneiro Araújo (*A construção do consentimento*: corporativismo e trabalhadores no Brasil nos anos 30 [São Paulo: Scritta, 1998]) também utilizou conceitos gramscianos no estudo do sindicalismo brasileiro da década de 1930.
738 VIANNA, Luiz Werneck. *Liberalismo e sindicato no Brasil* (2. ed. Rio de Janeiro: Paz e Terra, 1978), p. 67-9.
739 *Ibid.*, p. 135.

mitia compreender esse processo era o da "via prussiana". A inspiração vinha de Lenin, que ao analisar os caminhos para o desenvolvimento do capitalismo na Rússia fez uma importante distinção entre uma "via norte-americana" e uma "via prussiana". No modelo norte-americano, a pequena propriedade camponesa explodiu, por meio de uma revolução, o latifúndio feudal e os obstáculos que este impusera a uma economia tipicamente capitalista. No modelo prussiano, a "liquidação das antigas relações de propriedade no campo não se faz num só processo, mas por uma adaptação progressiva, mais lenta nuns casos do que noutros, ao capitalismo".[740]

Essa via prussiana seria semelhante ao que Barrington Moore Jr. chamou de *modernização conservadora*.[741] De acordo com o autor de *Social Origins of Dictatorship and Democracy*, a transição burguesa na Alemanha e no Japão ocorrera de maneira reacionária, segundo uma "revolução pelo alto" na qual as lideranças agrárias tradicionais teriam assumido a frente do processo de modernização e preservado em sua realização formas autoritárias de controle social. Segundo afirmou Vianna,

> [...] se a revolução "pelo alto" consiste numa forma de induzir a modernização econômica através da intervenção política, implica, de outro lado, numa "conservação" do sistema político, embora promova rearranjos nos lugares ocupados pelos seus diferentes protagonistas. Num certo sentido, toda revolução "pelo alto" assume a configuração particular de uma revolução "passiva", como Gramsci a descreveu no *Risorgimento*, isto é, de uma revolução sem revolução.[742]

---

740 *Ibid.*, p. 128. As ideias a respeito das duas vias estão expostas em LENIN, Vladmir Ilicht. El programa agrario de la socialdemocracia en la primera revolución rusa de 1905-1907. In: *Obras completas* (v. XIII. Madrid: Akal, 1977), p. 240-5.
741 MOORE JR., Barrington. *Social Origins of Dictatorship and Democracy*: Lord and Peasant in the Making of the Modern World (Boston: Beacon Press, 1966).
742 VIANNA, *Liberalismo e sindicato no Brasil*, p. 141.

Em *Liberalismo e sindicato no Brasil*, via prussiana, modernização conservadora, revolução pelo alto e revolução passiva eram termos intercambiáveis e expressavam o processo de condução do processo de modernização da sociedade e da economia brasileiras pelas elites agrárias não exportadoras, que teria ocorrido por meio do aparelho estatal. Carlos Nelson Coutinho recorreu a uma interpretação análoga em seus maravilhosos afrescos sobre a cultura brasileira, posteriormente reunidos em *Cultura e sociedade no Brasil* (2005). De acordo com Coutinho, o caminho da sociedade brasileira para o progresso "ocorreu sempre no quadro de uma conciliação com o atraso, seguindo aquilo que Lenin chamou de 'via prussiana' e Gramsci designou como 'revolução passiva'". Dessa maneira, a mudança social teria seguido sempre a via da conciliação entre o novo e o velho, "mediante um reformismo 'pelo alto', que excluiu inteiramente a participação popular".[743] Segundo Coutinho,

> [...] generalizando o conceito, pode-se dizer que – na base de uma solução "prussiana" global para a questão da transição para o capitalismo – todas as grandes alternativas concretas vividas pelo nosso País, direta ou indiretamente ligadas àquela transição (independência, abolição, república, modificação do bloco de poder em 1930 e 1937, passagem para um novo patamar de acumulação em 1964) encontraram a resposta "à prussiana": uma resposta na qual a conciliação "pelo alto" não escondeu jamais a intenção explícita de manter marginalizadas ou reprimidas – de qualquer modo, fora do âmbito das decisões as classes e camadas sociais "de baixo".[744]

Centradas na identidade entre a via prussiana e a revolução passiva, as interpretações do Brasil desenvolvidas por Werneck Vianna e Coutinho abriram o caminho para uma superação

---

[743] COUTINHO, *Cultura e sociedade no Brasil*: ensaios sobre ideias e formas (Rio de Janeiro: DP&A, 2005), p. 102-3.
[744] *Ibid.*, p. 51.

dos esquemas dualistas predominantes na cultura brasileira das décadas precedentes. De acordo com esses esquemas, a sociedade brasileira seria caracterizada por um confronto entre as forças do progresso e da conservação, do industrialismo e do agrarismo, do capitalismo e do "feudalismo". Também as vertentes políticas oriundas do antigo Partido Comunista Brasileiro se encontravam subordinadas a essas concepções dualistas. A consequência política dessas concepções era o predomínio, na esquerda, da defesa de uma revolução anti-imperialista e antilatifundiária, que deveria contar com o apoio de uma burguesia progressista.[745]

O golpe civil-militar de 1964 deixou claro que a burguesia brasileira nunca teve interesse algum nessa revolução nacional e antifeudal. As análises de Werneck Vianna e Coutinho lidavam com esse problema. O que eles demonstraram, por meio dos conceitos de via prussiana e revolução passiva, era que as formas políticas e sociais modernas e arcaicas combinaram-se organicamente ao longo do tempo e promoveram, por meio de acordos, um processo de modernização da sociedade brasileira e conformação de um capitalismo industrial, ao mesmo tempo que impediam a revolta popular.

A maneira como Vianna e Coutinho expunham seus argumentos chama a atenção. Embora demonstrassem conhecer bem o conteúdo da fórmula da revolução passiva, nenhum texto de Gramsci era citado por esses autores para sustentar seu

---

[745] Na conhecida declaração de março de 1958, o Partido Comunista Brasileiro (PCB) afirmou: "O proletariado e a burguesia se aliam em torno do objetivo comum de lutar por um desenvolvimento independente e progressista contra o imperialismo norte-americano. Embora explorado pela burguesia, é do interesse do proletariado aliar-se a ela, uma vez que sofre mais do atraso do país e da exploração imperialista do que do desenvolvimento capitalista" (PCB. Declaração sobre a política do PCB. *Voz Operária*, 22 mar. 1958. In: CARONE, Edgar. *O PCB (1943-1964)* [São Paulo: Difel, 1982], p. 187).

uso.[746] Prevalecia uma utilização quase acidental, muitas vezes frouxa, da fórmula da revolução passiva. É evidente, entretanto, que um tratamento mais consistente dessa fórmula gramsciana tornaria mais robustos seus argumentos. Vianna parece intuir isso quando ressalva que a fórmula de "revolução sem revolução" não seria idêntica à de "revolução pelo alto", uma vez que permitiria perceber os processos por meio dos quais "as classes dominantes 'decapitam' as classes pela cooptação de seus líderes reduzindo-as à impotência".[747] Mas os mesmos cuidados não podem ser encontrados nesses textos de Coutinho.

1980 – 2000

Nas décadas de 1960 e 1970, os conceitos gramscianos foram utilizados para o estudo das formas culturais e políticas brasileiras. Mas tais conceitos não eram um objeto de estudo e de investigação independente, aparecendo nos textos sempre de uma maneira instrumental. Eram, antes de mais nada, ferramentas heurísticas, ou como diria o próprio Gramsci, "um cânone de investigação empírica".[748] No início dos anos 1980, essa

---

746 Ressalte-se que o volume sobre o *Risorgimento* da edição temática dos *Quaderni del carcere* não despertou interesse dos editores e nunca foi publicado no Brasil (cf. COUTINHO, Introdução. In: GRAMSCI, *Cadernos do cárcere*, p. 32-8).
747 VIANNA, *Liberalismo e sindicato no Brasil*, p. 141. Mais uma vez Vianna não cita o texto gramsciano, muito embora o argumento seja quase literal. Ver Q 19, § 24, p. 2011.
748 Note-se que as obras publicadas no Brasil durante a década de 1970, que assumem o pensamento de Gramsci como um objeto de análise, são todas traduções de estrangeiros (MACCIOCCHI, Maria--Antonietta. *A favor de Gramsci* [2 ed. Rio de Janeiro: Paz e Terra, 1977]; INSTITUTO GRAMSCI. *Política e história em Gramsci* [Rio de Janeiro: Civilização Brasileira, 1978]; FIORI, Giuseppe. *A vida de Antonio Gramsci* [Rio de Janeiro: Paz e Terra, 1979]; GRUPPI, Luciano. *O conceito de hegemonia em Gramsci* [Rio de Janeiro: Graal, 1978];

abordagem começou a mudar e os primeiros estudos brasileiros sobre a obra do marxista sardo começaram a ser publicados.[749]

Essa nova situação dos estudos gramscianos teve um efeito sobre as interpretações do Brasil e estas passaram a perceber a especificidade do conceito de revolução passiva. Isso parece evidente em um ensaio de 1985, publicado em português três anos mais tarde, no qual Coutinho tratava de maneira mais rigorosa os conceitos e tinha uma preocupação mais acentuada com a particularidade deles. Assim como em ensaios precedentes, considerava que

> [...] todas as opções concretas enfrentadas pelo Brasil, direta ou indiretamente ligadas à transição para o capitalismo (desde a independência política ao golpe de 1964, passando pela Proclamação da República e pela Revolução de 1930), encontraram uma solução "pelo alto", ou seja, elitista e antipopular.[750]

Mas, dessa vez, Coutinho apresentou suas ressalvas ao conceito de "via prussiana". Uma vez que, no pensamento de Lenin, esse conceito se referia exclusivamente às transformações na infraes-

---

PORTELLI, Hughes. *Gramsci e o bloco histórico* [Rio de Janeiro: Paz e Terra, 1978]; JOLL, James. *As idéias de Gramsci* [São Paulo: Cultrix, 1979]; BUCI-GLUCKSMANN, Christine. *Gramsci e o Estado: por uma teoria materialista da filosofia* [Rio de Janeiro: Paz e Terra, 1980]). A exceção é o livro de Mário Innocentini (*O conceito de hegemonia em Gramsci* [São Paulo: Tecnos, 1979]), resultado de uma tese de doutorado defendida na Universidade de São Paulo alguns anos antes. Essa obra, entretanto, era claramente limitada e nunca chegou a se constituir em uma referência no campo dos estudos gramscianos.
749 Cf. COUTINHO, *Gramsci* (Porto Alegre: L&PM, 1981), p. 11-130. Esse texto foi expandido, aperfeiçoado e republicado várias vezes por Coutinho, sendo a última delas Coutinho em 1999 (*Gramsci: um estudo sobre seu pensamento político* [Rio de Janeiro: Civilização Brasileira]). Esse livro foi, posteriormente, traduzido para o inglês e o italiano.
750 COUTINHO, As categorias de Gramsci e a realidade brasileira. In: COUTINHO, Carlos Nelson; NOGUEIRA, Marco Aurélio. *Gramsci e a América Latina* (Rio de Janeiro: Paz e Terra, 1988), p. 107.

trutura, não seria suficiente para captar as características superestruturais que acompanhavam e muitas vezes determinavam essas transições. A fórmula gramsciana da revolução passiva sublinhava fortemente a particularidade do momento político do processo histórico permitindo uma melhor compreensão do caso brasileiro, em que o protagonismo estatal foi crucial.[751]

Na interpretação de Coutinho, a revolução passiva conteria sempre os momentos da restauração da ordem, subordinando os movimentos populares reais ou potenciais, e uma renovação dessa ordem por meio de "modificações efetivas", as quais "produziram importantes modificações na composição das classes e prepararam o caminho para novas transformações reais".[752] Esses dois momentos poderiam ser identificados nos casos históricos exemplares discutidos por Coutinho – o Estado Novo de Vargas em 1937 e o regime ditatorial após 1964.

Nascida da repressão ao fracassado *putsch* comunista de 1935, a ditadura de Vargas promoveu uma rápida industrialização e promulgou uma legislação de proteção ao trabalho que garantiu direitos como o salário mínimo, as férias remuneradas e o direito à aposentadoria. Essa renovação do capitalismo e o consenso obtido por Vargas entre os diferentes grupos sociais permitiriam definir sua ditadura como uma revolução passiva, ou uma "restauração progressiva".[753] Uma situação similar teria ocorrido durante o processo de constituição de um capitalismo monopolista durante a ditadura militar inaugurada em 1964. O Estado teria investido maciçamente no processo de "consolidação e expansão do capitalismo monopolista", mudado o caráter da produção agrícola, reforçado o princípio do lucro privado e submetido os interesses dos capitalistas individuais ao "capital em seu conjunto". À frente desse processo de modernização, o regime militar-tecnocrático teria conquistado, "em alguns mo-

---

751 *Loc. cit.*
752 *Ibid.*, p. 109.
753 *Ibid.*, p. 110. Coutinho cita aqui a pesquisa de Luiz Werneck Vianna (*Liberalismo e sindicato no Brasil*).

mentos, um significativo grau de consenso entre amplos setores das camadas médias".[754]

Esse movimento de aprofundamento da investigação conceitual e retorno à interpretação do Brasil também foi promovido por Luiz Werneck Vianna, que em 1995 publicou um longo ensaio sobre o conceito gramsciano de revolução passiva e, no ano seguinte, voltou a mobilizá-lo para interpretar o Brasil. Nessa nova leitura de Vianna, o protagonismo histórico caberia "aos fatos", à estrutura, que imporia seu ritmo forçando os processos de transformação social. A análise da América e o americanismo com sua força vital proveniente do mundo fabril teria conduzido Gramsci, segundo esse intérprete, a conceber a importância das superestruturas como um efeito do "atraso no desenvolvimento da estrutura" dos países que tardiamente chegaram ao moderno capitalismo.[755]

Essa leitura objetivista do processo de revolução passiva permitia a Vianna apresentar uma concepção nitidamente reformista do processo político que, guiado pela força dos fatos, só admitiria a transformação molecular. Nesse processo poderia ter lugar a gestação gradual de uma nova vida estatal na qual as forças das classes subalternas, imprescindíveis para a existência da nova vida fabril, pudessem também se manifestar na nova ordenação superestrutural. A surpreendente conclusão era a de que a revolução passiva se manifestaria concomitantemente como negativa e positiva. Negativa porque a ação das elites se exerce sempre de modo a reproduzir a ordem existente; positiva porque permitia que no processo a democratização social avançasse molecularmente.[756]

Esse caráter positivo da revolução passiva teria sido explorado pela política reformista do Partido Comunista Brasileiro

---

754 COUTINHO, As categorias de Gramsci e a realidade brasileira, p. 111.
755 VIANNA, *A revolução passiva*: iberismo e americanismo no Brasil (Rio de Janeiro: Revan, 1997), p. 45.
756 *Ibid.*, p. 77.

313

(PCB). Com a declaração de agosto de 1958, os comunistas teriam adotado a via da transformação molecular da sociedade brasileira e abandonado o caminho revolucionário. A partir dessa opção reformista, "a revolução passiva deixa de ser o cenário exclusivo das elites, passando a incorporar o projeto de ação do ator da antítese, cujo objetivo é o de introduzir o elemento ativo no processo de transformismo que estaria em curso".[757] Esse caminho que apostava na ativação do gradual e molecular teria sido reaberto, segundo Vianna, na transição do autoritarismo para a democracia, a partir dos anos 1970. A exigência, por parte das classes trabalhadoras, da incorporação de direitos sociais sob a ação tutelar do Estado teria massificado a cidadania e aproximado a democracia política da democracia social. A ativação social das classes trabalhadoras teria, assim, modificado o caráter da revolução passiva. Faltaria, entretanto, que essa atividade social se encontrasse com a política, expressando-se diretamente na esfera estatal e permitindo que os grupos dirigidos se convertessem em grupos dirigentes.[758]

Coutinho não podia concordar com essa tentativa de positivação da revolução passiva. Já naquele ensaio de 1985, alertara que Gramsci recusava explicitamente uma leitura positiva da revolução passiva e sua transformação em programa político.[759] Mas a leitura de Vianna colocava um importante desafio para Coutinho, uma vez que ela não era incompatível com sua ênfase nos processos de "modificações efetivas" que teriam lugar nas revoluções passivas, os quais abririam a possibilidade de "transformações reais". Quando essa leitura da revolução passiva era completada com a estratégia do reformismo revolucionário, advogada por Coutinho, pouca distância passava a separá-lo de Vianna.

---

757 Ibid., p. 19.
758 Ibid., p. 23-4.
759 COUTINHO, As categorias de Gramsci e a realidade brasileira, p. 112.

2000 – até o presente

As interpretações do Brasil baseadas nos conceitos gramscianos que tiveram lugar entre os anos 1970 e 1990 enfrentavam direta ou indiretamente o problema da crise da ditadura e as possibilidades existentes para a democracia e o socialismo. Embora Vianna e Coutinho tivessem pertencido ao PCB, a trajetória de ambos foi oposta. Coutinho passou por um processo de radicalização política que o levou, primeiro, a romper com o PCB e, depois, com o Partido dos Trabalhadores (PT). Vianna, por sua vez, afastou-se cada vez mais da esquerda partidária, e seu pensamento aproximou-se gradativamente de um liberalismo inspirado por Alexis de Tocqueville. A radicalização de Coutinho pode ser acompanhada em sua participação no debate a respeito do governo de Luiz Inácio Lula da Silva (2002-2012), no qual mais uma vez a fórmula da revolução passiva foi mobilizada.

Coube a Francisco de Oliveira abrir o debate. Primeiro, com um longo ensaio no qual expôs a realidade social brasileira recorrendo à metáfora do ornitorrinco, uma forma bizarra na qual o subdesenvolvimento teria sido superado, permitindo a chegada do país de modo pleno ao mundo moderno, mas sem que isso tivesse permitido deixar para trás as enormes desigualdades sociais existentes no país.[760] Familiarizado com as teorias cepalinas, Oliveira considerava que o subdesenvolvimento poderia ser um caso de revolução passiva, muito embora considerasse que essa fórmula gramsciana não captaria plenamente a especificidade da América Latina, onde as ex-colônias guardam uma relação de dependência com as metrópoles e a força de trabalho assume formas primitivas como o escravismo e as *encomiendas*.[761]

A trajetória econômica do Brasil teria permitido superar, a partir dos anos 1990, a condição de subdesenvolvimento, mas

---

[760] OLIVEIRA, Francisco de. *Crítica à razão dualista*. O ornitorrinco (São Paulo: Boitempo, 2003).
[761] *Ibid.*, p. 126-7.

sem que as formas primitivas de regulação da força de trabalho e a dependência externa tivessem sido superadas. Criou-se, assim, uma situação nova na qual "não está à vista a ruptura com a longa 'via passiva' brasileira, mas já não é mais subdesenvolvimento".[762] Essa via passiva teria encontrado seus dirigentes nos grupos associados ao mundo das finanças. Por essa razão, o Partido dos Trabalhadores (PT), de Luiz Inácio Lula da Silva, e o Partido da Social-Democracia Brasileira (PSDB), de Fernando Henrique Cardoso, teriam convergido:

> [...] o governo Lula realiza o programa de FHC radicalizando-o: não se trata de um equívoco, nem de tomada de empréstimo de programa, mas de uma verdadeira nova classe social, que se estrutura sobre, de um lado, técnicos e economistas *doublés* de banqueiros, núcleo duro do PSDB, e trabalhadores transformados em operadores de fundos de previdência, núcleo duro do PT.[763]

Juntamente com Ruy Braga argumentei, na ocasião, que a atualização dessa via passiva poderia ser melhor explicada se em vez de se imaginar uma "nova classe social", nascida abruptamente, fosse estudado o lento processo de financeirização da burocracia sindical por meio do qual sindicalistas petistas se converteram em gestores dos gigantescos fundos de pensão das empresas estatais. A forte presença desses dirigentes sindicais no aparelho estatal permitiu ao governo um elevado grau de controle do movimento sindical, diminuindo a resistência às políticas liberais radicais, como a reforma da previdência. Essa mesma burocracia, agora exercendo funções no processo de acumulação do capital, permitiu que o governo Lula estabelecesse laços orgânicos com o capital financeiro.[764]

---

762 *Ibid.*, p. 146.
763 *Ibid.*, p. 147.
764 BIANCHI, Alvaro; BRAGA, Ruy. Capitalismo patrimonial nos trópicos? Terceira via e governo Lula. *Universidade e Sociedade*, Brasília, v. XIII, n. 31, 2003, p. 215.

Chegando ao poder, o Partido dos Trabalhadores completou o ciclo de seu transformismo e assumiu a direção da revolução passiva brasileira. As mudanças em seu discurso político atestaram a gradativa substituição de uma lógica da diferença, em que o protagonismo caberia aos movimentos sociais e à experiência autônoma das classes trabalhadoras, por uma lógica estatal, na qual o protagonismo caberia ao Estado dirigido pelo PT. Como expressão de uma dialética mutilada, nas palavras de Gramsci, a revolução passiva brasileira permitia uma atualização da estrutura econômica do capitalismo por meio de sucessivas transições comandadas pelo Estado, evitando a intervenção ativa das classes subalternas no processo. A novidade dessa nova revolução passiva residia no papel desempenhado por novos sujeitos sociais originários das classes subalternas.[765]

Oliveira voltou à carga em um provocativo ensaio intitulado "Hegemonia às avessas", publicado logo após a reeleição de Lula em 2007. O caso brasileiro seria semelhante àquele da África do Sul, no qual a chegada do Conselho Nacional Africano (CNA) ao poder abriu o caminho para reformas liberais radicais. De acordo com esse autor, essa seria uma situação em que as "classes dominadas" teriam tomado a "direção moral da sociedade", mas cuja contrapartida seria tornar a dominação burguesa mais descarada.[766] Ter-se-ia, assim, uma inversão dos termos gramscianos. No caso brasileiro, parece que os dominados dominam e que por meio dos fundos de pensão chegaram à condição de capitalistas; parece que comandam a política à frente do Executivo e de uma forte bancada parlamentar; parece que a economia está estabilizada; parece, por fim, que a pobreza foi erradicada administrativamente. O conjunto dessas

---

[765] *Id.*, Brazil: The Lula Government and Financial Globalization. *Social Forces*, v. 83, n. 4, jun. 2005, p. 1753 e 1761.
[766] OLIVEIRA, Hegemonia às avessas. In: OLIVEIRA, Francisco de; BRAGA, Ruy; RIZEK, Cibele. *Hegemonia às avessas*: economia, política e cultura na era da servidão financeira (São Paulo: Boitempo, 2010), p. 24.

aparências esconderia, entretanto, um segredo: "não são mais os dominados que consentem em sua própria exploração; são os dominantes – os capitalistas e o capital, explicite-se – que consentem em ser politicamente conduzidos pelos dominados, com a condição de que a 'direção moral' não questione a forma da exploração capitalista".[767]

Esse ensaio inaugurou uma nova agenda de pesquisa no Centro de Estudos dos Direitos da Cidadania (Cenedic) da Universidade de São Paulo (USP) e provocou a realização de vários seminários dos quais participei juntamente com Oliveira, Coutinho, Braga e outros. As fórmulas gramscianas foram tensionadas e testadas por esse desafio posto pela hegemonia às avessas. Coutinho, um dos mais animados com essa discussão, respondeu à provocação, afirmando que em sua opinião esse processo seria melhor descrito pela fórmula da *hegemonia da pequena política*.

A hegemonia, na época do neoliberalismo, estaria baseada no consenso passivo das classes subalternas e pela aceitação resignada do existente como algo natural. Segundo Coutinho, existiria hegemonia da pequena política: "quando a política deixa de ser pensada como arena de luta por diferentes propostas de sociedade e passa, portanto, a ser vista como um terreno alheio à vida cotidiana dos indivíduos, como simples administração do existente".[768] A hegemonia da pequena política não implicaria, entretanto, em uma revolução passiva. Preso a uma visão já esboçada em ensaios anteriores, nas quais tendia a destacar exclusivamente os aspectos políticos da revolução passiva, Coutinho insistiu que a revolução passiva implicaria sempre em profundas "modificações efetivas". Expressando sua crescente radicalização política e uma visão cada vez mais cética com relação à atividade política das classes subalternas, esse autor considerou a conhecida fórmula gramsciana inapropriada para

---

767 *Ibid.*, p. 27.
768 COUTINHO, A hegemonia da pequena política. In: OLIVEIRA et al., *op. cit.*, p. 32.

caracterizar uma etapa na qual, segundo afirmava, não haveria nenhum acolhimento de reivindicações vindas de baixo.

Como alternativa, Coutinho apresentou a fórmula da *contrarreforma*, também presente nos *Quaderni del carcere*. Essa fórmula, ao caracterizar um processo de restauração que ocorre sem uma prévia revolução e sem carregar consigo nenhuma demanda das classes subalternas, permitiria compreender os processos políticos e sociais nos quais a dialética tese-antítese-síntese teria lugar por meio da pura supressão da antítese. Segundo Coutinho,

> [...] a diferença essencial entre uma revolução passiva e uma contrarreforma reside no fato de que, enquanto na primeira certamente existem "restaurações" – mas que "acolheram, uma certa parte das exigências que vinham de baixo" – na segunda é preponderante não o momento do novo, mas precisamente o do velho.[769]

A interpretação de Coutinho, embora extremamente interessante, encontrava dificuldades para se sustentar com base nos textos de Gramsci. Por um lado, é difícil aceitar que a hegemonia fosse de um processo – a pequena política – que não tinha na análise de Coutinho um sujeito nomeado. Uma hegemonia sem sujeito poderia fazer sentido para Althusser, contra o qual Coutinho havia escrito um livro nos anos 1970, mas não para Gramsci, que sempre colocou ênfase nas classes e grupos dirigentes que realizavam essa hegemonia.[770] Por outro, para enfrentar a incontornável evidência de que uma das formas prevalecentes na "hegemonia da pequena política" liderada por

---

769 *Ibid.*, p. 35. Segundo Gramsci, "a Contrarreforma, [...] por outro lado, como todas as restaurações, não foi um bloco homogêneo, mas uma combinação substancial, se não formal, entre o velho e o novo" (Q 25, § 7, p. 2292).
770 Ver essa crítica ao althusserianismo em COUTINHO, *O estruturalismo e a miséria da razão* (Rio de Janeiro: Paz e Terra, 1972).

Lula era um amplo processo de cooptação dos movimentos sociais, Coutinho procurou romper a unidade estabelecida por Gramsci entre os conceitos de revolução passiva e transformismo, separando-os.

Apesar das claras limitações, a proposta interpretativa de Coutinho tinha o mérito de destacar as formas políticas que a hegemonia passiva adquiria no governo Lula. Um crescente processo de despolitização da política, um bipartidarismo efetivo, uma corrupção sistêmica e uma redução do debate político substantivo ao confronto de alternativas técnicas marcariam a presente hegemonia da pequena política.

Ruy Braga reagiu a essas interpretações recuperando as duas fórmulas que havíamos utilizado no primeiro governo Lula: revolução passiva à brasileira e financeirização da burocracia sindical. Procurou, por meio delas, mostrar os limites da ideia de contrarreforma proposta por Coutinho. Segundo Braga, a hegemonia lulista satisfaria

> [...] se não completamente, em grande medida, as premissas gramscianas, tanto da "conservação", isto é, a reação "dos de cima" ao subversivismo inorgânico das massas, quanto a "inovação", ou seja, a incorporação de parte das exigências "dos de baixo".[771]

Tanto as políticas assistenciais como o Bolsa Família quanto a ampliação do sistema universitário federal, a "reformalização" do mercado de trabalho, o reajuste do salário mínimo e o incentivo ao consumo por meio do crédito teriam sido políticas governamentais para lidar com o subversivismo das classes subalternas, incorporando de maneira precária parte de suas demandas. Sociólogo atento aos processos sociais, Braga destacou a combinação das formas sociais modernas e arcaicas que se manifestavam em uma revolução passiva que tinha lugar nas condições "inerentes à semiperiferia capitalista". Assim, recor-

---

[771] BRAGA, Apresentação. In: OLIVEIRA et al., *op. cit.*, p. 11.

rendo a sua pesquisa sobre os *call centers*, ilustrou a maneira pela qual a "avançada" acumulação financeira nutria-se de formas arcaicas de discriminação nos locais de trabalho, como o racismo, o sexismo e a homofobia.[772]

As observações de Braga destacavam que a revolução passiva não era um fenômeno que se verificava apenas no nível das superestruturas, ou seja, voltado exclusivamente para as modalidades de realização da política, como Coutinho procurou cada vez mais enfatizar.[773] Também eram importantes no caso brasileiro os processos que articulavam a dialética da conservação e inovação própria das revoluções passivas no nível das forças produtivas e das relações de produção. Ou seja, era preciso estar atento aos processos de atualização do capitalismo e às formas superestruturais que eles adquiriam no caso brasileiro, e perceber que a dialética da inovação-conservação não se desenvolvia simetricamente nos planos da economia e da política. A inovação econômica poderia, assim, completar-se com a conservação política.

Considerações finais

O desenvolvimento dos estudos gramscianos no Brasil, particularmente a partir do final dos anos 1990 com a publicação de uma nova edição dos *Quaderni del carcere*, que incorporava a maioria das notas redigidas na prisão, esteve marcado por uma crescente politização de seu pensamento. Para os brasileiros, Gramsci é, já há certo tempo, um teórico da política e, como tal, seu pensamento foi mobilizado para a compreensão da realidade brasileira. Essa politização estimulou abordagens criativas que procuraram interpretar as formas capitalistas hí-

---

772 *Ibid.*, p. 11-2.
773 Essa ênfase cada vez maior permite explicar porque Coutinho abandonou o conceito de "via prussiana", o qual sistematicamente evitou utilizar neste debate.

bridas que se manifestam recorrentemente na história do país e os processos de modernização e atualização dessas formas comandadas "pelo alto". Mas, ao contrário de outras realidades nacionais, esse uso de Gramsci teve como contrapartida o aprofundamento das pesquisas sobre seu pensamento, um rigor conceitual cada vez maior, a utilização de métodos e técnicas de investigação filológica e histórica cada vez mais sofisticados e um diálogo constante com pesquisadores de outros países, particularmente italianos. No Brasil, Gramsci não é um clássico do passado. Ele é um arqueomarxista: um marxista primordial e original que ainda provoca e instiga.

No estado atual do debate, algumas linhas da interpretação gramsciana sobre o Brasil permanecem em aberto. Sugiro aqui duas agendas de pesquisa. A primeira delas recupera as interpretações gramscianas recentes sobre o Brasil. A fórmula da revolução passiva continua sendo uma importante chave para compreender o país, mas as discussões recentes entre Oliveira, Coutinho e Braga mostraram que para avançar é necessário confrontar as leituras que tenderam a transformar esse conceito em um programa politico – como Werneck Vianna –, mas também aquelas que se apropriaram desse conceito exclusivamente no plano da política – como Coutinho.

Nos *Quaderni del carcere* é possível encontrar três diferentes modelos de revolução passiva que não são idênticos entre si. A revolução passiva *francesa* foi um movimento de reação a um processo revolucionário no qual os trabalhadores assumiram um forte ativismo político, e a uma restauração da ordem por meio do acordo entre as forças políticas da burguesia e da pequena burguesia urbana com os remanescentes do Antigo Regime. Gramsci sintetizou esse processo com a fórmula *revolução-restauração*. A revolução passiva *piemontesa* antecipou-se à própria revolução, impedindo que essa tivesse lugar e tornando desnecessário o momento da restauração, o qual cedia lugar à expansão de uma ordem estatal previamente existente. A fórmula síntese é a da *revolução sem revolução*. A revolução passiva *americana* distingue-se por ocorrer fundamentalmente no nível das forças produtivas e das relações de produção e não da política. Trata-se de um processo de transformações no âmbito do aparelho produtivo que funciona como contratendência à queda tendencial da taxa de lucro, estabelecendo um novo controle sobre a força de trabalho no interior da fábrica. Sua fórmula é a do *americanismo e fordismo*. Uma rigorosa escavação conceitual pode ajudar a compreender o caso brasileiro, no qual se combinaram as formas piemontesa e americana da revolução passiva, mas onde a revolução política e social nunca teve lugar.

A segunda das linhas de pesquisa retoma as anotações sobre o Brasil presentes nos *Quaderni del carcere*. Para a pesquisa histórica pode ser importante voltar à intuição gramsciana a respeito dos grupos intelectuais provenientes do clero e do Exército, que permaneceriam dominantes até 1930. Mas, a partir da revolução de 1930, novos grupos intelectuais surgiram. Primeiro, os intelectuais orgânicos e condensados que, como previa o marxista sardo, surgiram da própria indústria e se organizaram em sindicatos e associações patronais extremamente relevantes para compreender a política nas décadas posteriores. Depois, os novíssimos intelectuais que, oriundos das classes trabalhadoras ou diretamente vinculados a elas, deram corpo às forças políticas antagonistas. E, mais recentemente, os intelectuais orgânicos do capital financeiro, os quais têm seu lugar em uma complexa trama que envolve o sistema bancário e uma vasta rede de aparelhos privados de hegemonia.

Ao contrário das linhas de investigação sobre a história dos intelectuais no Brasil que tem procurado realizar uma sociologia dos intelectuais, muito atenta a suas origens sociais e trajetórias pessoais, a abordagem gramsciana da história dos intelectuais é eminentemente política. Sem esquecer as origens e trajetórias sociais, essa abordagem permitiria compreender melhor a feição contemporânea do Estado brasileiro e dos mecanismos que garantem a supremacia burguesa no Brasil.

Como se vê, ainda há muito o que fazer. Gramsci continuará inspirando o pensamento político brasileiro por um bom tempo. A agenda de pesquisa que ele próprio propôs ainda não foi suficientemente explorada, e seus conceitos têm-se revelado extremamente úteis para a compreensão da realidade de nosso país. Mas para continuar andando é sempre bom lembrar que o pensamento do sardo revela sua força quando ele não é assimilado como um ponto de chegada, mas como ponto de partida para a pesquisa filosófica, histórica e política.

10. A PEDAGOGIA COMO POLÍTICA E A POLÍTICA COMO PEDAGOGIA

Os organizadores do VIII Colóquio Internacional Marx Engels pediram que dirigisse algumas palavras aos presentes em homenagem a meu mestre e amigo o professor Edmundo Fernandes Dias, falecido em 2013.[774] Para ser justo, e justiça era algo importante para o homenageado, é necessário iniciar parabenizando o diretor do Centro de Estudos Marxistas (Cemarx), Sávio Cavalcanti, pela realização desse momento e felicitar o professor Armando Boito pela iniciativa e por sua insistência para que essa tivesse lugar. Embora extremamente importante, esse não era um gesto óbvio, e quem quer que tenha passado aqui os últimos vinte anos, um tempo considerável, sabe que o professor Boito não era o proponente esperado. Ainda assim, ele tomou a iniciativa e marcou com generosidade a abertura desse colóquio. Por isso, além de felicitá-lo, gostaria de agradecer-lhe por ter feito o que eu não fiz.

Edmundo foi professor do Departamento de Sociologia do Instituto de Filosofia e Ciências Humanas (IFCH) da Unicamp, fundador do Cemarx, participou dos primeiros momentos da revista *Crítica Marxista* e, a partir do final dos anos 1990, engajou-se de maneira intensa e despojada ao esforço de fundar

---

774 Este texto reproduz a apresentação realizada por ocasião do VIII Colóquio Internacional Marx Engels, realizado em 2015 na Universidade Estadual de Campinas (Unicamp).

e consolidar a revista *Outubro* juntamente com alguns jovens, e outros nem tanto, intelectuais. Agitador político e cultural incansável, foi uma liderança sindical destacada no Sindicato Nacional dos Docentes das Instituições de Ensino Superior (Andes-SN) e em sua seção sindical em nossa universidade, a Adunicamp, além de fundador e primeiro coordenador nacional da Associação Brasileira de Educadores Marxistas.

Foi no movimento sindical que Edmundo se projetou, tornando-se conhecido e querido de muitos em todo o Brasil. Encerrados em nossas universidades, talvez não tenhamos a dimensão exata do papel que desempenhou na consolidação do Andes-SN e na formação de novas lideranças sindicais. Para ilustrar essa importância, lembro que, na longa entrevista que concedeu à revista do sindicato, *Universidade & Sociedade*, em 2003, quando já era uma voz minoritária devido a suas opções partidárias, foi apresentado, sem meias palavras, como "'o arquivo', a memória viva do sindicalismo docente brasileiro" e "o intelectual [...] mais identificado com os problemas da classe trabalhadora do país".[775]

Nessa mesma entrevista, Edmundo expressou-se a seu respeito de uma maneira que aqueles que o conheceram bem ouviram mais de uma vez: "Vivi a passagem de alguém que pretendia ser um bom professor a um militante que tentava unir as duas coisas: fazer política como quem ensina e ensinar como quem faz política".[776]

Essas duas atividades nas quais foi mestre marcante – o ensino e a política – foram destacadas em mais de uma oportunidade por aqueles que escreveram para homenageá-lo. Podemos lembrar, por exemplo, o belo texto que o professor do Departamento de Sociologia da USP Leonardo Mello e Silva escreveu em memória de seu vizinho em Barão Geraldo, em que destacou seu

---

[775] BEZERRA, Antonio Ponciano. Entrevista: Prof. Edmundo Fernandes Dias. *Universidade & Sociedade*, São Paulo, v. 13, n. 30, jun. 2003, p. 215.
[776] *Loc. cit.*

papel como professor.[777] Ou aquele que Sueli Guadelupe de Lima Mendonça, Lívia de Cássia Godoi Moraes e Lalo Watanabe Minto publicaram ressaltando sua militância política.[778]

Mello e Silva relembrou, de maneira a meu ver correta, que em seus últimos anos Edmundo vivia uma "relativa marginalidade diante dos colegas de profissão [...] na universidade e, dentro dessa última, nos cursos de Ciências Sociais".[779] E argumentou que essa posição se devia a uma mudança da própria instituição universitária, que associou de maneira cada vez mais intensa uma ética produtivista a uma neutralidade axiológica que cindia inapelavelmente ciência e política, uma posição com a qual o velho mestre não podia e não queria conciliar-se. Daí sua aposta na política, que ele via não como uma porta de saída da universidade, mas como o caminho que permitiria reencontrar a universidade crítica que ele desejava.

Talvez por ter apostado de maneira tão intensa na política, sua contribuição às Ciências Sociais brasileiras seja subestimada e seja para alguns óbvio dizer que sua contribuição mais valiosa "talvez não esteja em sua produção teórica". Evidentemente, Edmundo rejeitaria essa distinção entre teoria e prática. Para ele, seus escritos teóricos voltados para a história do pensamento de Antonio Gramsci ou suas análises sobre a sociedade brasileira eram intervenções políticas voltadas a conformar uma nova hegemonia. Mas o que quero destacar aqui é outra coisa: o fato de que a produção teórica de Edmundo é responsável por ao menos três feitos notáveis com forte impacto em algumas áreas das Ciências Sociais. Reconhecê-los é uma maneira de homenageá-lo.

---

777 SILVA, Leonardo Mello e. Retrato de uma figura exemplar: para lembrar o pensamento do professor Edmundo Fernandes Dias. *Cadernos CRH,* Salvador, v. 26, n. 68, ago. 2013, p. 413-7.
778 MENDONÇA, Sueli Guadelupe de Lima; MORAES, Lívia de Cássia Godoi; MINTO, Lalo Watanabe. Intelectual, Educador e Militante. *Aurora,* v. 6, n. 2, jan./jul. 2013, p. 11-4.
779 SILVA, Retrato de uma figura exemplar, p. 417.

O primeiro feito encontra-se registrado em sua tese de doutorado sobre o pensamento de Antonio Gramsci, defendida em 1984 com o título indecifrável de *Democracia operária* e republicada mais tarde com o título *Gramsci em Turim* (2000). É um livro que, como se sabe, está voltado à análise dos escritos de juventude do marxista sardo. Nele, Edmundo radicaliza uma tese já presente em Christine Buci-Glucksmann e argumenta que o conceito de hegemonia se encontrava "em estado prático" já em 1916, uma tese que era exposta de modo que poderíamos chamar de althusseriano, repercutindo a admiração que nutriu intensamente pelo filósofo francês.

Em 1984, os textos do jovem Gramsci eram muito pouco conhecidos no Brasil e completamente desvalorizados em detrimento dos *Quaderni del carcere*. Mesmo assim, Edmundo escolheu estes como suas fontes principais e esquadrinhou-os com vistas a construir seu argumento. Lembro de uma vez ter protestado que as inúmeras citações tornavam a leitura difícil, ao que me respondeu que precisou citar intensamente os textos porque no Brasil ninguém os conhecia. Mas não é apenas na escolha arriscada do objeto que reside o feito, e sim no modo como a pesquisa foi operacionalizada.

Em *Gramsci em Turim*, Edmundo antecipou uma modalidade de investigação que demorou mais de vinte anos para se consolidar nos estudos gramscianos brasileiros. Por um lado, enfatizou as fontes do pensamento gramsciano, procurando reconstruir o ambiente intelectual de sua época, e por outro empenhou-se em contextualizar o pensamento de seu querido autor nos conflitos políticos da Itália das primeiras décadas do século XX e, particularmente, naqueles que tiveram lugar entre o início da I Guerra Mundial e o chamado *biennio rosso* (1919-1920).

Em um país que herdou das escolas francesas a chamada "leitura estrutural", que recomendava afastar o texto do contexto e divorciá-lo da biografia do autor, Edmundo assumiu o risco de tratar o texto como um evento histórico. A conjuntura política não era um "cenário", "pano de fundo" ou uma "moldura", metáforas artísticas que frequentemente são utilizadas para ocultar o fato de que ela é irrelevante para a pesquisa. Em *Gramsci em Turim*, a conjuntura era o que permitia reencontrar o sentido do texto, ele próprio um ato político. Essa opção metodológica implicou em um esforço colossal para a época, um empreendimento que levou a cabo literalmente sozinho, sem contato pessoal com os estudos gramscianos feitos na Itália. Em certo ponto de sua investigação, achou necessário para a pesquisa escrever uma história da Itália do *giolittismo* até a fundação do Partito Comunista d'Italia em 1921, um texto com quase duas centenas de páginas que só muito tempo depois foi publicado com fins didáticos. Mais importante do que a tese central do livro, e uma conquista certamente mais duradoura, foi assim o método mobilizado para sua investigação, uma perspectiva que se demostrou importante para a reorientação dos estudos gramscianos no Brasil.

O segundo feito do trabalho de pesquisa de Edmundo nasce com esse mesmo livro, mas encontra seu momento de máxima expressão em alguns ensaios inscritos em uma obra coletiva chamada *O outro Gramsci* (1996). Aqui ele assentou as bases para uma leitura diferente da obra do marxista sardo, uma abordagem que rompia e questionava decididamente aquela que o eurocomunismo inspirara e que foi difundida no Brasil por intermédio de Carlos Nelson Coutinho e dos renovadores do PCB, mas que também se debatia com as versões liberais, inspiradas em um conhecido texto de Norberto Bobbio.

O movimento intelectual realizado por Edmundo era politicamente orientado. À apropriação do pensamento de Gramsci por alguns dos dirigentes políticos mais moderados do Partido dos Trabalhadores, ele respondeu com outro Gramsci, completamente inadequado a um neorreformismo. Não foi à toa que o artigo no qual contestou mais intensamente as leituras eurocomunistas e liberais tenha sido publicado justamente na revista *Teoria & Debate*. Mas cabe aqui destacar os efeitos que esse movimento político teve no terreno da teoria. No esforço para resgatar Grams-

331

ci como um pensador revolucionário, Edmundo jogou uma nova luz sobre o conceito de hegemonia, que em seus textos passou a significar a afirmação de uma nova racionalidade, fundamento de uma forma civilizacional diversa que teria como pressuposto uma ruptura política com a ordem social e política precedente. Com essa radicalização do pensamento gramsciano, conceitos pouco valorizados até o momento nos estudos brasileiros, como crise orgânica e fordismo, passaram a ocupar um novo lugar, abrindo as portas para se estudar, a partir de Gramsci, as crises políticas e as respostas possíveis a elas com uma perspectiva fortemente antideterminista. Se o pensamento de Antonio Gramsci pode hoje inspirar uma política revolucionária isso se deve, em grande medida, àquele movimento teórico e político que Edmundo realizou.

O terceiro feito leva Edmundo para além dos estudos gramscianos e o coloca no centro da sociologia pública brasileira. No início dos anos 1990, o Brasil começou a viver os efeitos da chamada reestruturação produtiva. O livro pioneiro de Ricardo Antunes[780] reconstruiu criticamente o debate internacional, influenciando um grande número de pesquisas. Mas é pouco conhecido que, concomitantemente, Edmundo trabalhava a partir de uma vertente teórica diferente, que prospectava o impacto político das transformações na esfera da produção. O ponto de partida dessa investigação, que ele levou a cabo juntamente com a professora Angela Tude de Souza e um grupo de jovens investigadores, era uma releitura do *Quaderno 22*, aquele que Antonio Gramsci dedicou à análise do americanismo e do fordismo. Nessa leitura, Edmundo redescobriu o conceito de revolução passiva como uma chave de interpretação das transformações moleculares que se verificavam na esfera das forças produtivas e das relações de produção.[781]

---

[780] ANTUNES, Ricardo. *Adeus ao trabalho?* Ensaio sobre as metamorfoses e a centralidade do mundo do trabalho (São Paulo/Campinas: Editora da Unicamp/Cortez, 1995).
[781] DIAS, Edmundo Fernandes. *A liberdade (im) possível na ordem do capital:* reestruturação produtiva e passivização (Campinas: IFCH/Unicamp, 1997).

Com essa redescoberta, abriu-se um novo e importante campo de pesquisa que permitiu que uma vertente da sociologia do trabalho praticada no Brasil se encontrasse com aquela vertente que nos Estados Unidos, no final da década de 2010, assumiu explicitamente sua vocação pública e sua conexão com os movimentos sociais. O caminho que levou a esse encontro começava e terminava com Gramsci. Mas as pontas eram bastante diferentes. Enquanto no Brasil a ênfase era posta cada vez mais na noção de revolução passiva, nos Estados Unidos a ideia-chave era a de hegemonia. O que permitiu esse encontro foi uma leitura da revolução passiva que enfatizava o fato de esta ser a forma restrita que a hegemonia burguesa assume no capitalismo contemporâneo e por meio da qual têm lugar processos de inovação e conservação da ordem política e social. Esse encontro inesperado permitiu o desenvolvimento de uma sociologia pública brasileira sediada em centros de investigação localizados em São Paulo, no Rio de Janeiro e na Bahia, além de fortemente internacionalizada.

Destacar essas três importantes realizações e seu impacto duradouro em algumas áreas das Ciências Sociais brasileiras é também lembrar que, para Edmundo, prática teórica e prática política mantinham um nexo orgânico profundo. Esta é talvez a principal lição que ele nos deixou. Uma aguda percepção de que não apenas por meio da teoria estamos fazendo política, mas que a intervenção política é também um ato de alcance teórico, já que é o único que pode mudar efetivamente as condições nas quais vivemos e pensamos. O que nos resta então dizer é: obrigado, mestre; obrigado, companheiro.

REFERÊNCIAS BIBLIOGRÁFICAS

AGENZIA STEFANI. Kerenski rassegna le dimissioni per l'impossibilità di ricostituire il Governo. *La Stampa*, v. 51, n. 215, 5 ago. 1917, p. 4.

_____. Il nuovo colpo di Stato in Russia. *La Stampa*, v. 51, n. 312, 10 nov. 1917, p. 1.

ALBERTONI, Ettore A. *Dottrina della clase política e teoria delle elites*. Milano: Giuffrè, 1985.

ALIAGA, Luciana. *Gramsci e Pareto*: ciência, história e revolução. Curitiba: Appris, 2017.

ALVES, Cláudia Maria Costa. *Cultura e política no século XIX*: o exército como campo de constituição de sujeitos políticos no Império. Bragança Paulista: Edusf, 2002.

AMARI, Michele. *Storia dei musulmani di Sicilia*. 3 vs. Firenze: F. Le Monnier, 1854.

ANTUNES, Ricardo. *Adeus ao trabalho?* Ensaio sobre as metamorfoses e a centralidade do mundo do trabalho. São Paulo/Campinas: Editora da Unicamp/Cortez, 1995.

ARAÚJO, Angela Maria Carneiro. *A construção do consentimento*: corporativismo e trabalhadores no Brasil nos anos 30. São Paulo: Scritta, 1998.

ARECO, Sabrina. *Passado presente*: a Revolução Francesa no pensamento de Gramsci. Curitiba: Appris, 2018.

_____. A filologia vivente de A. Gramsci. *Mediações*, Londrina, v. 24, n. 1, 2019, p. 209-27.

ARFÉ, Gaetano. *Storia del Socialismo Italiano*. 1892-1926. Torino: Einaudi, 1965.

ASCOLI, Graziadio. Proemio. In: ASCOLI, Graziadio. *Archivio Glottologico Italiano*. v. I. Roma/Torino/Firenze: Loescher, 1873. p. V-XLI.

BADALONI, Nicola; MUSCETTA, Carlo. *Labriola, Croce, Gentile*. Roma: Laterza, 1990.

BAINVILLE, Jacques. Comment finissent les régimes parlementaires. *Almanach de L'Action Française,* v. 21, 1929, p. 5158.

BALBO, Cesare. *Storia d'Italia.* 2 vs. Torino: Giuseppe Pomba, 1830.

BALSA, Javier. Filología y política en la discusión contemporánea de la teoría de la hegemonía. In: Simposio Internacional Gramsci: la teoría de la hegemonía y las transformaciones políticas recientes en América Latina, Centro de Estudios Germinal, Asunción, 2019. p. 11-36.

BARATTA, Giorgio. *Le rose e i quaderni:* il pensiero dialogico do Antonio Gramsci. Roma: Carocci, 2003.

_____. *As rosas e os Cadernos:* o pensamento dialógico de Antonio Gramsci. Rio de Janeiro: DP&A, 2004.

BARBUTO, Gennaro M. *Ambivalenze del moderno*: De Sanctis e le tradizione politiche italiane. Napoli: Liguori Editore, 2000.

BASILE, Luca. "Caro Maestro", "Eccezionale studente": sul rapporto di A. Gramsci con V. A. Pastore. Ipotesi e Riscontri. *Giornale Critico della Filosofia Italiana,* v. 10, n. 1, 2014, p. 187-211.

BÉDIER, Joseph. La tradition manuscrite du "Lai de sur l'omber": réflexions sur l'art d'éditer les anciens textes. *Romania,* v. 54, n. 215/216, 1928, p. 321-56.

BERNHEIM, Ernst. *La storiografia e la filosofia della storia:* manuale del metodo storico e della filosofia della storia. Milano: Remo Sandron, 1907.

BERTONI, Giulio; BARTOLI, Matteo. *Breviario di neolinguistica.* Modena: Società tipografica modenese, 1925.

BETTONI, Fabio. Gramsci e Michels: Un itinerario critico. In: FURIOZZI, Gian Biagio (org.). *Roberto Michels tra politica e sociologia.* Firenze: Centro Editoriale Toscano, 1984. p. 195-251.

BEZERRA, Antonio Ponciano. Entrevista: Prof. Edmundo Fernandes Dias. *Universidade & Sociedade,* São Paulo, v. 13, n. 30, jun. 2003, p. 215-32.

335

BIANCHI, Alvaro. *O laboratório de Gramsci*: filosofia, história e política. 2 ed. Porto Alegre: Zouk, 2018.

_____. Gramsci interprète du Brésil. *Actuel Marx*, n. 57, avr. 2015, p. 96-111.

_____. O léxico de Gramsci: filosofia da práxis, Estado e sociedade civil, sociedade regulada. *Movimento*, Porto Alegre, v.1, n. 6, out./dez. 2017, p. 159-74.

_____. Gramsci, Croce e a história política dos intelectuais. *Revista Brasileira de Ciências Sociais*, São Paulo, v. 34, n. 99, 2019, p. e349915.

_____.; BRAGA, Ruy. Capitalismo patrimonial nos trópicos? Terceira via e governo Lula. *Universidade e Sociedade*, Brasília, v. XIII, n. 31, 2003, p. 205-16.

_____.; _____. Brazil: The Lula Government and Financial Globalization. *Social Forces*, v. 83, n. 4, jun. 2005, p. 1745-62.

BOBBIO, Norberto. *Ensaios sobre Gramsci e o conceito de sociedade civil*. 2 ed. Rio de Janeiro: Paz e Terra, 2002.

BOOTHMAN, Derek. *Traducibilità e processi traduttivi*. Un caso: A. Gramsci linguista. Perugia: Guerra, 2004.

_____.; GIASI, Francesco; VACCA, Giuseppe (eds.). *Gramsci in Gran Bretagna*. Bologna: Il mulino, 2015. (Studi Gramsciani nel Mondo.)

BRAGA, Ruy. *Risorgimento*, fascismo e americanismo: a dialética da passivização. In: DIAS, Edmundo Fernandes; SECCO, Lincoln; COGGIOLA, Osvaldo et al. *O outro Gramsci*. São Paulo: Xamã, 1996. p. 167-82.

_____. *Por uma sociologia pública*. São Paulo: Alameda, 2009.

_____. Apresentação. In: OLIVEIRA, Francisco de; BRAGA, Ruy; RIZEK, Cibele. *Hegemonia às avessas*: economia, política e cultura na era da servidão financeira. São Paulo: Boitempo, 2010. p. 7-14.

_____. *A política do precariado*: do populismo à hegemonia lulista. São Paulo: Boitempo, 2012.

_____. *A rebeldia do precariado*: trabalho e neoliberalismo no Sul global. São Paulo: Boitempo, 2017.

BRANDIST, Craig. *The Dimensions of Hegemony*: Language, Culture and Politics in Revolutionary Russia. Leiden: Brill, 2015.

BUCI-GLUCKSMANN, Christine. *Gramsci e o Estado*: por uma teoria materialista da filosofia. Rio de Janeiro: Paz e Terra, 1980.

BURCKHARDT, Jacob. *A cultura do Renascimento na Itália*. São Paulo: Companhia das Letras, 2009.

BUTTIGIEG, Joseph. Gramsci's Method. *Boundary 2*, v. 17, n. 2, sum. 1990, p. 60-81.

CAMMARANO, Fulvio. *Storia política della Italia liberale*. Bari: Laterza, 1999.

CANELLAS, Antonio. Relatório Canellas (1922). In: VINHAS, Moisés. *O partidão*: a luta por um partido de massas (1922-1974). São Paulo: Hucitec, 1982. p. 18-65.

CANFORA, Luciano. *Spie, URSS, antifascismo*: Gramsci, 1926-1937. Roma: Salerno, 2012.

CANTÙ, Cesare. *Gli Eretici d'Italia*: discorsi storici. Torino: Unione Tipografico-Editrice, 1865.

CAPRIOGLIO, Sergio. Gramsci e l'URSS: tre note nei quaderni del carcere. *Belfagor*, v. 46, n. 1, 1991, p. 65-75.

CARLUCCI, Alessandro. Latino e greco. In: LIGUORI, Guido; VOZA, Pasquale (org.). *Dizionario gramsciano*: 1926-1937. Roma: Carocci, 2009. p. 452-3.

_____. *Gramsci and Languages*: Unification, Diversity, Hegemony. Leiden: Brill, 2013.

CARONCINI, Alberto. Il libro di Pasquale Turiello. *La Voce*, ano IV, n. 12, 1912, p. 779-80.

CARR, Edward H. *Storia della Russia sovietica*. La rivoluzione bolscevica 1917-1923. Torino: Giulio Einaudi, 1964.

CHABOD, Federico. *Escritos sobre el Renacimiento*. México: Fondo del Cultura Económica, 1990.

CILIBERTO, Michele. Contini, Croce, gli "scartafacci". *Annali della Scuola Normale Superiore di Pisa. Classe di Lettere e Filosofia*, v. 5, n. 2, 2013, p. 571-97.

CONTINI, Gianfranco. Come lavorava l'Ariosto. *Il Meridiano di Roma*, v. II, n. 29, 1937, p. 4.

_____. La critica degli scartafacci. *Rassegna d'Italia*, n. 3, 1948, p. 1048-56.

_____. *Filologia*. Milano: Il Mulino, 2014.

CORTÉS, Martin. Gramsci contemporáneo: ecos de la voluntad nacional-popular en América Latina. *Las Torres de Lucca*, v.6, n. 11, jul./dic. 2017, p. 73-96.

CORTESI, Luigi. *Il socialismo italiano tra riforme e rivoluzione*. Dibatti congressuali del PSI 1892-1921. Bari: Laterza, 1969.

COSPITO, Giuseppe. Verso l'edizione critica e integrale dei "Quaderni del carcere". *Studi Storici*, v. 52, n. 4, 2011, p. 881-904.

_____. *Il ritmo del pensiero*: per una lettura diacronica dei "Quaderni del carcere" di Gramsci. Napoli: Bibliopolis, 2011.

_____. Le "cautele" nella scrittura carceraria di Gramsci. *International Gramsci Journal*, v. 1, n. 4, 2015, p. 28-42.

COUTINHO, Carlos Nelson. *O estruturalismo e a miséria da razão*. Rio de Janeiro: Paz e Terra, 1972.

_____. *Gramsci*. Porto Alegre: L&PM, 1981.

_____. As categorias de Gramsci e a realidade brasileira. In: COUTINHO, Carlos Nelson; NOGUEIRA, Marco Aurélio. *Gramsci e a América Latina*. Rio de Janeiro: Paz e Terra, 1988. p. 103-27.

_____. *Gramsci*: um estudo sobre seu pensamento político. Rio de Janeiro: Civilização Brasileira, 1999.

_____. Introdução. In: GRAMSCI, Antonio. *Cadernos do cárcere*. v. 1. Rio de Janeiro: Civilização Brasileira, 1999. p. 7-45

_____. *Cultura e sociedade no Brasil*: ensaios sobre ideias e formas. Rio de Janeiro: DP&A, 2005.

_____. A hegemonia da pequena política. In: OLIVEIRA, Francisco de; BRAGA, Ruy; RIZEK, Cibele. *Hegemonia às avessas*: economia, política e cultura na era da servidão financeira. São Paulo: Boitempo, 2010. p. 29-43.

CRAIG, Gordon A. Georg Gottfried Gervinus: The Historian as Activist. *Pacific Historical Review*, v. 41, n. 1, fev. 1972, p. 1-14.

CROCE, Benedetto. *La critica letteraria:* questioni teoriche. Torino: Loescher, 1894.

_____. Fraccaroli G. "L'irrazionale nella letteratura". *Critica*, v. 1, 1903, p. 282-6.

_____. Rivista bibliografica. *La Critica: Rivista di Letteratura, Storia e Filosofia*, v. 21, 1923, p. 374-8.

_____. *Materialismo storico ed economia marxistica*. Bari: Laterza, 1927.

_____. *Storia della Età Barocca in Italia*. Bari: Laterza, 1946.

_____. Illusioni sulla genesi delle opere d'arte, documentata dagli scartafacci degli scrittori. *Quaderni della "Critica"*, n. 9, nov. 1947, p. 93-4.

_____. *Estetica*: come scienza dell'espressione e linguistica generale. Bari: Laterza, 1965.

_____. *Cultura e vita morale*. Napoli: Bibliopolis, 1993 [1914].

_____. *Etica e politica:* a cura de Giuseppe Galasso. Milano: Adelphi, 1994.

_____. *Storia d'Europa nel secolo decimonono:* a cura de Giuseppe Galasso. Milano: Adelphi, 1999 [1932].

_____. *Teoria e storia della storiografia:* a cura di Giuseppe Galasso. Milano: Adelphi, 2001 [1915].

_____. *Storia d'Italia*: dal 1871 al 1915. Napoli: Blibiopolis, 2004 [1928].

_____. *Scritti su Francesco De Sanctis*: a cura di Teodoro Tagliaferri e Fulvio Tessitori. v. II. Napoli: Giannini, 2007.

_____. *Breviario di estetica*: aesthetica in nuce. Milano: Adelphi, 2007.

CUOCO, Vincenzo. *Saggio storico sulla rivoluzione di Napoli*. Milano: Rizolli, 1999 [1801].

D'ORSI, Angelo. *La Rivoluzione antibolscevica*. Fascismo, classi, ideologie (1917-1922). Milano: Franco Angeli, 1985.

339

_____. Gruppo di professori (e allievi) in un interno. Achille Loria nella facoltà giuridica torinesi. *Quaderni di Storia della Università di Torino*, v. IV, n. 3, 1999, p. 83-116.

_____. *Allievi e maestri:* l'Università di Torino nell'Otto-Novecento. Torino: Celid, 2002.

_____. L'Italia delle idee. Il pensiero politico in un secolo e mezzo di storia. Milano: Bruno Mondadori, 2011.

_____. *Inchiesta su Gramsci:* quaderni scomparsi, abiure, conversioni, tradimenti: leggende o verità? Torino: Accademia University Press, 2014.

_____. *Gramsci:* una nuova biografia. Milano: Feltrinelli, 2017.

_____.; CHIAROTTO, Francesca. Introduzione. In: GRAMSCI, Antonio. *Scritti della libertà (1910-1926)*. Torino: Riuniti, 2012. p. 17-114.

DA GAMA CERQUEIRA, Hugo Eduardo. David Riazanov e a edição das obras de Marx e Engels. *Economia*, Brasília, v. 11, n. 1, jan./abr. 2010, p. 199-215.

DAINOTTO, Roberto M. Gramsci and Labriola: Philology, Philosophy of Praxis. In: FRANCESE, Joseph (org.). *Perspectives on Gramsci:* Politics, Culture and Social Theory. London: Routledge, 2009. p. 64-82.

DAUDET, Leon. L'Action Française quotidienne a vingt anes. *Almanach de L'Action Française*, v. 21, 1929, p. 51-8.

DE FELICE, Franco. Una chiave di lettura in Americanismo e fordismo (1972). In: *Il presente come storia:* a cura di Gregorio Sorgonà e Ermano Taviani. Roma: Carocci, 2016. p. 243-54.

_____. Rivoluzione passiva, fascismo, americanismo in Gramsci (1977). In: *Il presente come storia:* a cura di Gregorio Sorgonà e Ermano Taviani. Roma: Carocci, 2016. p. 315-68.

DE MAURO, Tullio. *Storia linguistica dell'Italia*. Bari: Laterza, 1963.

DE SANCTIS, Francesco. *La letteratura italiana nel secolo XIX:* scuola liberale – scuola democratica. Roma: Vecchiarelli Editore, 1897.

_____. La scienza e la vita. In: *Opere*. Milano-Napoli: Ricardo Ricciardi, 1961.

_____. *Storia della letteratura italiana*. Torino: UTET, 1973.

_____. *Saggi*. Torino: UTET, 1974.

DE SANCTIS, Gaetano. L'Irrazionale nell'Iliade. *Rivista di Filologia e di Istruzione Classica*, v. XXXII, n. 4, 1904, p. 41-57.

DESCENDRE, Romain; GIASI, Francesco Giasi; VACCA, Giuseppe. *Gramsci in Francia*. Bologna: il Mulino, 2020. (Studi Gramsciani nel Mondo.)

DEAN, Warren. *A industrialização de São Paulo*: 1880-1945. 2. ed. São Paulo: Difel, 1971.

DI BIAGIO, Anna. Egemonia leninista, egemonia gramsciana. In: GIASI, Francesco (org.). *Gramsci nel suo tempo*. v. 1. Roma: Carocci, 2008. p. 379-402.

DIAS, Edmundo Fernandes. *Democracia operária*. 2v. Campinas: Editora da Unicamp, 1987.

_____. Hegemonia: racionalidade que se faz história. In: DIAS, Edmundo Fernandes; SECCO, Lincoln; COGGIOLA, Osvaldo et al. *O outro Gramsci*. São Paulo: Xamã, 1996. p. 9-80.

_____. *A liberdade (im) possível na ordem do capital*: reestruturação produtiva e passivização. Campinas: IFCH/Unicamp, 1997.

_____. *Gramsci em Turim*: a construção do conceito de hegemonia. São Paulo: Xamã, 2000.

_____; SECCO, Lincoln; COGGIOLA, Osvaldo et al. *O outro Gramsci*. São Paulo: Xamã, 1996.

EMILIANI GIUDICI, Paolo. *Storia delle belle lettere in Italia*. Firenze: Società editrice fiorentina, 1844.

ENGELS, Friedrich. *Anti-Dühring*: a revolução da ciência segundo o senhor Eugen Dühring. São Paulo: Boitempo, 2015.

FARINELLI, Arturo. *Il romanticismo nel mondo latino*. Torino: Fratelli Bocca, 1927.

FERNANDES, Renato César Ferreira. O partido revolucionário e sua degeneração: a crítica de Gramsci a Michels. *Outubro*, n. 21, 2013, p. 191-217.

FERRARI, Giuseppe. *Histoire de la raison d'Etat*. Paris: Michel Lévy, 1860.

_____. Machiavelli giudici della rivoluzione de'nostri tempi. In: *Opuscoli politici e letterari ora per prima volta tradotti*. Capolago: Elvetica, 1949. p. 1-140.

FERRIERI, Pio. *Francesco De Sanctis e la critica letteraria*. Milano: Hoepli, 1888.

FILIPPINI, Michele. Una filologia della società. Antonio Gramsci e la scoperta delle scienze sociali. *Scienza & Politica*, v. 21, n. 41, 2009, p. 89-103.

_____. *Una politica di massa*: Antonio Gramsci e la rivoluzione della società. Roma: Carocci, 2015

_____. Max Weber. In: PASSOS, Rodrigo Duarte Fernandes dos; ARECO, Sabrina. *Gramsci e seus contemporâneos*. Marília/São Paulo: Oficina Universitária/Cultura Acadêmica, 2017. p. 115-44.

FIORI, Giuseppe. *A vida de Antonio Gramsci*. Rio de Janeiro: Paz e Terra, 1979.

_____. *Vita di Antonio Gramsci*. Nuoro: Ilisso, 2003 [1974].

FONTANA, Benedetto. Logos and Kratos: Gramsci and the Ancients on Hegemony. *Journal of the History of Ideas*, v. 61, n. 2, 2000, p. 305-26.

FONZO, Emilio. *Il mondo antico negli scritti di Antonio Gramsci*. Mercato San Severino: Paguro, 2019.

FRACCAROLI, Giuseppe. *L'irrazionale nella letteratura*. Torino: Fratelli Bocca, 1903.

FRANCIONI, Gianni. *L'Officina gramsciana*: ipottesi sulla sttrutura dei "Quaderni del carcere". Napoli: Bibliopolis, 1984.

_____. Nota introdutiva al *Quaderno 8* (1930-1932). In: GRAMSCI, Antonio. *Quaderni del carcere*: edizione anastatica dei manoscritti. Roma/Cagliari: Istituto della Enciclopedia Italiana/L'Unione Sarda, 2009. p. 1-23.

_____.; COSPITO, Giuseppe. Nota introdutiva al *Quaderno 16* (1932-1934). In: GRAMSCI, Antonio. *Quaderni del carcere*:

edizione anastatica dei manoscritti. v. 15. Roma/Cagliari: Istituto della Enciclopedia Italiana/L'Unione Sarda, 2009. p. 191-201.

FRANCIONI, Gianni; FROSINI, Fabio. Nota introduttiva al *Quaderno 11*. In: GRAMSCI, Antonio. *Quaderni del carcere*: edizione anastatica dei manoscritti. Roma/Cagliari: Biblioteca Treccani/L'Unione Sarda, 2009. p. 1-22.

FRÉDÉRIC II. *Anti-Machiavel*, ou Essai de critique sur le Prince de Machiavel, publié par Mr. de Voltaire. Nouvelle édition, où l'on a ajouté les variations de celle de Londres. Amsterdam: Jacques La Caze, 1741.

FROSINI, Fabio. *Gramsci e la filosofia*: saggio sui Quaderni del cárcere. Roma: Carocci, 2003.

_____. Riforma e Rinascimento. In: FROSINI, Fabio; LIGUORI, Guido (org.). *Le parole di Gramsci:* per un lessico dei Quaderni del carcere. Roma: Carocci, 2004. p. 170-88.

_____. Nota introdutiva al *Quaderno 10* (1932). In: GRAMSCI, Antonio. *Quaderni del carcere:* edizione anastatica dei manoscritti. Roma/Cagliari: Istituto della Enciclopedia Italiana/L'Unione Sarda, 2009. p. 1-8.

_____. *La religione dell'uomo moderno:* politica e verità nei Quaderni del carcere di Antonio Gramsci. Roma: Carocci, 2010.

_____. Sulle "spie" dei "Quaderni del carcere". *International Gramsci Journal*, v. 1, n. 4, 2015, p. 43-65.

_____.; LIGUORI, Guido. *Le parole di Gramsci:* per un lessico dei *Quaderni del carcere*. Roma: Carocci, 2004.

GALASTRI, Leandro de Oliveira. *Gramsci, marxismo e revisionismo*. Campinas: Autores Associados, 2015.

GARCÍA-CANCLINI, Néstor. *Culturas híbridas:* estrategias para entrar y salir de la modernidad. México, D.F.: 1990.

GARIN, Eugenio. *Intelletuali italiani del XX secolo*. Roma: Riuniti, 1974.

GENTILE, Giovanni. *Memorie italiane e problemi della filosofia e della vita*. Firenze: Sansoni, 1936.

_____. *L'atto del pensare como atto puro*. Firenze: Sansoni, 1937 [1912].

GERVASONI, Marco. *Antonio Gramsci e la Francia:* dal mito della modernità alla "scienza della politica". Milano: Unicolpi, 1998.

GHETTI, Noemi. *La cartolina di Gramsci:* a Mosca, tra politica e amori, 1922-1924. Roma: Donzelli, 2016.

GIASI, Francesco. I comunisti torinesie l'"egemonia del proletariato" nella rivoluzione italiana. Appunti sulle fonti di Alcuni temi della quitioni meridionale di Gramsci. In: D'ORSI, Angelo; CHIAROTTO, Francesca (orgs.). *Egemonie.* Napoli: Dante & Descartes, 2008. p. 147-86.

GIASI, Francesco. Problemi di edizione degli scritti pre-carcerari. *Studi Storici,* v. 52, n. 4, 2011, p. 837-58.

GIOBERTI, Vincenzo. *Del primato morale e civile dei italiani.* Losanna: Bonamici, 1846. (Opere de Vincenzo Gioberti, v. II.)

GOBETTI, Piero. Manifesto. *La Rivoluzione Liberale,* n. 1, 1922, p. 1-2.

_____. Un conservatore galantuomo. *La Rivoluzione Liberale,* n. 18, 1924, p. 3.

GRAMSCI, Antonio. *Socialismo e fascismo:* L'Ordine Nuovo, 1921-1922. Torino: Giulio Einaudi, 1966.

_____. *Lettere dal carcere:* a cura di Segio Caprioglio e Elsa Fubini. Torino: Einaudi, 1973.

_____. *Scritti Politici I.* Roma: Riuniti, 1973.

_____. *Quaderni del carcere:* edizione a cura di Valentino Gerratana. Torino: Enaudi, 1977.

_____. *La costruzione del Partito Comunista 1923-1926.* Torino: Einaudi, 1978.

_____. *Cronache Torinesi, 1913-1917:* a cura di Sergio Caprioglio. Torino: Einaudi, 1980.

_____. *La cittá futura, 1917-1918*: a cura di Sergio Caprioglio. Torino: Einaudi, 1982.

_____. *Il nostro Marx, 1918-1919:* a cura di Sergio Caprioglio. Torino: Einaudi, 1984.

_____. *L'Ordine nuovo, 1919-1920:* a cura di Valentino Gerratana ed Antonio A. Santucci. Torino: Einaudi, 1987.

_____. *Lettere dal carcere:* a cura di Antonio Santucci. Palermo: Sellerio, 1996.

_____. *Cadernos do cárcere*. Rio de Janeiro: Civilização Brasileira, 1999ss.

_____. *Cartas do cárcere*. Rio de Janeiro: Civilização Brasileira, 2005.

_____. *Quaderni del carcere:* quaderni di traduzioni (1929-1932). Roma: Istituto della Enciclopedia Italiana, 2007.

_____. *Epistolario I. Gennaio 1906 - Dicembre 1922*. v.1. Roma: Treccani, 2009.

_____. *Cronache teatrali. 1915-1920*. Torino: Nino Aragone, 2010.

_____. *Epistolario:* gennaio-novembre 1923. Roma: Istituto della Enciclopedia Italiana, 2011.

_____. *Scritti (1910-1926):* 1917. v. 2. Roma: Istituto della Enciclopedia Italiana, 2015.

_____. *Appunti di glottologia, 1912-1913:* a cura di Giancarlo Schirrù. Roma: Istituto della Enciclopedia Italiana, 2016.

_____. *Quaderni del carcere:* quaderni miscellanei (1929-1935). t. 1. Roma: Istituto della Enciclopedia Italiana, 2017.

_____. *Quaderni del Carcere*. 4vs. Torino: Einaudi, 1975-2007.

_____. *Scritti (1910-1926):* 1910-1916. Roma: Istituto della Enciclopedia Italiana, 2019, v. 1.

_____; COUTINHO, Carlos Nelson. *O leitor de Gramsci*. Rio de Janeiro: Civilização Brasileira, 2011.

GRAMSCI, Antonio; FROSINI, Fabio; CONSIGLIO, Franco. *Filosofia e politica:* antologia dei "Quaderni del carcere". Firenze: La Nuova Italia, 1997.

GRAMSCI, Antonio; SCHUCHT, Tatiana. *Lettere (1926-1935):* a cura di Aldo Natoli e Chiara Daniele. Torino: Einaudi, 1997.

GRAMSCI JR., Antonio. *La storia di una famiglia rivoluzionaria:* Antonio Gramsci e gli Schucht tra la Russia e l'Italia. Roma: Riuniti, 2014.

GRUPPI, Luciano. *O conceito de hegemonia em Gramsci*. Rio de Janeiro: Graal, 1978.

GUGLIELMI, Guido. *Da De Sanctis a Gramsci*: Il linguaggio della critica. Bologna: Il Mulino, 1976.

GUHA, Ranajit. *Dominance without Hegemony:* History and Power in Colonial India. Cambridge, MA: 1997.

GUICCIARDINI, Francesco. *Opere inedite.* Firenze: Barbera, Bianchi e Comp., 1857. v. 1.

HEGEL, Georg Wilhelm Friedrich. *A sociedade civil:* tradução, introdução e notas Marcos Lutz Müller. Campinas: IFCH/Unicamp, 2003. (Clássicos da Filosofia: Cadernos de Tradução, n. 6.)

HISTORIAE *patriae monumenta edita iussu regis Caroli Alberti.* Torino: Bocca, 1836.

HOLANDA, Sérgio Buarque de. Considerações sobre o americanismo. In: *Cobra de vidro.* 2 ed. São Paulo: Perspectiva, 1978 [1941]. p. 23-7.

_____. *Raízes do Brasil.* 21 ed. Rio de Janeiro: José Olympio, 1989 [1936].

_____. A quimera do monroísmo (1920). In: COSTA, Marcos. *Sérgio Buarque de Holanda:* escritos coligidos. v. I. São Paulo: Fundação Perseu Abramo, 2011. p. 8-11.

_____. Letras norte-americanas I (1941). In: COSTA, Marcos. *Sérgio Buarque de Holanda:* escritos coligidos. v. I. São Paulo: Fundação Perseu Abramo, 2011. p. 232-4.

_____. Letras norte-americanas II (1941). In: COSTA, Marcos. *Sérgio Buarque de Holanda:* escritos coligidos. v. I. São Paulo: Fundação Perseu Abramo, 2011. p. 235-8.

HUMMEL, Pascale. *Histoire de l'histoire de la philologie:* étude d'un genre épistémologique et bibliographique. Genève: Droz, 2000.

INNOCENTINI, Mário. *O conceito de hegemonia em Gramsci.* São Paulo: Tecnos, 1979.

INSTITUTO GRAMSCI. *Política e história em Gramsci.* Rio de Janeiro: Civilização Brasileira, 1978.

IVES, Peter. *Language and Hegemony in Gramsci.* London/Ann Arbor, MI: Pluto Press, 2004.

_____.; LACORTE, Rocco (eds.). *Gramsci, Language, and Translation.* Lanham: Lexington, 2010.

JAUSS, Hans Robert. *Pour une esthétique de la réception*. Paris: Gallimard, 1978.

JOLL, James. *As idéias de Gramsci*. São Paulo: Cultrix, 1979.

KANOUSSI, Dora; SCHIRRU, Giancarlo; VACCA, Giuseppe (eds.). *Gramsci in America Latina*. Bologna: Il mulino, 2011. (Studi Gramsciani nel Mondo.)

LABRIOLA, Antonio. Del materialismo storico (1896). Dilucidazione preliminare. In: *Scritti filosofici e politici*: a cura di Franco Sbarberi. v. 2. Torino: Einaudi, 1976. p. 531-657.

_____. Discorrendo di socialismo e di filosofia (1898). In: *Scritti filosofici e politici*: a cura di Franco Sbarberi. Torino: Einaudi, 1976. p. 658-793.

_____. *Saggi sul materialismo storico*: introduzioni e cura di Antonio A. Santucci. Roma: Riuniti, 2000.

LANA, Italo (org.). *Storia della Facoltà di lettere e filosofia dell'Università di Torino*. Firenze: Olschki, 2000.

LANA, Maurizio. Individuare scritti gramsciani anonimi in un "corpus" giornalistico: il ruolo dei metodi quantitativi. *Studi Storici*, v. 52, n. 4, 2011, p. 859-80.

LEFEBVRE, Jean-Pierre; MACHEREY, Pierre. *Hegel e a sociedade*. São Paulo: Discurso, 1999.

LENIN, Vladmir Ilicht. El programa agrario de la socialdemocracia en la primera revolución rusa de 1905-1907. In: *Obras completas*. v. XIII. Madrid: Akal, 1977. p. 240-5.

LEONETTI, Alfonso. Un ricordo di Gramsci studente in Lettere. *Belfagor*, v. 33, n. 1, 1978, p. 85-6.

LEOPOLDI, Maria Antonieta Parahyba. *Política e interesses na industrialização brasileira*: as associações industriais, a política econômica e o Estado. São Paulo: Paz e Terra, 2000.

LIGNANA, Giacomo. *La filologia al secolo XIX*: discorso. [S. l.]: Detken e Rocholl, 1868.

LIGUORI, Guido. *Gramsci contesso*: storia di un dibattito, 1922-1996. Roma: Riuniti, 1996.

_____. *Sentieri gramsciani*. Roma: Carocci, 2006.

_____.; VOZA, Pasquale. *Dicionário gramsciano (1926-1937)*. São Paulo: Boitempo, 2017.

LO PIPARO, Franco. *Lingua, intellettuali, egemonia in Gramsci*. Roma Bari: Laterza, 1979.

_____. *L'enigma del quaderno:* la caccia ai manoscritti dopo la morte di Gramsci. Roma: Donzelli, 2013.

LUCCHINI, Guido. *Le origini della scuola storica:* storia letteraria e filologia in Italia, 1866-1883. Pisa: ETS, 2008.

LUSSANA, Fiamma. Gramsci e la Sardegna. Socialismo e socialsardismo dagli anni giovanili alla grande guerra. *Studi storici*, v. 47, n. 3, 2006, p. 609-35.

MAAS, Paul. *Textkritik*. Leipzig: BGTeubner, 1927.

MACCIOCCHI, Maria-Antonietta. *A favor de Gramsci*. 2 ed. Rio de Janeiro: Paz e Terra, 1977.

MACHIAVELLI, Niccólo. *Tutte le opere*. Florença: Sansoni, 1971.

MAINE, Henry Sumner. *Popular Government*. London: John Murray, 1885.

MANCINI, Pasquale S. *Machiavelli e la sua dottrina politica*. Torino: Lampato, Barbieri e Comp., 1852.

MANDUCHI, Patrizia; MARCHI, Alessandra; VACCA, Giuseppe (eds.). *Gramsci nel mondo arabo*. Bologna: Il Mulino, 2017. (Studi Gramsciani nel Mondo.)MARTELLI, Michele. *Gramsci filosofo della politica*. Milano: Unicolpi, 1996.

_____.. *Etica e storia:* Croce e Gramsci a confronto. Napoli: La Città del Sole, 2001.

MARX, Karl. Preface. A Contribution to the Critique of Political Economy. In: MARX, Karl; ENGELS, Friedrich. *Collected Works*. v. 29. New York: International Publisher, 1975.

_____. *O capital*: crítica da economia política. Livro I: *O processo de produção do capital*. São Paulo: Boitempo, 2013.

MARX, Karl; ENGELS, Friedrich. *Manifesto comunista*. São Paulo: Boitempo, 1998.

MAZZONI, Guido. *Storia letteraria d'Italia*. v. 9: *L'ottocento*. Milano: Dr. Francesco Vallardi, 1949.

MEIRELES, José. Notes sur le rôle de l'Etat dans le développement du capitalisme industriel au Brésil. *Critiques de l'Economie Politique*, n. 16-17, abr.-set. 1974, p. 91-123.

MENDONÇA, Sueli Guadelupe de Lima; MORAES, Lívia de Cássia Godoi; MINTO, Lalo Watanabe. Intelectual, Educador e Militante. *Aurora*, v. 6, n. 2, jan./jul. 2013, p. 11-4.

MICELI, Sérgio. *A elite eclesiástica brasileira*. São Paulo, Difel, 1988.

MICHELS, Robert. *Corso di sociologia politica*. Milano: Instituto Editoriale Scientifico, 1927.

_____. Les partis politiques et la contraite sociale. *Mercure de France*, a. 39, n. 717, 1º mai. 1928, p. 513-5.

_____. *Storia critica del movimento sovialista italiano fino al 1911*. Roma: Il Poligono, 1979 [1921].

MINGHETTI, Marco. *I partiti politici e la ingerenza loro nella giustizia e nell'amministrazione*. Bologna: Nicola Zanichelli, 1881.

MODONESI, Massimo. *Revoluciones pasivas en América*. Ciudad de México: Universidad Autónoma Metropolitana, 2017.

MONTEIRO, Pedro Meira. As raízes do Brasil no espelho de próspero. *Novos Estudos,* n. 83, mar. 2009, p. 159-82.

MONTI, Arnaldo. Risposta all'Avanti! *Il Fascio Studentesco per la Guerra e l'Idea Nazionale*, v. I, n. 2, 1917, p. 4-5.

_____. Recensione critiche: Gli esercizi latini di F. Schultz. *Il Fascio Studentesco per la Guerra e l'Idea Nazionale*, v. I, n. 1, 1917, p. 4-5.

MOORE, Barrington. *Social Origins of Dictatorship and Democracy*: Lord and Peasant in the Making of the Modern World. Boston: Beacon Press, 1966.

MORSE, Richard M. *O espelho de Próspero:* cultura e idéias nas Américas. São Paulo: Companhia das Letras, 1988.

MOSCA, Gaetano. *Scritti politici:* a cura di Giorgio Sola. Torino: Utet, 1982 [1884].

MOWRER, Edgar Ansel. *This American World*. London: Faber & Gwyer, 1928.

MUSCETTA, Carlo. *Francesco De Sanctis*: lo stato unitario e l'età del positivismo. Roma/Bari: Laterza, 1978.

MUSSI, Daniela. A relação centro-periferia e os estudos gramscianos. *Outubro*, n. 30, 2018, p. 109-27.

_____. *Política e literatura:* Antonio Gramsci e a crítica italiana. São Paulo: Alameda, 2014.

_____. *Socialismo e liberalismo antes do fascismo*: Antonio Gramsci e Piero Gobetti. Porto Alegre: Zouk, 2020.

MUSTÈ, Marcello. *Marxismo e filosofia della praxis:* da Labriola a Gramsci. Roma: Viella, 2018.

OLIVEIRA, Francisco de. *Crítica à razão dualista.* O ornitorrinco. São Paulo: Boitempo, 2003.

_____. Hegemonia às avessas. In: OLIVEIRA, Francisco de; BRAGA, Ruy; RIZEK, Cibele. *Hegemonia às avessas*: economia, política e cultura na era da servidão financeira. São Paulo: Boitempo, 2010. p. 21-7.

PAGGI, Leonardo. *Gramsci e il moderno principe.* Nella crisi del socialismo italiano. Roma: Riuniti, 1970.

PARETO, Vilfredo. *Trattato di sociologia generale:* edizione critica a cura di Giovanni Busino. Torino: Utet, 1988.

PASQUALI, Giorgio. Paul Maas: Textkritik. Leipzig und Berlin: Teubner 1927. 18 S. (Einleitung in die Altertumswissenschaft. Herausg. von Gercke und Norden. 1, 2.). *Gnomon,* v. 5, n. 8, 1929, p. 417-35.

_____. *Storia della tradizione e critica del testo.* Firenze: Le Monnier, 1962 [1934].

PASSOS, Rodrigo Duarte Fernandes; ARECO, Sabrina (orgs.). *Gramsci e seus contemporâneos.* Marilia/São Paulo: Oficina Universitária/Cultura Acadêmica, 2017.

PCB. Declaração sobre a política do PCB. *Voz Operária,* 22 mar. 1958. In: CARONE, Edgar. *O PCB (1943-1964).* São Paulo: Difel, 1982. p. 187.

PÊCHEUX, Michel. *Analyse du discours langue et idéologies.* Paris: Didier-Larousse, 1975.

PEZZI, Domenico; MÜLLER, Giuseppe. Proemio. *Rivista di Filologia e di Istruzione Classica,* v. I, n. 1, 1873, p. 1-5.

PFEIFFER, Rudolf. *History of Classical Scholarship from 1300 to 1850*. Oxford: Clarendon Press, 1976.

PISANTI, Tommaso. Cultura europea e letteratura italiana in De Sanctis. In: CUOMO, Giuseppe (cura di). *De Sanctis e Il realismo*. Napoli: Giannini Editore, 1978.

PORTANTIERO, Juan Carlos. *Los usos de Gramsci*. México D.F.: Pasado y Presente, 1977.

PORTELLI, Hughes. *Gramsci e o bloco histórico*. Rio de Janeiro: Paz e Terra, 1978.

PREZZOLINI, Giuseppe. L'aristocrazia dei briganti. In: FRIGESI, Delia. *La cultura italiana del '900 atravverso le riviste*. v. I. Torino: Giulio Einaudi, 1960. p. 455-60.

PRINS, Adolphe. *La démocratie et le regime parlementaire*. Bruxelles: Murquardt, 1884.

QUARANTA, Guido. A colloquio con Augusto Rostagni e Annibale Pastore. Due professori ci parlano di Gramsci studente a torino. *L'Unità*, 27 abr. 1952, p. 3.

QUENTIN, Henri. *Essais de critique textuelle (ecdotique)*. Paris: Picard, 1926.

RAMORINO, Felice. A proposito del "Manuale Storico Bibliografico di Filologia classica" di L. VALMAGGI. *Rivista di Filologia e di Istruzione Classica*, v. 23, 1895, p. 365.

RAPONE, Leonardo. *Cinque anni che paiono secoli*: Antonio Gramsci dal socialismo al comunismo (1914- 1919). Roma: Carocci, 2011. [*O jovem Gramsci*: cinco anos que parecem séculos – 1914-1919. Rio de Janeiro: Contraponto, 2014.]

REGIA UNIVERSITÀ (Torino). *Annuario della Regia Università di Torino*: 1911-1912. Torino: Stamperia Reale di Torino, 1912.

RENART, Jean. *Le lai de l'ombre*: publié par Joseph Bédier. Fribourg: L'Oeuvre de Saint-Paul, 1890.

RICOTTI, Ercole. *Storia della monarchia piemontese*. v. IV. Firenze: G. Barbèra, 1869.

RIEMANN, Hugo. *Storia universale della musica*. Torino: Marcello Capra, 1903.

RIGHI, Maria Luisa. Gramsci a Mosca tra amore e politica (1922-1923). *Studi Storici*, v. 52, n. 4, 2011, p. 1001-32.

ROLLAND, Romain. *L'esprit libre*. Paris: Albin Michel, 1953.

ROMAGNOLI, Ettore. *Minerva e lo scimmione*. Bologna: Zanichelli, 1917.

ROSIELLO, Luigi. Linguistica e marxismo nel pensiero di Antonio Gramsci. In: RAMAT, Paolo; NIEDEREHE, Hans-Josef (orgs.). *The History of Linguistics in Italy*. Amsterdam; Philadelphia: John Benjamins, 1986. p. 237-258.

_____. Problemi linguistici negli scritti di Gramsci. In: ROSSI, Pietro (a cura di). *Gramsci e la cultura contemporanea*: Atti del convegno internazionale di studi gramsciani tenuto a Cagliari il 23-27 aprile 1967. v. 2. Roma: Riuniti/Istituto Gramsci, 1970. p. 310-1.

RUSSO, Luigi. Antonio Gramsci e l'educazione democratica in Italia. *Belfagor*, v. 2, n. 4, 1947, p. 395-411.

SALAMA, Pierre. Publier une revue marxiste en économie. Entretien avec Pierre Salama. *Contretemps: revue de critique communiste*, 13 jun. 2017. Disponível em: https://www.contretemps.eu/publier-une-revue-marxiste-en-economie-entretien-avec-pierre-salama/. Acesso em: 19 jul. 2020.

SALVADORI, Massimo L. *Gramsci e il problema storico della democrazia*. Roma: Viella, 2007.

SALVEMINI, Gaetano. *La Rivoluzione Francese (1788-1792)*. Milano: L. F. Palestrini, 1905.

SAPEGNO, Natalino. Gramsci e i problemi della letteratura. In: ROSSI, Pietro (a cura di). *Gramsci e la cultura contemporanea I*. Roma: Editori Riuniti, 1975. p. 265-77.

_____. *Ritrato di Manzoni*. Roma-Bari: Laterza, 1992.

SAVARESE, Gennaro. Introduzione. In: DE SANCTIS, Francesco. *La Giovinezza*. Napoli: Guida, 1983.

SCHERER, Edmond. *La démocratie et la France*: études. Paris: Librairie Nouvelle, 1884.

SCHIRRU, Giancarlo. Antonio Gramsci collaboratore del "Romanisches etymologisches Wörterbuch" (con una cartolina inedita di Matteo Bartoli). *Atti del Sodalizio Glottologico Milanese*, v. X, p. 79-90, 2017.

_____. Antonio Gramsci studente di linguistica. *Studi storici*, v. 52, n. 4, 2011, p. 925-73.

_____. Introduzione. In: GRAMSCI, Antonio. *Appunti di glottologia, 1912-1913*: a cura di Giancarlo Schirru. Roma: Istituto della Enciclopedia Italiana, 2016. p. XI–XLIV.

SCHULZ, John. *O exército na política*: origens da intervenção militar (1850-1894). São Paulo: Edusp, 1994.

SCRIVANO, Riccardo. De Sanctis tra idealismo e positivismo. In: CUOMO, Giuseppe (cura di) *De Sanctis e Il realismo*. Napoli: Giannini Editore, 1978. p. 153-76.

SGAMBATTI, Valeria. Per un'analisi del rapporto tra Gramsci e gli èlitisti. In: FERRI, Franco (org.). *Politica e storia in Gramsci*. v. II. Roma: Riuniti, 1977. p. 606-16.

SILVA, Leonardo Mello e. Retrato de uma figura exemplar: para lembrar o pensamento do professor Edmundo Fernandes Dias. *Cadernos CRH*, Salvador, v. 26, n. 68, ago. 2013, p. 413-7.

SKINNER, Quentin. Meaning and Understanding in the History of Ideas. *History and Theory*, v. 8, n. 1, 1969, p. 3-53.

SOREL, Georges. *Réflexions sur la violence*. 2. ed. Paris: Marcel Rivière, 1910.

SOUZA, Angela Tude de. *Sobre o americanismo e fordismo de Antonio Gramsci*. Campinas: IFCH/UNICAMP, 1992. (Textos Didáticos, n. 5.)

SPRIANO, Paolo. *Storia di torino operaia e socialista:* da De Amicis a Gramsci. Torino: Giulio Einaudi, 1972.

SRAFFA, Piero. *Lettere a Tania per Gramsci*: introduzione e cura di Valentino Gerratana. Roma: Rinuiti, 1991.

STEPAN, Alfred. *Os militares na política*: as mudanças de padrões na vida brasileira. Rio de Janeiro: Artenova, 1975.

STRAPPINI, Lucia. Farinelli, Arturo. In: *Dizionario Biografico degli italiani*. v. XLV. Roma: Istituto della Enciclopedia Italiana, 1995.

STUDI STORICI. *L'edizione nazionale e gli studi gramsciani*. Roma: Fondazione Istituto Gramsci, a. 52, n. 4, ott./dic. 2011.

SUZIGAN, Wilson. *Indústria brasileira*: origem e desenvolvimento. São Paulo: Brasiliense, 1986.

SYME, David. *Rerpesentative Government in England:* its Faults and Failures. London: Kegan Paul & Trench, 1882.

TAILLANDIER, Saint-René. *Histoire et philosophie religieuse*. Paris: Michel Lévy Frères/Libraries Editeurs, 1860.

TARASCIO, Giacomo. Gramsci e la Quistione meridionale. Genesi, edizioni, interpretazioni. *Historia Magistra: rivista di storia critica*, v. 4, n. 9, 2012, p. 56-71.

TEIXEIRA, Felipe Charbel. O melhor governo possível: Francesco Guicciardini e o método prudencial de análise da política. *Dados*, Rio de Janeiro, v. 50, n. 2, 2007, p. 325-49.

TERRACINI, Umberto. Ricordi e riflessioni di un rivoluzionario professionale. *Belfagor*, v. 31, n. 3, mai. 1976, p. 249-66.

TESSITORE, Fulvio. *Comprensione storica e cultura*: revisione storicistiche. Napoli: Guida, 1979.

THOMAS, Peter D. *The Gramscian Moment:* Philosophy, Hegemony and Marxism. Boston: Haymarket, 2011.

_____. "A virada de Moscou": o diálogo entre Gramsci e os bolcheviques (1922-1923). *Outubro*, n. 30, 2018, p. 173-89.

THUCYDIDES. *History of the Peloponnesian War:* with an English Translation by Charles Forster Smith. v. I. London/Cambridge: Heinemann/Harvard University, 1919.

TIMPANARO, Sebastiano. Il primo cinquantennio della "Rivista di filologia e d'istruzione classica". *Rivista di Filologia e di Istruzione Classica*, n. 100, 1972, p. 387-441.

_____. Graziadio Ascoli. *Belfagor*, v. 27, n. 2, 1972, p. 149-76.

_____. *La genesi del metodo del Lachmann*. Torino: UTET, 2004.

TOGLIATTI, Palmiro. *Scritti sur Gramsci*: a cura di Guido Liguori. Roma: Riuniti, 2001.

TROTSKY, Leon. First Letter to the Central Committee. In: *The Challenge of the Left Opposition (1923-25)*. New York: Pathfinder, 1975.

TROYA, Carlo. *Storia d'Italia del Medio-Evo*. Napoli: Tasso, 1839-1855.

TURATI, Filippo. Per il nuovo regime in Russia. In: *Atti parlamentari*, Legislatura XXIV, 1ª sessione, Discussione, Tornata del 23 mar. 1917. p. 13375-7.

_____.; TREVES, Claudio. Proletariato e resistenza. *Critica Sociale*, a. XXVII, n. 21, nov. 1917, p. 1-15.

TURIELLO, Pasquale. *Governo e governati in Italia*. Bologna: Nicola Zanichelli, 1882.

UN DEPUTATO [Sidney Sonnino]. Torniamo allo Statuto. *Nuova Antologia*, v. LXVII, fasc. I, 1º gen. 1897, p. 9-28.

VACCA, Giuseppe. *Vida e pensamento de Antonio Gramsci (1926-1937)*. Rio de Janeiro; Brasília: Contraponto/Fundação Astrojildo Pereira, 2012.

_____. *Modernità alternative*: il Novecento di Antonio Gramsci. Torino: Einaudi, 2017.

VALMAGGI, Luigi. *Manuale storico-bibliografico di filologia classica*. Torino, Palermo: Clausen, 1894.

_____. Fraccaroli, L'irrazionale nella letteratura. *Bollettino di Filologia Classica*, v. X, n. 6, 1903, p. 121. VIANNA, Luiz Werneck. *Liberalismo e sindicato no Brasil*. 2. ed. Rio de Janeiro: Paz e Terra, 1978.

_____. Americanistas e iberistas: a polêmica de Oliveira Vianna com Tavares Bastos. *Dados*, Rio de Janeiro, v. 34, n. 2, 1991, p. 145-89.

_____. *A revolução passiva*: iberismo e americanismo no Brasil. Rio de Janeiro: Revan, 1997.

VILLARI, Pasquale. *Studies, Historical and Critical*. New York: Scribner, 1907.

VIVO, Giancarlo de. *Nella bufera del novecento*: Antonio Gramsci e Piero Sraffa tra lotta politica e teoria critica. Roma Castelvecchi, 2017.

VOLOSHINOV, Valetin N. *Marxism and the Philosophy of Language*. Cambridge, MA: Harvard University Press, 1986.

WELLEK, René. Il realismo critico di De Sanctis. In:

CUOMO, G. (cura di). *De Sanctis e Il realism*. Napoli: Giannini Editore, 1978.

WICKERSHAM, John M. *Hegemony and Greek Historians*. Lanham: Rowman & Littlefield, 1994.

WILAMOWITZ-MOELLENDORFF, Ulrich von. *History of Classical Scholarship*. Baltimore: Johns Hopkins University, 1982.

WILKINSON, David. Hêgemonía: Hegemony, Classical and Modern. *Journal of World-Systems Research*, v. 14, n. 2, 2008, p. 119-41.

WOLF, Friedrich August. *Esposizione della scienza dell'antichità secondo concetto, estensione, scopo e valore:* a cura di Salvatore Cerasuolo. Napoli: Bibliopolis, 2002 [1807].

ZHAO, Yulan. The Historical Birth of the First Historical–Critical Edition of Marx–Engels-Gesamtausgabe. *Critique*, v. 41, n. 3, 2013, p. 317-37.

_____. The Historical Birth of the First Historical–Critical Edition of Marx–Engels-Gesamtausgabe. Part 2. *Critique*, v. 41, n. 4, 2013, p. 475-94.

_____. The Historical Birth of the First Historical-Critical Edition of Marx–Engels-Gesamtausgabe. Part 3. *Critique*, v. 42, n. 1, 2014, p. 11-24.

ZINOVIEV, Giorgy. Vladimiro Ilic Ulianov. *L'Ordine Nuovo*, a. I, n. 1, mar. 1924.